9787807703709

【阳明文库】

学术专著系列

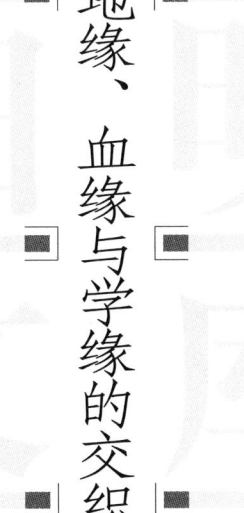

中卷 江西卷

地缘、血缘与学缘的交织

——中国人文和自然境域中的王阳明及阳明学派

钱 明 等著

孔學堂書局

目录

第一编 阳明学与赣南地域文化

王阳明与赣县 / 002

一、兴学设教,淳化民风 / 002

二、著述立说,刻书行世 / 009

三、游通天岩,聚王学群 / 014

王阳明与雩都 / 021

一、阳明班师路过雩都 / 021

二、阳明传学于雩都 / 022

三、阳明在雩都的史迹 / 027

王阳明与崇义 / 030

一、征剿之战 / 030

二、战后治理 / 042

三、阳明遗迹的保护与开发 / 048

王阳明与上犹 / 052

一、指挥上犹平乱 / 052

二、协助平乱的上犹人 / 053

三、阳明与上犹营前 / 055

四、阳明题诗上犹城 / 056

五、上犹的阳明公祠 / 057

王阳明与龙南 / 059

一、阳明的龙南行迹与内治实践 / 059

二、与阳明有关的玉石仙岩石刻 / 064

三、龙南有关阳明的民间传说 / 072

王阳明与会昌 / 075

　　一、阳明会昌祈雨 / 075

　　二、陈伟、蒙琇领兵随阳明出征 / 077

　　三、阳明的会昌弟子及其事迹 / 079

　　四、阳明心学的践行者胡大徽 / 081

　　五、推行《会昌乡约》的胡夷简 / 084

　　六、阳明门人后学的会昌印记 / 085

王阳明与大庾 / 089

　　一、选练民兵，长久之谋 / 089

　　二、输通盐法，大征商税 / 091

　　三、奏允筑城，组织自卫 / 094

　　四、备战横水、桶冈之役 / 096

　　五、书院讲学，大庾王门 / 100

　　六、巨星陨落，精神永存 / 103

　　七、圣哲风范，山高水长 / 104

王阳明与南康 / 110

　　一、南康在南赣平乱中的地缘位置 / 110

　　二、骁勇善战的南康县丞舒富 / 112

　　三、南康画家蔡世新神绘阳明像 / 114

　　四、大小挖补地 / 120

　　五、南野之奠与阳明生祠 / 122

　　六、谭邦建城 / 126

第二编 阳明学与赣中及赣东北地域文化

阳明学在吉安 / 134

 一、王阳明与庐陵 / 134

 二、青原讲会 / 141

 三、吉水与永丰 / 147

 四、承续泰州学派 / 152

阳明学在安福 / 157

 一、阳明与安福弟子的交往 / 157

 二、安福阳明学者所办书院及讲会 / 160

 三、安福亲传弟子及其主要思想 / 166

 四、安福后传弟子及其主要思想 / 170

阳明学与泰和 / 175

 一、泰和王门的形成及其主要代表 / 175

 二、罗、王之争对泰和王门的影响 / 181

 三、泰和王门的讲学讲会活动 / 184

阳明学与南昌 / 187

 一、洪都岁月 / 187

 二、豫章弟子 / 190

王阳明与丰城 / 196

 一、丰城脱险 / 196

 二、交游影响 / 200

阳明学在抚州 / 203

一、阳明心学的源头与发展 / 203

二、阳明的抚州弟子及后学 / 206

三、阳明三传弟子罗汝芳及其门人 / 216

四、与王学相关的书院及其他遗迹 / 224

王阳明与上饶、九江 / 227

一、理学重地 / 227

二、拜师娄谅 / 228

三、上饶弟子 / 234

四、白鹿洞书院 / 236

五、庐山踪迹 / 238

第一编 阳明学与赣南地域文化

王阳明与赣县

明孝宗弘治八年（1495），朝廷设南赣巡抚，全称是"巡抚南赣汀韶等处地方提督军务"，设此职务是因为南赣地区特殊的地理环境和治安状况。南赣北接江西北部，东接福建，南接广东，西接湖南，处四省要冲之地，一直以来"匪患"猖獗，地方无奈，朝廷头疼。于是特设南赣巡抚，府治在赣州。首任南赣巡抚是金泽。弘治十八年（1505），朝廷撤销南赣巡抚。武宗正德六年（1511）再设。王阳明是再设后上任的第二位南赣巡抚。

南赣巡抚的管辖范围非常大。弘治时管辖江西赣州府、南安府，广东惠州府、潮州府、南雄府、韶州府，湖广郴州府，福建汀州府。正德时建昌府被划掉，增加了福建漳州府。故南赣巡抚的权力相当于赣、湘、粤、闽四省的军事统帅，可以统领以上各府的军事权，但无权干涉各府民政。王阳明是个例外，他不但有军事指挥权，也有管理区域内的民政事务权，能修建学校，教化百姓，以至制定商贸政策、发展经济等。但地域上的限制，使得阳明的民政权限主要集中在赣州。

王阳明的巡抚任期是从正德十一年（1516）八月到正德十五年（1520）六月，可他真正在南赣的时间只有两年半（正德十二年正月至十四年六月），最后一年基本上是在江西平定宸濠叛乱并处理相关事宜，事后又有三个月回赣州讲学。阳明在巡抚南赣时，逐渐认识到"破山中贼易，破心中贼难"，为了破除人们心中的"贼"，以维护明王朝的政治统治和社会稳定，他努力设学兴教、授徒讲学，在南赣地区尤其是府治所在地赣县培养了一大批人，所以他在赣州的影响力相当广泛而深远，至今仍流传不衰。

其时赣县是巡抚衙门所在地，赣县县城即是赣州府城。在赣县，王阳明及其后学做成了几件影响深远的大事，现分述如下。

一、兴学设教，淳化民风

（一）重修濂溪书院

据《阳明年谱》载："（正德十三年）九月，修濂溪书院。四方学者辐辏，始寓射圃，至不能容，乃修濂溪书院居之。"① 濂溪书院旧址在赣州市水东玉虚观左，原名"清溪书院"，理学宗师周敦颐通判虔州（今赣州）时，曾与知府赵抃共同讲学于此，程颢、程颐兄弟从其学，后人遂在此建祠以作纪念。元末，濂溪书院毁于乱世。明洪武四年（1371），由赣县知县崔天赐重建。弘治四年（1491），知府何珖又改建于赣江边上的郁孤台下，并扩建了百余间房屋，在面积上大大超过了原来的书院规模。正德十二年（1517），王阳明主政南赣，仰慕周子，又迁建于旧布政司故址，改称"濂溪祠堂"，并于此集四方学者，招收门徒，讲学论道。如《崇义县麟潭华山刘氏四修族谱》记载："明正德十三年，阳明公召诸生讲学濂溪书院。刘镁（1489—1564，字万镒，号天耀）与堂弟铿（字佩玉）同赴赣，集讲堂，听受旬余，自是学业益进。"② 崇祯十三年（1640），知县陈履忠又将其改名为"廉泉书院"，并迁于光孝寺左（今赣州一中内）。清顺治十年（1653），巡抚南赣都御史刘武元将廉泉书院改为"濂溪书院"，并在大堂设周濂溪和二程像，招收府属十二县生徒肄业其中。乾隆年间，濂溪书院处于鼎盛期，为吉安、赣州、南安、宁都四府的中心书院。清同治年间，赣州分巡白启明、知府任进爵又号召邑人捐资，重修濂溪书院。由宋荦撰《重建濂溪书院记》、吴湘皋撰《捐修濂溪书院姓名碑引》。前者以理学始祖周濂溪为首，记白启明、任进爵兴复濂溪书院之事，并介绍了堂庑等的更新状况。后者记捐资情况，分巡白启明、知府任进爵及士绅、诸生捐金三倍于估计数。其后多有扩建。内有东西讲堂、濂溪祠、仰止亭、夜话亭、斋舍等建筑。光绪二十四年（1898），书院内附设"致用中学堂"，开现代新学之先河。光绪二十六年（1900），改称"致用精舍"。两年后清廷废书院，遂又改称"虔南师范学堂"。民国初先后改名"省立第二师范""省立第三中学"。新中国成立后为赣州第一中学所在地。

原濂溪书院有联云："我生近圣人居，教泽如新，敢忘鲁壁金

---

① 钱德洪：《年谱一》，王阳明：《王阳明全集（新编本）》卷三十三，吴光、钱明、董平等编校，浙江古籍出版社2010年版，第1263页。
② 《崇义县麟潭华山刘氏四修族谱》，民国年间德光堂刻本。

丝，尼山木铎；此来继贤者后，风流未泯，窃愿士崇礼仪，俗尚弦歌。"①清道光二十二年（1842），巡道陈士枚曾摹勒周子像赞碑于仰止亭。明罗钦顺，清吴文镕、宋荦等名士高流皆有咏濂溪书院诗文传于世。

又据《阳明年谱》记载，为纪念阳明先生，"（嘉靖）三十一年壬子，提督南赣都御史张烜建复阳明王公祠于郁孤山。祠在赣州郁孤台前，濂溪祠之后。嘉靖初年，军卫百姓思师恩德不已，百姓乃纠材建祠于郁孤台，以虔尸祝。军卫官兵建祠于学宫右，塑像设祀，俱有成式。继后异议者，移郁孤祠像于报功祠后，湫隘慢亵，军民怀怼。至是，署兵备佥事沈谧访询其故，父老子弟相与涕泣申告。谧谒师像，为之泫然出涕。……烜如其议，修葺二祠，迎师像于郁孤台，庙貌严饬，焕然一新。军卫有司各申虔祝，父老子弟岁腊骏奔。烜作记，立石纪事"②。而这个位于郁孤台前、濂溪祠后的"阳明王公祠"，乃濂溪书院的一部分，并非后来创办的"阳明书院"。也就是说，赣州阳明书院与濂溪书院曾经并存于世，但濂溪书院显然要早于阳明书院。

（二）创办阳明书院

"阳明书院"当始建于阳明在赣州为官时期，它最早可能是濂溪书院的一部分。阳明在郁孤台讲学时，随着来学者日益增多，讲学场所拥挤不堪，阳明遂下令扩建讲学场所。赣州地方族谱中即有选拔优秀学生入濂溪书院受学于阳明的记载。这也从一个侧面证明了阳明在赣州讲学有个不断扩充的过程，而阳明书院可能即是在此过程中从濂溪书院分离出来的。所以在后人那里，早有将当时的濂溪书院视作阳明书院的相关记录，甚至还有人同时使用这两个书院之印章的。③

后书院屡有兴废，其中明崇祯十三年（1640）知县陈履忠将书院迁于光孝寺左，其时光孝寺左有阳明书院，右有濂溪书院。清道光二十二年（1842），赣州知府王藩在郁孤台阳明讲学处重建阳明书

---

① 参见周建华编著：《王阳明在江西》，江西高校出版社2017年版，第354页。
② 钱德洪：《年谱附录一》，王阳明：《王阳明全集（新编本）》卷三十五，吴光、钱明、董平等编校，第1356—1357页。
③ 据崇义县思顺乡思顺村何氏所藏的光绪二十三年（1897）修的《思顺何氏族谱》记载，当时曾在同一教材里同时出现过阳明书院与濂溪书院的印章。

院，订立规制，课文校艺，祀王守仁，以何廷仁、黄宏纲配祀。次年王藩再次扩建，并自为记。同治年间，知府魏瀛复修建，又重订章程。同治十二年（1873），巡抚刘坤一赠书籍，书院生童正附课将近二百名。该书院一直是赣州府立书院，以与作为道立书院的濂溪书院相对应。光绪二十八年（1902），知府查恩绥改阳明书院为"赣州府中学堂"。后该校易名为"省立第四中学"，后并入省立赣县中学（即赣州一中）。至今在赣州一中校内仍设有"阳明院"，以存续阳明之遗志。

由此可见，赣州一中当源自濂溪书院和阳明书院，或者说赣州一中乃是在这两所书院衍变合成的基础上才建成的。濂溪书院，周敦颐和王阳明都曾讲过学，并培养出程颐、程颢及何廷仁、黄宏纲、何春、刘潜、谢魁、赖元、李大集、刘润、管登等一大批学者。而阳明书院因其与濂溪书院不分你我之关系，因此说它由阳明所创办也未尝不可。

2017年8月，赣州民间人士在当地政府支持下，在书院旧址建成"赣州阳明书院"。书院占地2300平方米，有效房间面积1580平方米，是典型的三进式客家民居，内设仰德堂、良知堂、知行堂、传习堂、望德亭、"三纲八目"茶社、思归轩、阳明精舍（书院）、阳明手迹碑林、格竹园、阳明别苑等，并特地从余姚市买来两口仿古大水缸，以示赣州与阳明出生地余姚的渊源关系。现"赣州阳明书院"已被列入赣州市郁孤台历史文化街区旅游景点，逐渐成为当地一处著名的公益读书场所和学术研究交流之地，吸引着全国各地的游学者。

（三）新设社学乡馆

正德十二年（1517）四月，阳明班师回赣州后，首先考察和分析了赣州的社学情况，认为"赣州社学乡馆，教读贤否，尚多淆杂，是以诗礼之教，久已施行，而淳厚之俗，未见兴起"①。换言之，南赣地区原先虽有不少社学乡馆，但因教学不力，学风不纯，形式呆板，加之约定不严，督导不严，致使整个社会的淳厚之风并未形成。因此，阳明决定把在龙南等地积累起来的"破心中贼"的实践经验推广

---

① 王阳明：《兴举社学牌》，《王阳明全集（新编本）》卷十七，吴光、钱明、董平等编校，第640页。

到整个南赣地区，于是颁发了《仰南安赣州印行告谕牌》，以告谕辖内各府县，参照执行。在阳明看来，"民风不善，由于教化未明。今幸盗贼稍平，民困渐息，一应移风易俗之事，虽未能尽举，姑且就其浅近易行者，开导训诲。即行告谕，发南、赣所属各县父老子弟，互相戒勉，兴立社学，延师教子，歌诗习礼。出入街衢，官长至，俱叉手拱立"。而通过开社学教育以及阳明等人的循循"训诱之，久之，市民亦知冠服，朝夕歌声，达于委巷，雍雍然渐成礼让之俗矣"。①

翻阅南赣各地府、县志，其中记载的大量善人、烈女、节妇，多始于阳明巡抚南赣时期。阳明首先自己以身作则，他在巡抚衙门的大门前放置了两个小匣子，上面大书"求通民情""愿闻己过"，给百姓一个反映批评意见与建议的渠道。②同时，他又"立法定制，令赣属县俱立社学，以宣风教。城中立五社学，东曰义泉书院，南曰正蒙书院，西曰富安书院，又西曰镇宁书院，北曰龙池书院。选生儒行义表俗者，立为教读。选子弟秀颖者，分入书院。教之歌诗习礼，申以孝悌，导之礼让。未期月而民心丕变，革奸宄而化善良。市廛之民皆知服长衣，叉手拱揖而歌诵之声溢于委巷。浸浸乎三代之遗风矣"。③不仅如此，王阳明还要求各县治地方"约长""里长"等，都必须延师设教，兴办社学，试图通过普及文教的方式，"申以孝悌，导之礼让"。同时敦促教学者，要以民为重，以德为要，使乡里子弟，"不但勤劳于《诗》《礼》章句之间，尤在效力于德行心术之本，务使礼让日新，风俗日美，庶不负有司作兴之意与士民趋向之心"④，以图彻底根治南赣社会数十年之乱象。清同治《南安府志》所谓"立社学以训童蒙，为谕俗文以化顽梗，百姓遵用其教"；黄绾《阳明先生行状》所谓"又行乡约，教劝礼让。又亲书教诫四章，使之家喻户晓。而赣俗丕变，赣人多为良善，而问学君子亦多矣"⑤，皆证明了王阳明兴办社学、推行乡约所取得的良好效果。

---

① 钱德洪：《年谱一》，王阳明：《王阳明全集（新编本）》卷三十二，吴光、钱明、董平等编校，第1259页。
② 参见龚文瑞：《王阳明在南赣》，江西人民出版社2015年版，第162页。
③ 钱德洪：《年谱附录一》，王阳明：《王阳明全集（新编本）》卷三十五，吴光、钱明、董平等编校，第1357页。
④ 引自龚文瑞：《王阳明在南赣》，第162页。
⑤ 黄绾：《阳明先生行状》，王阳明：《王阳明全集（新编本）》卷三十七，吴光、钱明、董平等编校，第1435页。

然而,阳明的"继后异议者",不久竟"尽堕成规,而五院为强暴者私据,礼乐之教息矣"。直到嘉靖十六年(1537),"(沈)谧起佥江西,为(阳明)师遍立南、赣诸祠"①,更"询士民之情,罪逐僭据,修举废坠,五社之学复完。慎选教读子弟而淬砺之,风教复兴,泂泂乎如师在日矣"②。

(四)拓新府城道署

阳明任职的南赣地区,先是因战乱频仍,后又久雨成灾,各府县城垣大多圮败,所以战事稍有缓减后,阳明即着手进行修筑府县城垣的工作。比如正德十三年(1518)五月,为拓新府城提督都察院,阳明特地写了《批岭北道修筑城垣呈》:

> 据副使杨璋呈:"所属府、卫、县城垣倒塌数多,而石城一县尤甚,应该估计修理。合委知府季敩、邢珣,不妨府事,督修本府城垣。龙南县署印推官危寿,兴国县知县黄泗,瑞金县知县鲍珉,各委督修本县城垣。惟石城县知县林顺,柔懦无为,合行同知夏克义,估计督修。"看得城垣倒塌,地方急务。幸兹盗贼荡平,正可及时修筑。若患至而备,则事已无及。该道即行各该承委官员查照,估算工程,措置物料,一应事宜,各自从长议处呈夺。各官务要视官事如家事,惜民财如己财;因地任力,计日验功;役不逾时而成坚久之绩,费不扰民而有节省之美;庶称保障之职,以副才能之举。呈缴。③

此次修筑府县城垣,涉及赣州府城、兴国县、瑞金县、龙南县、石城县等,顺治《赣州府志》卷四对此有详细记载。比如"赣州府城……正德乙亥春,霖圮一千三百余丈。戊寅夏,久雨,圮六百三十八丈。知府邢珣后先白于蒋都御史昇、王都御史守仁,修

---

① 钱德洪:《年谱附录一》,王阳明:《王阳明全集(新编本)》卷三十五,吴光、钱明、董平等编校,第1347页。
② 钱德洪:《年谱附录一》,王阳明:《王阳明全集(新编本)》卷三十五,吴光、钱明、董平等编校,第1357页。
③ 王阳明:《批岭北道修筑城垣呈》,《王阳明全集(新编本)》卷三十,吴光、钱明、董平等编校,第1139页。

补完整。而已卯、庚辰连岁复圮三百四十余丈，王兵使度檄知府盛茂重修"①。而邢珣修葺城垣后曾赋诗一首："改岁收徭捷，新春急刎征。师行频涉险，农务未妨耕。梅透连朝冷，人逢此日晴。行当靖边围，三省乐升平。"②

当时的提都府、都察院和分巡道署，在府城东南，明弘治八年（1495）都御史金泽始建。正德十三年（1518）阳明开拓一新，拓新后的道署范围很大，设施完备。据顺治《赣州府志》记载，中为堂曰"肃清"，前为露台，东西为廊房，中为大门。正堂后为轩，曰"正大光明"；又为后堂，曰"抑抑"。后堂之左为"思归轩"，为"宜南楼"，为"燕居"，为"仕学轩"，左掖为"射圃"，为"无逸亭""君子亭"；后堂之右为"观德亭"。大门外左为府茶厅，右为三司茶厅，两翼为各属茶厅。外西边廊房三十间，以处各省、府、卫胥徒之听用者。门前为坊，曰"提督军务"；左右为坊，曰"肃清六道""节制四藩"。辕门外，西为中军厅，南设坐营署。

提督府、都察院拓新后，王阳明先后写了《观德亭记》③和《思归轩赋》。据说思归轩是阳明在赣州的居室，所以阳明作于正德十五年（1520）的《思归轩赋》云："阳明子之官于虔也，廨之后乔木蔚然。退食而望，若处深麓而游于其乡之园也。构轩其下，而名之曰'思归'焉。"④而观德亭前的"射圃"则为当时四方学子来寓受学之地，故而《阳明年谱》遂有"四方学者辐辏，始寓射圃，至不能容，乃修濂溪书院居之"的记述。而魏时亮的《大儒学粹》卷九《阳明王先生》亦记曰："先生在赣院，左旁门通射圃，暇即走其中，与诸生论学，多至夜分，次早诸生入揖为常。"⑤

有学者认为，阳明的《思归轩赋》包含了消极和积极两个方面。所谓消极，是指阳明在外部环境的压迫下而不得不"归隐"，也就是赋中所说的，尽管他数年间奔波劳苦于兵事，不分寒暑昏朝，弄得头发萧疏，面容憔悴，可他鞍马劳顿换来的，竟然是呶呶哓哓的攻

---

① 引自束景南：《王阳明年谱长编》，上海古籍出版社2017年版，第1047页。
② 引自周建华编著：《王阳明在江西》，第208页。
③ 王阳明：《王阳明全集（新编本）》卷七，吴光、钱明、董平等编校，第262页。按：龙南县当时也建有"观德亭"，据说也与阳明有关，故当地人将《观德亭记》视为阳明的龙南之作，详见本书中篇第五章"王阳明与龙南"。
④ 王阳明：《思归轩赋》，《王阳明全集（新编本）》卷十九，吴光、钱明、董平等编校，第700页。
⑤ 引自束景南：《王阳明年谱长编》，第1049—1050页。

评之声,那他还有什么理由不退出这是非之地呢?所谓积极,是指阳明作《思归轩赋》三个目的:一是退而自保自适,即所谓的退身以全节,敛德以亨道,怡神养性以游于造物;二是归隐以授徒讲学,即赋中所说的"在陈之怀";三是归隐讲学以求道,通过正人心而使天下太平,即赋中所说的"道得而志全,志全而化理,化理而人安"。从此赋中可以看出,王阳明此时即已萌发了功成身退之意。[1] 平宸濠后阳明即遭人进谗,为避祸而再赴其"放心"之地——赣州,并重回思归轩,足见他对此居所怀念至深。

二、著述立说,刻书行世

众所周知,王阳明在赣州时,无论军事政务多么繁忙,他都没有忽略讲学论道、著书立说,甚至把讲学视为自己的第一要务。据目前文献所知,他的一些代表性著作,如《传习录》《大学古本》《中庸古本》《朱子晚年定论》等,最早都是在赣州刊行的。《四库全书总目提要》曾谓:"是书(指《王文成公全书》)首编《语录》三卷,为《传习录》,附以《朱子晚年定论》,乃守仁在时,其门人徐爱所辑而钱德洪删订之者;次《文录》五卷,皆杂文;《别录》十卷,为奏疏、公移之类;《外集》七卷,为诗及杂文;《续编》六卷,则《文录》所遗;搜辑续刊者,皆守仁殁后德洪所编次。后附以《年谱》五卷、《世德记》二卷,亦德洪与王畿等所纂集也。其初本各自为书。隆庆壬申,御史新建谢廷杰巡按浙江,始合梓以传,仿《朱子全书》之例以名之。盖当时以学术宗守仁,故其推尊之如此。"[2] 然《提要》并未载明《传习录》《朱子晚年定论》的初刻时间和地点。其实《传习录》连同《大学古本》《中庸古本》皆初刻于赣县即赣州府城,时间是在正德十三年(1518)七、八月间,而《朱子晚年定论》则初刻于雩都县[3],时间是在正德十三年六月。

---
[1] 详见周建华编著:《王阳明在江西》,第209—211页。按:周建华还说,阳明在赣州时,除了拓新城垣,还搞了其他一些"基本建设",如"增建大校场""修缮拜将台""重修宣明楼"(周建华编著:《王阳明在江西》,第211—212页)等,但并无明确的史料支撑,故作存疑。
[2] 永瑢等:《四库全书总目》卷一百七十一,中华书局1965年版,第1498页。
[3] 详见本书"王阳明与雩都"。

（一）初刻《大学古本傍释》

据束景南《王阳明年谱长编》："（正德十三年）七月九日，序定《大学古本傍释》，刊刻于虔。"① 而《大学古本傍释》的刊刻者实为当时在赣州师从阳明的邹守益。② 阳明还特地为此写了序文和后跋。现《王阳明全集》收录的是后来经阳明修改过的序文，原序文为罗钦顺《困知记》三续第二十章所引。但罗氏引此原序未撰写年月，按今有《大学古本傍释序》手迹石刻存于庐山白鹿洞书院，末尾署"正德戊寅七月丙午，余姚王守仁书"。③ 故知阳明原序作于正德十三年（1518）七月，而改序则作于正德十六年（1521）。从新旧序文中我们可以看出阳明思想变化的轨迹。④ 而跋文也同样未被《王阳明全集》所收录。

《大学古本傍释》现存有两种版本：一是《海涵》本，李调元序，收入《海涵》第九函第九册；二是《百陵学山》本，该书由王文禄编辑。以上二本，皆收入据原刻影印的《百部丛书集成》。⑤ 民国年间学者欧阳渐在读了《大学古本傍释》后，曾撰《大学王注读》，把《傍释》之要旨归纳为十项：一曰大人之学，二曰天下之欲，三曰孔子之志，四曰忠恕之道，五曰得国之实，六曰格物之实，七曰孔颜之乐，八曰真实之知，九曰《学》《庸》之事，十曰《学》《庸》之序。⑥

至于阳明编撰及弟子刊刻《大学古本傍释》的目的，则与他长期以来对朱熹《大学章句》的怀疑及其深信的"人心本善，无不可复"的心学思想有密切关系。阳明到赣州后，前来问学者经常会就《大学古本》《中庸古本》等请教于他，所以弄清楚《大学古本》《中庸古本》的来龙去脉及其思想内涵，乃是阳明赣州讲学时必须面对的课题。诚如费宏《移置阳明先生石刻记》所云：

> 昔阳明王先生督兵于赣也，与学士大夫切劘于圣贤之学，自搢绅至于闾阎，以及四方之过宾，皆得受业问道。盖濂、洛

---

① 束景南：《王阳明年谱长编》，第1056页。
② 参见水野实：《王守仁〈大学古本傍释〉的考察》，《日本中国学会报》1994年总第46集。
③ 参见计文渊编：《法书考释》，《王阳明法书集》，西泠印社出版社1996年版。
④ 详见钱明：《阳明学的形成与发展》，江苏古籍出版社2002年版，第56—59页。
⑤ 严一萍选辑：《百部丛书集成》，（台湾）艺文印书馆1966年版。
⑥ 参见张克伟：《试论黄绾对王学的评骘与乖离》，《宁波大学学报（人文科学版）》1992年第2期。

之传至是复明。而先生治兵料敌,卒不以平奸宄者,皆原于切劘之力。于是深信人心本善,无不可复,其不然者,由倡之不力,辅之不周,而为学之志未立故也。既以责志为教,肄其子弟,复取《大学》《中庸》古本序其大端,与濂溪《太极图说》联书石于郁孤山之上。使登览而游息于此者,出埃墙之表,动高明旷远之志,庶几见所书而兴起其志,不使至于懈惰,盖所以为倡而辅之之虑切也。①

(二) 初刻《中庸古本》并作《修道说》

据束景南《王阳明年谱长编》:"定《中庸古本》,作《修道说》以发其意,盖为《中庸古本》所作序也。"② 阳明《中庸古本》手迹石刻今存于白鹿洞书院碑廊。③ 但该石刻因缺后半段,不知其末尾所署年月,然据《修道说》与《中庸古本》连写在一石,笔迹全同,一气贯下,可以确知《中庸古本》亦定在正德十三年(1518)七月。由此可见,阳明于正德十三年在赣州编订《大学古本》和《中庸古本》二书,而其所撰的《大学古本序》则为前者发其意,《修道说》则为后者发其意。然钱德洪《阳明先生年谱》于是年只说阳明定《大学古本》,遂使阳明定《中庸古本》一事湮没无闻。④

其实,阳明早有为《大学》《中庸》作注的打算,故其定《大学古本》《中庸古本》,亦在为其作注所用也。遗憾的是,我们今天只能见到阳明注释的《大学古本傍释》,而并未见到《中庸古本注》。或许是因公务繁忙,阳明当时没有来得及完成《中庸古本注》。后来随着其思想的不断变化,也就放弃了这一计划。

至于阳明当时对《中庸古本》作了怎样的解读,我们似可从现《王阳明全集》卷七所收之《修道说》中窥知一斑:

> 率性之谓道,诚者也;修道之谓教,诚之者也。故曰:"自诚明,谓之性。自明诚,谓之教。"《中庸》为诚之者而作,修道之

---

① 费宏:《移置阳明先生石刻记》,王阳明:《王阳明全集(新编本)》卷三十八,吴光、钱明、董平等编校,第1503—1504页。
② 束景南:《王阳明年谱长编》,第1059页。
③ 参见计文渊编:《法书考释》,《王阳明法书集》。
④ 参见束景南:《王阳明年谱长编》,第1059—1060页。

事也。道也者，性也，不可须臾离也。而过焉，不及焉，离也。是故君子有修道之功，"戒慎乎其所不睹，恐惧乎其所不闻"，"微之显，诚之不可掩也"。修道之功若是其无间，诚之也。夫！然后喜怒哀乐之未发谓之中，发而皆中节谓之和，道修而性复矣。致中和，则大本立而达道行，知天地之化育矣。非至诚尽性，其孰能与于此哉！是修道之极功也。而世之言修道者离矣，故特著其说。①

很明显，《修道说》突出的是"诚"和"性"，强调的是"至诚尽性"，这与其后来的"良知本体"论和"致良知"说稍有不同。对于阳明思想的这种前后矛盾，顾应祥曾有明确揭示："阳明《修道说》谓：道修性复矣。夫道修性复，惟圣人有中和，常人不能也。及观《传习录》，又云良知是未发之中，人人之所同具者也。其言彼此不同。"② 这似乎可以佐证，上述所谓阳明因思想变化而放弃为《中庸古本》作注之计划的推断。

（三）始刻《传习录》

《传习录》是阳明阐述其哲学思想的"语录"体著述，由其弟子徐爱、薛侃、钱德洪等辑录编纂，分为上、中、下三卷，后被统一编入《王文成公全书》卷一至卷三。《传习录》最初刊刻是正德十三年（1518）七月，由阳明弟子薛侃刻于赣州，具体地点是在通天岩。此书无疑经过阳明本人审阅，主要反映的是阳明中年的思想观念。

但此本的成书过程较为复杂，其大致经过为：阳明弟子徐爱从正德七年（1512）开始，陆续记录下阳明论学的谈话内容，并根据《论语》中的"传不习乎"一语，取名《传习录》。正德十三年（1518），阳明弟子薛侃将徐爱所录残稿及陆澄与其自己新录的部分一起刊刻，仍名为《传习录》。据《阳明年谱》记载：正德十三年"八月，门人薛侃刻《传习录》。侃得徐爱所遗《传习录》一卷，序二篇，与陆澄各录一卷，刻于虔"③。说明薛侃在赣州编刻的《传

---

① 王阳明：《修道说》，《王阳明全集（新编本）》卷七，吴光、钱明、董平等编校，第282页。
② 顾应祥：《静虚斋惜阴录》卷一，《续修四库全书》（第1122册），上海古籍出版社1995年版，第22页。
③ 钱德洪：《年谱一》，《王阳明文集（新编本）》卷三十二，吴光、钱明、董平等编校，第1262页。

习录》乃三卷，其中徐爱录一卷，陆澄录一卷，薛侃录一卷，即今《传习录》卷上。以今《传习录》卷上考之：自"爱问在亲民"至"不觉手舞足蹈"，为徐爱录一卷；自"陆澄问主一之功"至"亦足以见心之不存"，为陆澄录一卷；自"尚谦问孟子之不动心与告子异"至"未免画蛇添足"，为薛侃录一卷。

《传习录》刚刻成，阳明就将新刻本和不久前刻成的《大学古本傍释》或《朱子晚年定论》一起向好友们分送。比如将《传习录》和《大学古本傍释》赠与夏鍭［1455—1537，字德树，晚号赤城，浙江天台人，成化二十三年（1487）进士］，夏鍭收到后即作《答王阳明书》曰：

> 久别，甚想望。稍闻安方干略，为慰。顷又树此大功，益见儒生之用。区区山草中，无补于时，相去何止千万，仰愧，仰愧！承示《传习录》《大学古本》，亟读一过，具见执事用工夫大略。区区何足与此？执事自虚心，不遗疏拙。记曩日盛德若是耳，感悚，感悚！病中先往一得之愚，别当请教。相见未期，临纸悯然。①

夏鍭表达了自己对阳明在赣州所立大功的由衷钦佩和对《传习录》《大学古本傍释》中所体现的阳明的"工夫大略"的高度赞赏，并评价两书"不遗疏拙"，等自己身体好转后，定要当面请教。再比如阳明请即将返回广东饶平的杨骥把《传习录》和《朱子晚年定论》带给在西樵讲学的湛甘泉。②这些都说明，阳明对自己在赣州的这些著述还是相当重视的。

需要指出的是，《传习录》最早的注释本或评论书，早在阳明生前即已出现，而且也与赣州有关。据同治《会昌县志》卷二十二："赖贞，字洛村。兄元，字善长。俱太学生。同及王阳明门，讲学虔台。……手抄《传习录》及往来辨学书，复以己所心得者，识于后。"而赖贞"识于后"的《传习录》，即可视为《传习录》之注释本。

---

① 夏鍭：《夏赤城先生文集》卷九，引自束景南：《王阳明年谱长编》，第1066页。
② 事见湛若水：《答顾惟贤金宪》，《泉翁大全集》卷九，明刻本。

三、游通天岩，聚王学群

通天岩位于赣州市章贡区西北约7公里处，面积约6平方公里，属丹霞地貌，是全国重点文保单位，现已辟为国家级风景名胜区。自唐代以来，风光旖旎的通天岩就开凿为石窟寺。至北宋时期，通天岩石窟的开凿达到高潮。尽管与我国众多的石窟群比较，通天岩石窟岩壁造像的分布范围，石龛的体量、数量以及造像尺度和规模都不算大，但相对而言，它却是我国南方最大的一处石窟。同时，它又是我国地理位置最南端的一处石窟群。现保存着历代以来的摩崖造像358尊，题刻128品。[①] 这些精美的佛像、摩崖题刻与赣州的山水美景相得益彰，也为通天岩赢得了"江南第一石窟"的美誉。

通天岩古代石刻主要由观心岩、忘归岩、龙虎岩、通天岩、翠微岩五个岩洞组成。观心岩曾是王阳明的讲学场所，故又称"阳明书洞"。此处林木茂盛，道路崎岖，大洞套小洞，风景绝美。阳明在南赣期间，闲暇时曾在观心岩结庐讲学，收邹守益等几十人为弟子，向弟子们讲授自己的心学理论，故后人将此处称为"观心岩"。

可以说，通天岩是阳明在赣州的"最爱处"，其本人及其唱和者曾留下大量诗篇。阳明在南赣平乱基本结束以后，就来到通天岩收徒讲学。而此时的阳明，其影响力已远远超出南赣地区，慕名来赣城向他问学的人络绎不绝。比如正德十二年（1517）五月八日或稍后，广东饶平人杨骥（仕德）会试下第，通过薛侃听闻阳明之教，遂前来赣州问学，并在九月也就是王阳明率军攻打横水前夕回到饶平。[②] 九月，黄宏纲来虔受学；十月，黄宏纲同乡何廷仁为问学追阳明至南康，其兄何春、同乡管登亦同来受学。[③] 十二月，薛侃从广东潮州赶到赣州来向阳明问学，到次年八月仍不舍离开。[④] 薛侃还带着其弟薛侨、其侄薛宗铠来赣受学，并留赣一年多。[⑤] 同月，梁焯北上赴京时，也曾滞留赣州听阳明讲学，直到翌年夏在母亲的责

[①] 参见董华、李平：《王阳明与通天岩》，《赣南师范大学学报》2019年第5期。
[②] 参见束景南：《王阳明年谱长编》，第944、946页。
[③] 参见束景南：《王阳明年谱长编》，第977页。
[④] 参见王守仁：《与陆原静》，《王阳明全集》卷四，吴光等编校，上海古籍出版社2011年版，第187页。
[⑤] 参见束景南：《王阳明年谱长编》，第989页。

成和阳明等的劝说下才继续北上。① 正德十三年（1518）四月，杨骥又来赣州问学，而欧阳德也在此时偕欧阳昱、欧阳瑜来赣受学。② 对于上述史实，邹守益在《奠何善山先生文》中有过精辟总结：

> 昔阳明先师以圣学倡于虔台，一时豪杰不远四方以集，如大寝闻钟，群渴饮河。光阴迅速，屈指三十余载矣！哲人云亡，典刑日远，而同志踪迹，恍尔晨星。在东广若薛子尚谦、子修、梁子日孚、杨子仕德、仕鸣，在南畿若周子道通，在楚若季子惟乾，在江右若夏子惟中、周子南仲、郭子昌修、王子宜学、李子子庸，眷然斯文凋谢之感！③

值得一提的是，梁焯在赣州的大半年时间里，曾多次游通天岩，刻于忘归岩正面题曰《明南海梁焯等忘归岩题名》的诗，即为其所作。诗云："两日忘归岩，忘归匪为岩。问我我忘言，我姑铭此岩。"④ 诗后记曰："正德戊寅春，南海象峰梁㷆书。同游潮阳杨仕德、薛尚谦、云阳黄正之、泰和欧阳崇一也。"⑤ 正德戊寅即1518年。该年春阳明刚从征讨前线班师回赣不久，即赶到通天岩与来自广东的梁焯、杨骥、薛侃及来自雩都的黄宏纲和泰和的欧阳德等人相聚。梁焯的这首诗及记文即作于此时，它为王门学子随阳明游学通天岩留下了佐证。

据束景南先生统计，正德十三年（1518）四月以后来赣州向王阳明问学者竟达四十五人之多。⑥ 而因天气原因，这些来赣问学者又大多会集中于避暑绝佳处通天岩。据考证，阳明平定三浰班师回赣州的时间是在正德十三年三月十五日。⑦ 在此之前，梁焯、薛侃、黄宏纲、何春、何善山等人曾在通天岩等地自发地开展过各种讲学活动，而这些人在三、四月间讲学通天岩之余又游览了忘归岩等处，

---

① 参见束景南：《王阳明年谱长编》，第990页。
② 参见束景南：《王阳明年谱长编》，第1033页。
③ 邹守益：《奠何善山先生文》，《邹守益集》卷二十，董平编校整理，凤凰出版社2007年版，第949页。
④ 邵启贤：《赣石录》卷二，民国九年石印本，赣州市图书馆藏。
⑤ 邵启贤：《赣石录》卷二，民国九年石印本。
⑥ 参见束景南：《王阳明年谱长编》，第1038—1044页。
⑦ 参见束景南：《王阳明年谱长编》，第1022页。

并且为后人留下了不少随感而发的诗赋，其中梁焯的《明南海梁焯等忘归岩题名》即为代表作之一。

然而，在王门学子的多次通天岩游学活动中，最值得大书特书的乃是两年后，即正德十五年（1520）的江右王门领袖人物邹守益、陈九川等人的问学之游。

据史料推定，正德十五年（1520）七月二十八日，邹守益、陈九川来游通天岩，曾历览诸岩，九川题岩刻"潮头""莲舟"，守益则以诗相和。八月初八，王阳明乘着雨后转晴，偕黄宏纲、欧阳德、周仲、王学益等门人及地方属僚从翠微岩游至通天诸岩，并与众人赋诗唱酬。南康画师蔡世新此时也来同游通天岩，并为王阳明画像。邹守益曰："通天岩，濂溪公所游。至是夏良胜、邹守益、陈九川宿岩中，肄所闻。刘寅亦至。先生乘霁入，尽历忘归、忘言各岩，和诗立就，题玉虚宫壁。命蔡世新绘为图。"①其间，王阳明正式向陈九川、邹守益、夏良胜等身边弟子阐释了自己的"致良知"学说。在此之前的若干个月，陈九川等人就已在南昌向阳明请教过"诚意""致知"说。②《传习录》下卷开篇所收的由陈九川记录的、其与邹守益、夏良胜等于正德十五年（1520）秋在赣州从阳明问学的几段重要对话，即为王阳明这一时期思想的真切记录，现择要录于下：

> 庚辰往虔州，再见先生，问："近来功夫虽若稍知头脑，然难寻个稳当快乐处。"先生曰："尔却去心上寻个天理，此正所谓理障。此间有个诀窍。"曰："请问如何？"曰："只是致知。"曰："如何致？"曰："尔那一点良知，是尔自家底准则。尔意念着处，他是便知是，非便知非，更瞒他一些不得。尔只不要欺他，实实落落依着他做去，善便存，恶便去。他这里何等稳当快乐，此便是格物的真诀、致知的实功。若不靠着这些真机，如何去格物？我亦近年体贴出来如此分明，初犹疑只依他恐有不足，精细看来，无些小欠阙。"

---

① 邹守益：《王阳明先生图谱》，殷梦霞选编：《浙东学人年谱》（第2册），北京图书馆出版社2003年版，第60页。按：据《薛侃集》卷五《祝寿图序》，蔡世新为阳明画像当在正德十三年（1518）九、十月间（参见束景南：《王阳明年谱长编》，第1315页）。
② 参见王阳明：《传习录下》，《王阳明全集（新编本）》卷三，吴光、钱明、董平等编校，第99—100页。

在虔，与于中（良胜）、谦之（守益）同侍。先生曰："人胸中各有个圣人，只自信不及，都自埋倒了。"因顾于中曰："尔胸中原是圣人。"于中起不敢当。先生曰："此是尔自家有的，如何要推？"于中又曰："不敢。"先生曰："众人皆有之，况在于中？却何故谦起来？谦亦不得。"于中乃笑受。又论："良知在人，随你如何，不能泯灭，虽盗贼亦自知不当为盗，唤他作贼，他还忸怩。"于中曰："只是物欲遮蔽，良心在内，自不会失；如云自蔽日，日何尝失了？"先生曰："于中如此聪明，他人见不及此。"

先生曰："这些子看得透彻，随他千言万语，是非诚伪，到前便明。合得的便是，合不得的便非。如佛家说心印相似，真是个试金石、指南针。"

....

先生曰："人若知这良知诀窍，随他多少邪思枉念，这里一觉，都自消融。真个是灵丹一粒，点铁成金。"

崇一曰："先生致知之旨，发尽精蕴，看来这里再去不得。"先生曰："何言之易也！再用功半年看如何？又用功一年看如何？功夫愈久，愈觉不同，此难口说。"

先生问九川："于致知之说体验如何？"九川曰："自觉不同。往时操持常不得个恰好处，此乃是恰好处。"先生曰："可知是体来与听讲不同。我初与讲时，知尔只是忽易，未有滋味。只这个要妙，再体到深处，日见不同，是无穷尽的。"又曰："此'致知'二字，真是个千古圣传之秘，见到这里，'百世以俟圣人而不惑'！"

九川问曰："伊川说到'体用一原，显微无间'处，门人已说是泄天机。先生致知之说，莫亦泄天机太甚否？"先生曰："圣人已指以示人，只为后人掩匿，我发明耳，何故说泄？此是人人自有的，觉来甚不打紧一般。然与不用实功人说，亦甚轻忽，可惜彼此无益。无实用功而不得其要者，提撕之甚，沛然得力。"

....

九川卧病虔州。先生云："病物亦难格，觉得如何？"对曰："功夫甚难。"先生曰："常快活，便是功夫。"

....

虔州将归，有诗别先生云："良知何事系多闻，妙合当时已种根，好恶从之为圣学，将迎无处是乾元。"先生曰："若未来讲此学，不知说'好恶从之'从个甚么？"敷英在座，曰："诚然。尝读先生《大学古本序》，不知所说何事。及来听讲许时，乃稍知大意。"①

由此不难推定：钱德洪《阳明年谱》所谓的阳明"始揭致良知之教"，当在正德十五年（1520）秋的赣州。而这可以说是此次通天岩游学的最重要成果。

或许有人会问：陈九川所记这几段语录只有年份，而未记月份，怎么才能知道这批王门学人是在正德十五年八、九月份问学于阳明的呢？这与镌刻在观心岩上的名为《通天岩》的阳明诗有直接关系。该诗刻属通天岩128品摩崖题刻之一，诗云："青山随地佳，岂必故园好？但得此身闲，尘寰亦蓬岛。西林日初暮，明月来何早。醉卧石床凉，洞云秋未扫。"②诗的末尾记曰："正德庚辰八月八日，访邹、陈诸子于玉岩题壁。阳明山人王守仁书。"而这末尾的二十余字《王阳明全集》未收，其中"正德庚辰"即1520年。"八月八日"即农历仲秋。1519年阳明平定宸濠宁王叛乱后，曾再次来到赣州，除了处理一些公杂事务，主要还是会友讲学。"邹、陈诸子"是指当时在通天岩向阳明问学的邹守益、陈九川等人。阳明此诗作于"八月八日"，故可推知其"始揭致良知之教"亦在差不多同时。也许正因为其在阳明学发展史上的重要性，故而后来和该诗者极多，占了观心岩题刻的三分之一，如翁溥、欧演、吴家桂、廖寅、石景芬等皆有和韵。尤其是此时在通天岩向阳明问学的邹守益、陈九川等江西籍高足，对此次游学及其所获成果印象极深，以至于二三十年后还想着到赣州来"通天旧游"，并留下诸多诗文，邹守益的《重宿通天岩写侍游先师像谢少壑山人》诗即为其中之代表。诗云：

通天岩头披云游，矕矕英俊同冥搜。阳明仙翁提心印，挥霍八极与神谋。笑呼蔡子写生绡，元精淋漓烟雾浮。二十八年

---

① 王阳明：《传习录下》，《王阳明全集（新编本）》卷三，吴光、钱明、董平等编校，第101—104页。
② 王阳明：《通天岩》，《王阳明全集（新编本）》卷二十，吴光、钱明、董平等编校，第785页。

建瓴水，鹤驭高驼不可留。尚余丹方悬真境，金鼎石室风飕飕。恍然置我仙翁侧，老笔不减顾虎头。古来千圣皆过影，聚散生死溟海沤。灵光一脉亘宇宙，陟降上帝君信不？写真何如识真真，脱屣淄尘娱丹邱。①

而邹氏作此重游诗时，王阳明已去世了二十年之久。

王阳明游学通天诸岩时，除了有《通天岩》诗，还写了《游通天岩示邹陈二子》《游通天岩次邹谦之韵》《忘言岩次谦之韵》《圆明洞次谦之韵》《潮头岩次谦之韵》《坐忘言岩问二三子》等诗。② 刻于东岩（忘归岩背面，也称品岩、东崖）的邹守益、陈九川的《游通天岩记》，便忠实记录了他们从学阳明以及偕众多同道游通天诸岩的情景：

> 先是，游访者宪副王度、郡守丞盛茂、夏克义、邑令宋瑢。同游者盱江夏良胜。游而信宿者刘寅、周仲、刘魁、黄宏纲、王可旦、王学益、欧阳德、刘琼治、王一峰也。③

王阳明及其弟子僚属从翠微岩、西岩寺来，白天在忘言岩、观心岩、忘归岩等处游学，晚上宿于玉岩旁的广福禅寺或观心岩大洞中。此时，曾在正德十三年（1518）来赣州问学的周仲特地为观心岩题写了"观心"两个大字，并赋诗一首由陈九川书于观心岩壁。诗云："岩中豁豁仅容膝，日日观心面岩壁。此心安得如此岩，鸟啼花落长虚寂。"④ 周仲受阳明学说的熏陶，以参透禅意的诗句表达了"心上寻个天理"的思想。众人问道古寺，寻迹翠微，夜话玉岩，怀古观心，醉卧石床，最终乐而忘归。王阳明及其弟子僚属在玉岩可谓真正演绎了"山水之间须着我，风尘堆里却输侬"⑤ 的情怀。

---

① 邹守益：《重宿通天写侍游师像谢少鏊山人》，《邹守益集》卷二十六，董平编校整理，第1233页。
② 大部分被收录于《王阳明全集》卷二十"赣州诗"中。
③ 赣州市政协文史委编：《丹崖悠悠：赣州市通天岩摩崖石刻集锦》，中国文史出版社2001年版，第31页。
④ 邵启贤：《赣石录》卷二，民国九年石印本。
⑤ 参见束景南：《王阳明年谱长编》，第930页。

王阳明离开赣州后，通天岩石刻与王门的关系仍照样延续。其中既有阳明弟子后学之题刻，又有历代步阳明玉岩题诗韵的摩崖石刻。比如嘉靖二年（1523）的《明罗辂忘归岩诗并记》。据《赣州府志》："罗辂，江宁人，进士，有传。"①罗辂尝于嘉靖元年经阳明举荐任赣州知府，因治理赣州成绩突出而于次年被调任南昌。该诗即刻在王阳明《通天岩》诗左侧。作为阳明欣赏的弟子，又与刘端庄、罗复、雷瑞等阳明弟子共游阳明讲学地，其题刻置于阳明《通天岩》题刻之左，亦的确在一定程度上反映了当时王门之盛况。再比如同作于嘉靖二年的《余光等联句诗》，有刘端庄、罗复、雷瑞、吴伦、余光、黄莹、王槐密、欧阳诚等8位学人互接诗句，②也再次证明了阳明弟子赴通天岩进行游学活动的活跃程度。

另据《虔台续志》记载，自弘治八年（1495）始设南赣巡抚至清康熙初年撤销南赣巡抚的百余年间，曾前后有七十多位巡抚来南赣任职。这些人无论在学养还是事功上都难以达到王阳明的高度，故而他们及其下属来游通天岩时，见到阳明的题壁镌刻，不免会产生某种压力和威严感，敬畏之余，大概不会有胆量题字于阳明题刻之左右。因此，嘉靖末期南赣巡抚周满、万历中期南赣巡抚王敬民的诗文等，无不题写在离阳明题诗较远的龙虎岩，其他官员的诗则多为步阳明忘归岩诗韵而题在忘归岩附近。在王阳明玉岩题壁诗作的感染下，从明正德后期开始直到民国年间，先后有15人赋诗步阳明《通天岩》韵，其中不少就刊刻在通天岩。③如此多的官员、后学步诗追思王阳明，不仅从一个侧面反映了阳明在赣州所建立的卓越功勋和亲民爱民的儒者情怀，也证明了王门通天岩讲学深远持久的影响力及其题诗石刻弥足珍贵的文物价值。

（钱明撰稿）

---

① 《赣州府志》，赣州地方志编纂委员会办公室影印本，（台湾）成文出版社有限公司1986年版，第1089页。
② 参见赣州市政协文史委编：《丹崖悠悠：赣州市通天岩摩崖石刻集锦》，第50—51页。
③ 参见周建华：《通天岩王阳明刻诗及历代步王韵诗》，《寻根》2002年第2期。

王阳明与雩都

西汉六年（公元前201年），灌婴将军立县治于东溪之阳（今贡江镇窑塘），以北有雩山名县，始称雩都（1957年改称于都，引文中均为雩都，为保持统一性，大部分叙述历史沿革的正文内容兹从其旧，亦称"雩都"。个别叙述当今行政区划与现当代活动的内容，才使用"于都"），是时为虔州（今赣州）最早设立的三个县之一。建县时所辖地域含今宁都、石城、瑞金、会昌、安远和寻乌诸县，境内贡江"上合宁都、会昌诸江，处赣之上流，间于八闽三楚百粤之冲"，素有"六县之母"和"东南之一要区"之称。①明代中期，雩都以其特殊的地理位置、便利的水运交通和历史的人文机缘，受阳明心学的影响至巨至深，成为阳明心学的主要传播地。

一、阳明班师路过雩都

正德十一年（1516），江西南安和赣州、福建汀州和漳州、湖广郴州等府部分县不断发生以少数民族为主的大规模山民"盗乱"，经兵部尚书王琼推荐，王阳明升都察院左佥都御史，奉旨巡抚南、赣、汀、漳等地，平息"盗乱"。

正德十二年（1517）四月初，阳明平定汀、漳两州"盗寇"后，驻军福建上杭，后又从上杭途径瑞金、会昌班师返回赣州府城，并于五月初率师抵达雩都。驻军雩都期间，阳明游览了罗田岩，并作《游罗田岩怀濂溪先生遗咏诗》：

> 路转罗田一径微，吟鞭敲到白云扉。山花笑午留人醉，野鸟啼春傍客飞。混沌凿来尘劫老，姓名空在旧游非。洞前唯有元公草，袭我余香满袖归。②

五月初八，雨后初晴，阳明率师离开雩都，面对夹道欢送的雩都百姓，苦于无力补偿受灾百姓而深感惭愧，特意赋诗一首，以示

---

① 《雩都县志 同治版》，江西雩都县县志编纂委员会办公室校注，内部资料1986年版，第13页。
② 束景南：《阳明佚文辑考编年》，上海古籍出版社2012年版，第496页。

慰劳，诗云：

> 积雨雩都道，山途喜乍晴。溪流迟渡马，冈树隐前旌。野屋多移灶，穷苗尚阻兵。迎趋勤父老，无补愧巡行。①

二、阳明传学于雩都

正德十二年（1517）九月，王阳明在赣州设台讲学，四方志士，纷至沓来。雩都何廷仁、黄弘纲、何春、管登和袁庆麟慕名登门拜师求学，出现了"雩独多于他邑"②的问学氛围。五位弟子窥其堂奥，得其嫡传，造就了雩邑理学"五子"，其中何廷仁、黄弘纲、何春、管登成为阳明在赣传学的四大弟子，何廷仁和黄弘纲同时还成为王门的四大导师之一，被黄宗羲称为"浙有钱、王，江有何、黄"。③

1. 何廷仁（1483—1551），初名秦，字性之，号善山。雩都城西一坊（今贡江镇）人，嘉靖元年（1522）举人。初慕明代理学家陈献章之说，正德十一年（1516），阳明巡抚南赣，讲良知之说，何廷仁感慨道："吾恨不及白沙之门，阳明子今之白沙也。"于是会同二哥何春专程拜师阳明。恰逢阳明出征桶冈（今属崇义县）平乱，何廷仁怅然道："我不能于于而居，徐徐而俟也。"因求教心切，何廷仁不忍心在赣州坐等，只好沿路追赶，终于在南康（今赣州南康区）境内追上队伍，于军营中拜见阳明。当时何廷仁因继母去世，正在服丧期间，毅然用应有的礼节自我克制和把持。知道何廷仁求学心切，阳明深为感动地说："是可谓不学以言，而学以躬也。"④当即让他随营而行，悉心指导。何廷仁既闻良知之说，豁然有悟，后有《善山集》《善山语录》等行于世。

2. 黄弘纲（1492—1561），又称宏纲，字正之，雩都城西一坊人，正德十一年（1516）举人，后称洛村先生。黄弘纲从小志趣不凡，认为举业文字乃"雕虫小技"，"吾儒之学，须以圣贤为归耳"。⑤正德

---

① 《雩都县志　同治版》，江西雩都县志编纂委员会办公室校注，第783页。
② 《雩都县志　同治版》，江西雩都县志编纂委员会办公室校注，第654页。
③ 黄宗羲：《何善山学案》，《明儒学案》卷十九，沈芝盈点校，中华书局2008年版，第452页。
④ 《雩都县志　同治版》，江西雩都县志编纂委员会办公室校注，第408页。
⑤ 《雩都县志　同治版》，江西雩都县志编纂委员会办公室校注，第409页。

十二年（1517），黄弘纲从学阳明，听讲三天，即领悟"心理合一"之旨，从而更加坚定了为学成圣的信心。举凡阳明的启发诱导，都能举一反三，心领神会，深得同窗的赞赏和钦佩。正德十四年（1519）六月，宸濠叛乱，阳明出兵征讨，黄弘纲跟随左右，孜孜于学，从未有一丝懈怠。后随阳明远赴浙江，四易寒暑，坚持不懈，深得阳明钟爱，曾说："一日千里如正之，非吾老友耶！"①因黄弘纲深得阳明讲学之要领，故"每四方来学者，阳明辄令与俱处，俟稍有悟，方受面训"②。嘉靖七年（1528），阳明病逝于南安青龙铺，黄弘纲亲扶灵柩返回绍兴安葬，并居守其家，守墓三年。

黄弘纲善于推演师说，论学本阳明"心外无物""心外无理"之说，强调"君子之学，以明其心"，③重视主体自我修养与实践。其学术思想主要体现在《洛村语录》中，初期强调"持守"，其后以"不致纤毫之力，一以自然为主"。④其修养和为学，主张"无私"和"反求"，认为"太古无为，中古无私；太古至道，中古至德。由至德而观至道，由无私而游无为"，"笃信圣人者，必反求诸己。反求诸己，然后能笃信圣人。故道必深造自得，乃能决古训之是非，以解蔽辨惑"。⑤有《洛村集》《洛村语录》行于世。

3.何春（生卒不详），字元之，号长松山人，雩都城西一坊人。弘治十七年（1504）举人。从小意志高亢，不肯效法今人，言称"世无周、程诸君子，吾不当在弟子之列"。正德十二年（1517），身为福建漳州诏安县令的何春，因继母过世，回家服丧。服丧期间，恰逢阳明督兵赣州，开府讲学。何春对弟弟何廷仁说："此孔孟嫡派也，吾辈当北面矣。"于是兄弟俩赴赣州从学于阳明。正德十四年（1519），何春在罗田岩濂溪阁右悬崖处开辟"观善岩"讲肆，题《观善岩记》，记云：

弘治壬戌（1502）游罗田，阅及三先生祠右，正德辛未（1511）始获其故址，建庙主焉。寻拓斯岩，题名"观善"，构

---

① 《印象·雩都》丛书编委会编：《理学圣地》，江西教育出版社2016年版，第113页。
② 《印象·雩都》丛书编委会编：《理学圣地》，第113页。
③ 周建华编著：《王阳明在江西》，第386页。
④ 《雩都县志 同治版》，江西雩都县志编纂委员会办公室校注，第410页。
⑤ 黄宗羲：《江右王门学案》，《明儒学案》卷十九，沈芝盈点校，第451页。

数楹以藏修游息，数十年景仰之心乃遂，为之记曰："仰观法乎天，俯观法乎人，泛观法乎万物，以善乎其身家、天下及后世，夫是之谓止于至善。罗岩别号"善山"，取相观而善，以发其义，是故冠之以观也。"又明年，阳明先生嘉惠以大书小序。自廷仁、正之来，余复何言？论者以为立意命词，悬如圭箴无心也。可见天下之道一，人性之善，皆可为尧舜。且记斯举之本末也。①

同时，又请王阳明大书"观善岩"三字匾额。何春开辟观善岩后，日与同志谈学，寄兴于烟云水月之间，有舞雩归咏之风。

4. 管登（1487—1546），字宏升，别号义泉，雩都城西一坊人。嘉靖元年（1522）举人。幼年时端庄谨慎，言行如老成人。弱冠时读《中庸》，对"尊德性章"有所体会，并提出自己见解道："人性本高明，一为物欲所汩，其卑暗也谁咎？"遂以致学问为关键，认真探索，不知疲倦。阳明虔（赣州）台开府讲学，管登对同乡何廷仁和黄弘纲说："昔伊洛渊源实肇此地，今日圣道绝续之关，其在斯乎！"于是赴赣州师从之。阳明见到管登，与他交谈后对其他弟子说："宏升，盛德君子也。"阳明与管登谈论"格物致知"之要，管登恍然有悟，深感"如久歧迷途而始还故乡也"。自此，管登省察体验，终身不违，曾说："人于此道，如捕风捉影未尝真知实究，往往半上落下，若知之真，则行在其中矣。"阳明尝称赞管登说："宏升可谓信道极笃，入道极勇者也。"②

5. 袁庆麟（1455—1520），字德彰，晚号雩峰，雩都城西一坊人。弘治十五年（1502）岁贡。初为诸生，孜孜功举子业，废寝忘食，不知疲倦。久之，忽有所悟，尽弃旧习，锐志于圣贤之学，后淡然有省"吾性自足，何事外求？"既膺乡贡，以亲老遂不仕。督学邵宝聘主白鹿洞书院，赣州知府吴珏聘设教郡学，为各邑诸生师，袁庆麟皆婉言谢绝。正德十三年（1518）四月，袁庆麟携所著《刍荛余论》到赣州拜谒阳明，阳明与之交谈，读了其文集后，称赞道："是从静悟中得来者也。"③ 并且檄有司聘督本府社学。而袁庆麟闻阳明

---

① 《雩都县志 同治版》，江西雩都县志编纂委员会办公室校注，第653页。
② 《雩都县志 同治版》，江西雩都县志编纂委员会办公室校注，第412页。
③ 《雩都县志 同治版》，江西雩都县志编纂委员会办公室校注，第411页。

讲学后，欣喜不已，受教三月，至此归从阳明门下。①同年六月，袁庆麟为阳明《朱子晚年定论》作跋，全文如下：

《朱子晚年定论》，我阳明先生在留都时所采集者也。揭阳薛君尚谦旧录一本，同志见之，至有不及抄写袖之而去者。众皆悼于翻录，乃谋而寿诸梓。谓："子以齿，当志一言。"惟朱子一生勤苦，以惠来学，凡一言一字，皆所当守，而独表章是；尊崇乎此者，盖以为朱子之定见也。今学者不求诸此，而犹踵其所悔，是蹈舛也，岂善学朱子者哉？麟无似，从事于朱子之训余三十年，非不专且笃，而竟亦未有居安资深之地，则犹以为知之未详而览之未博也。戊寅夏，持所著论若干卷来见先生。闻其言，如日中天，睹之即见；如五谷之艺地，种之即生；不假外求，而真切简易，恍然有悟。退求其故而不合，则又不免迟疑于其间。及读是编，始释然，尽投其所业，假馆而受学，盖三月而若将有闻焉。然后知向之所学，乃朱子中年未定之论，是故三十年而无获。今赖天之灵，始克从事于其所谓定见者，故能三月而若将有闻也。非吾先生，几乎已矣！敢以告夫同志，使无若麟之晚而后悔也。若夫直求本原于言语之外，真有以验其必然而无疑者，则存乎其人之自力。是编特为之指迷耳。正德戊寅六月望，门人雩都袁庆麟谨识。②

七月，袁庆麟将阳明的《朱子晚年定论》以及《序言》首次刊刻于雩都，成为该书的最早版本。

众所周知，王阳明研究朱子学说，知道朱学之弊端，也知道朱熹晚年的情况，为了更好地启发后学者，他在南京时，便收集朱熹晚年书信加以整理，编成《朱子晚年定论》一书，后被薛中离抄写在门人中流传。阳明在书中暗示己说与朱子晚年定论并无不同，欲借此来调和朱子学者对自己的强烈非难和谴责。但在南京时此书并未刊刻。直到正德十三年（1518）七月，阳明为反驳非难者，方允许刊刻此书，并为此写了序文，让袁庆麟刊刻于赣州。隆庆六年

---

① 参见蔡仁厚：《赣南罗田岩与于邑王门诸子》，《南昌大学学报（社会科学版）》1999年第3期。
② 王阳明：《传习录下》，《王阳明全集（新编本）》卷三，吴光、钱明、董平等编校，第155页。

（1572）谢廷杰刊刻《王文成公全书》时，此书被附于《传习录》卷三末尾。在此期间另有单行本行于世。关于此事，阳明在正德十四年（1519）写给安之的书信中作过一些说明：

> 留都时，偶因饶舌，遂致多口，攻之者环四面。取朱子晚年悔悟之说，集为《定论》，聊借以解纷耳。门人辈近刻之雩都，初闻甚不喜，然士夫见之，乃往往遂有开发者，无意中得此一助，亦颇省颊舌之劳。近年箸墩诸公尝有《道一》等编，见者先怀党同伐异之念，故卒不能有入，反激而怒。今但取朱子之所自言者表章之，不加一辞，虽有褊心，将无所施其怒矣……有志向者一出指示之。①

袁庆麟卒后，当年跟随阳明在赣州讲学的薛侃、邹守益分别为其撰写了祭文和挽卷。邹氏在挽卷中说："云峰袁德彰，赣之隐君子也。……予之学于赣也，见童子数百，咏歌周旋，洋洋先王威仪风雅之盛，而德彰岿然师之。"②

王阳明以后，雩都理学"五子"更加一心一意地以兴盛斯文为己任，讲学立说，广收弟子，传播王学。特别是黄弘纲和何廷仁两位阳明高弟致仕回乡后，讲学于罗田岩濂溪书院和需岩，"远近及门无虑数百，海内士至，闻罗田岩濂溪书院先生之名而限于远者，每以不见为恨"③。据《雩都县志》记载，廷仁弟子有李乔崇、李一龙（雩都人）、李端仪（信丰人），弘纲弟子有曾廷珂（雩都人）、李大集（宁都人）。一时名儒巨公，如聂豹、邹守益、罗洪先、欧阳德、罗近溪等理学名士，皆以访学而亲临罗田岩和需岩，为诸子讲孔孟之道，论良知之说，质疑探微，以卒所学。

嘉靖十九年（1540）十月十八日，罗洪先来雩都采风，在理学家黄弘纲、分巡副使薛甲的陪同下，游览了罗田岩，晚上三人下榻罗田岩寺，互相步韵唱和，赋诗刻石留念，罗洪先作《同黄洛村宿

---

① 钱德洪：《年谱一》，王阳明：《王阳明全集（新编本）》卷三十二，吴光、钱明、董平等编校，第1262页。
② 邹守益：《袁雪峰征士挽卷》，《邹守益集》卷二，董平编校整理，第37页。
③ 《印象·雩都》丛书编委会编：《理学圣地》，第111页。

罗田岩》诗："古人不可见，空谷有遗音。一卧白云上，方知静者心。林风开霁色，岩月下峰阴。怅望千年后，庭前草自深。"①薛甲作《念庵洛村招游罗岩》诗："兹行有佳趣，山水自知音。幽壑生虚籁，高峰下夕阴。烟萝人去远，苹藻意何深。剩有闲风月，年年足赏心。"②黄弘纲作《奉陪畏斋念庵宿罗田岩夜话》诗："岩径无人到，幽期集上宾。为劳采风至，因得聚星频。留赋惊山鬼，探元静谷神。何期霜月夜，偏向洞中春。"③自此，罗洪先与罗田岩结下不解之缘，曾经戏谑地说："雩邑名山罗田岩，吉安不才罗念庵，此罗彼罗，其缘何时了也！"④他不仅自己为罗田岩赋诗，而且亲手将宋代岳飞留下的《罗田岩访黄龙旧迹留题》镌刻于观善岩。在罗田岩期间，罗洪先还写了数十首劝世文式的通俗诗，罗田岩寺曾将这些通俗诗作为醒世诗悬挂于寺内。

另据文献记载，欧阳德亦曾游罗田岩，拜谒周元公（即周敦颐）祠，并赋诗《游罗岩拜周元公祠》云："茂叔春游地，交交谷鸟音。绝胜云景外，谁识洞中心。草砌生风细，莲池浸月深。徘徊宵不寐，祠屋万松阴。"⑤后又有罗汝芳等阳明后学者游宿罗田岩。汝芳尝赋诗二首，其一云："出谷双黄鸟，嘤嘤肆好音。名岩方独步，多士偶同心。陟峤难辞险，寻源莫厌深。元公开绝学，遗像俨峰阴。"其二云："今古罗田道，高歌几嗣音。天风还客袂，海月自禅心。草色当春媚，林光傍晚深。黄龙参未得，僧磬出岩阴。"⑥

三、阳明在雩都的史迹

（一）罗田岩题字刻石

正德十三年（1518）四月，何春在雩都罗田岩原濂溪祠旧址重新构建濂溪祠，塑像祠内，并新建书屋数间，阳明为之题"濂溪阁"三字匾额，镌刻于观善岩悬崖上。

---

① 《雩都县志 同治版》，江西雩都县县志编纂委员会办公室校注，第779页。
② 《雩都县志 同治版》，江西雩都县县志编纂委员会办公室校注，第779—780页。
③ 《雩都县志 同治版》，江西雩都县县志编纂委员会办公室校注，第780页。
④ 雩都县地方志办公室编：《赣南名胜：罗田岩志》，1992年版，第38页。
⑤ 《雩都县志 同治版》，江西雩都县县志编纂委员会办公室校注，第779页。
⑥ 罗汝芳：《宿罗田岩和罗念庵韵》，《罗汝芳集》，方祖猷等编校整理，凤凰出版社2017年版，第779页。

正德十四年（1519）四月，何春在罗田岩开辟"观善岩"讲肆，阳明为之题"观善岩"三字楷书，并题《观善岩小序》，序曰："善，吾性也。曰'观善'，取《传》所谓'相观而善'者也。"①

（二）在雩都设立社学

正德十四年（1519）七月，阳明撰写的《朱子晚年定论》及《序言》首刊于雩都，以利雩都诸生讲学之需，他在《与安之书》中曾说："留都时，偶因饶舌，遂至多口，攻之者环四面，取朱子晚年悔悟之说，集为《定论》，聊借以解纷耳。门人辈近刻之雩都，初闻甚不喜，然士夫见之，乃往往遂有开发者，无意中得此一助，亦颇省颊舌之劳。"②

正德十四年（1519）十二月二十七日，阳明发布《行雩都县建立社学牌》："照得本院近于赣州府城设立社学乡馆，教育民间子弟，风俗颇渐移易。牌仰雩都县掌印官，即于该县起立社学，选取民间俊秀子弟，备用礼币，敦请学行之士，延为师长；查照本院原定学规，尽心教导，务使人知礼让，户习《诗》《书》，丕变偷薄之风，以成淳厚之俗。毋得违延忽视，及虚文搪塞取咎。"③

（三）为弟子撰写祭文

正德十五年（1520），雩都弟子袁庆麟因病去世，阳明亲撰《祭袁德彰文》，全文如下：

> 呜呼德彰！士而不知学，其生也如醉梦，死则蜉蝣蠛蠓矣。德彰始钻研于辞章训诂，而疲劳于考索著述，矻矻然将终老矣。已而幡然有觉，尽弃旧习如脱敝屣，锐志于圣贤之学。虽其精力既衰，而心志迥然不群矣。中道而殁，盖斯文之不吊！古所谓"朝闻道夕死可"者，德彰其庶几哉！呜呼！此心此理，万古一日，无分于人我，无间于幽明，无变于生死。故生而顺焉，没而宁焉！昭昭于其

---

① 《雩都县志 同治版》，江西雩都县志编纂委员会办公室校注，第576页。
② 钱德洪：《年谱一》，王阳明：《王阳明全集（新编本）》卷三十二，吴光、钱明、董平等编校，第1262页。
③ 王阳明：《行雩都县建立社学牌》，《王阳明全集（新编本）》卷三十一，吴光、钱明、董平等编校，第1224页。

生,乃所以昭昭于其死也。呜呼德彰!亦何憾乎!①

(四)配祀于濂溪阁

嘉靖六年(1527)五月,阳明受命赴广西平息思恩、田州之乱。次年秋平叛结束,时值肺病剧发,十月上疏告退,十一月在返回途中病逝于南安府青龙铺舟中。嘉靖十四年(1535),雩都知县羊修奉勘合变卖,黄弘纲捐资在县城原福田寺右新建"王文成公祠",春秋享祭,其祭辞曰:"维某年月日,某官某致祭于先贤王阳明夫子曰:惟夫子祖述象山,振铎虔南。直指良知,传习昭朗。开宗圣学,道统日彰。兹届春(秋),敬修祀典。虔备牲帛,式陈清荐。……尚飨!"②嘉靖二十四年(1545),雩都提学蔡克廉访罗田岩,看到阳明的题刻,于是檄告知县许来学,以阳明配祀于罗田岩濂溪阁。

王阳明在雩都的时间虽然不长,但雩都距离赣城百余里,阳明在赣授徒讲学,吸引了不少雩都诸生前来问学,遂使雩都成为阳明高足较为集中的地区之一。据《豫章丛书》记载:"自明代正德年间王阳明巡抚赣南、讲学赣州以来,雩都便成为理学之乡。阳明先生的赣州四大弟子俱为雩都人。"③受阳明心学影响,雩都人文风气大开,并泽及周边,影响后世。

(陈光红撰稿)

---

① 王阳明:《祭袁德彰文》,《王阳明全集(新编本)》卷四十七,吴光、钱明、董平等编校,第1916页。
②《雩都县志 同治版》,江西雩都县志编纂委员会办公室校注,第110页。
③ 陶福履、胡思敬原编:《豫章丛书》集部十二,江西教育出版社2006年版,江西省高校古籍整理领导小组整理,第179页。

王阳明与崇义

崇义是王阳明亲手设立的一个县，与阳明有着分割不破的历史渊源关系。明正德十二年（1517）冬，阳明平定了谢志山（又称谢志珊）、蓝天凤之乱后，为了实现南安等地的久治长安，特意奏请朝廷将谢志山、蓝天凤占据的阻荒之地尽行割出，建立崇义县，开启了崇义的县治教化历程，这是阳明"破心中贼"思想在南赣的具体实践。可以说，崇义是阳明军事思想的实践地、济世安邦政治抱负的实现地、心学思想的践行地，是较为完整地体现其立德、立功、立言的地方。

一、征剿之战

盘踞在南安的谢志山、蓝天凤，占据横水、左溪、桶冈等地，建立了大大小小90多个山寨，拥众八千余，割据一方，自称"征南王"，与福建漳州詹师富、湖广郴州龚福全、广东龙川浰头池仲容、广东乐昌高快马结成联盟，互为犄角，欲与朝廷分庭抗礼。谢志山、蓝天凤作乱由来已久，谢志山祖籍广东潮汕，随流民潮从潮汕一带流窜到位于南康、上犹、大庾三县交界的横水、左溪等地，借山生存，以开荒垦殖为业。谢志山为人慷慨讲义气，结交了不少江湖人士。蓝天凤为思顺、桶冈畲族首领。弘治八年（1495），南安等地的瘟疫流行，地方官员处置不当，激起民变，山民开始打家劫舍，官府剿抚不力，使谢志山、蓝天凤集团不断坐大，由鸡鸣狗盗之徒发展成为公开的武装叛乱团伙，公然与朝廷为敌。通过近20年的苦心经营，谢、蓝割据南安府大庾、上犹、南康的大片土地占山为王，形成强大的割据势力，并建立了稳固的防御工事，以对付朝廷征剿。

王阳明到任之初所面临的平乱形势非常严峻，缺兵少将无粮草，乱军大规模攻城略地，四处抢劫，官兵无力征剿只能被动防御应付，几乎被乱军牵着鼻子走。面对崇义等地狼烟四起，波诡云谲，大规模骚乱的局面，阳明以其过人的军事、政治智慧，在一年多的时间内，快速平定了崇义和南赣各处的动乱。

崇义作为阳明南赣平乱的主战场，是阳明平乱征战最为用心的地方。这是因为，南安府的谢志山、蓝天凤兵力最多，占据地方最广，地势最为险要。而南赣官兵又最无战斗力，朝廷集中会剿，各省乱军往往逃入南安一带躲藏。为了剿灭这股乱军，阳明前前后后光准备工作就足足花了十个月，在平乱战役中采取了很多策略，用了很多计谋，并亲自带兵征战，才彻底解决了这一地区的战乱问题。

（一）战前准备

1. 选拣民兵

南赣辖地所属江西境内驻守的军队是赣州卫、会昌千户所、南安千户所和信丰千户所，共一卫三所，满额兵员应该是赣州卫五千余人，各千户所有一千余人，共七八千人，但事实上这一卫三所实有官兵不及原额兵数的三分之一。以往对崇义等地乱军进行清剿都倚重从广东、湖广征调而来的土狼之兵去完成。但土狼之兵军纪败坏，对百姓和乱军同等视之，所过如剃，杀良冒功，给南赣造成的祸害，更胜于乱军，往往是大征之后，受祸害的百姓都被逼上了"梁山"，乱军反而越剿越多，崇义和南赣等地的民众从心底是十分抵触用土狼之兵去征剿乱军的。同时，征调土狼之兵进行三省大征，要征用十多万的民夫，劳师动众，耗费巨大，而效果不是很明显，而且崇义和南赣百姓因多年的战乱，本来就生活很困苦，这样劳师动众，只会使南赣百姓生活更加困顿，雪上加霜。王阳明十分体谅南赣百姓的困苦，也不愿征调土狼之兵进行三省并举的大征，而是希望一寨一寨去剿灭，一巢一巢去拔除，日朘月削，使之渐尽灰灭。由于南赣官兵难堪大任，阳明就想办法在南赣当地选拣民兵，着手组建一支富有战斗力且纪律严明的平乱部队，这样就能无征调之扰，粮饷可省，兵力不竭。具体可读一下阳明的《选拣民兵》等公文。①

其实，组建民兵部队的工作在阳明一到赣州开府上任时就已开始，到打响征讨横水、桶冈时，纪律严明、战斗力强的精兵已练成。对于这支自己亲手组建的部队，阳明坚持赏罚维信的练兵用兵原则，十分重视纪律建设，严军纪、明赏罚，坚持有功必赏，有过必罚，赏罚不逾时，以此激发部队士气。如在正式进剿横水、桶冈前，阳

---

① 参见王守仁：《王文成公全书》卷十六，王晓昕、赵平略点校，中华书局2015年版，第641—642页。

明颁布军令二十一条，规定了十九条不守军令可就地斩首的违纪之事，用铁一般的纪律来达到令行禁止，保证部队的战斗力。与此同时，为解决指挥调度不灵、领兵作战不便的问题，阳明还大力改革兵制，实行兵符节制，以便对部队实行有效指挥，让作战指挥系统更加统一灵便，达到如臂使指的目的。

征剿横水、左溪、桶冈的精英部队由以下部分组成：精选出来的南赣官兵，招募的南赣各府魁杰异士，以及受招安的新民。具体兵员和人数如下：南康、上犹二县机兵、打手千余名；大庾县机兵、打手千余名；赣州府所属，除石城县外，宁都、信丰二县机兵、打手各千名；其余七县，机兵、打手三千名；龙泉县机兵、打手一千名；安远县招安义民叶芳、老人梅南春等，龙南县招安新民王受、谢钺等兵共二千名；汀州府上杭县打手一千名，潮州府程乡县打手一千名，共万余之众。从中可以看出，阳明能够大胆使用投诚反正的新民去征剿乱军，这不仅体现了他的过人胆识和卓越的统兵才能，也充分证明了阳明作为心学大师的感召力和人格魅力。

2. 开展情报战

了解敌情是制定作战方略和采取军事行动的基础和关键。南赣辖地地形复杂，良民村寨与乱军山寨犬牙交错，难以区分，过去征剿误伤百姓不少，却让乱军骨干大多漏网。而且崇义乱军为了抵抗官府清剿，据险立隘，勘崖倒树，埋设陷阱，装设药弩，布置滚石檑木与官府对抗，防御工事十分坚固，防御措施十分完备。对这些情况不熟悉，会给征剿作战带来极大的麻烦和危险。知己知彼才能百战不殆，王阳明一到任便把了解敌情放在首位，开列了十六项抚剿事项，要求南赣所属大小衙门各官吏，迅速查明敌情，绘出乱军之巢穴及兵力部署，设防情况和关隘险要、山川地理、道路险夷地形图，并进献平乱方略。命令各"山川道路之险易，必须亲切画图；贼垒民居之错杂，皆可按实开注；近者一月以里，远者一月以外，凡有所见，备写揭帖，各另呈来，以凭采择。非独以匡当职之不逮，亦将以验各官之所存，务求实用，毋事虚言"。[①]

阳明的情报工作做得非常成功，比如南安府谢志山、蓝天凤大

---

① 王守仁：《巡抚南赣钦奉敕谕通行各属》，《王文成公全书》卷十六，王晓昕、赵平略点校，第639页。

小喽啰八十多人姓甚名谁，驻扎在哪里，九十多个山寨布防在何处，防御设施有多少，各个山寨乱军有多少，道路险易都了然于胸。在对敌情作出准确判断的基础上，阳明制定出了正确的平乱作战方略。如在征剿横水、左溪、桶冈的战役中，针对谢志山分兵守险、一味防守的作战特点，采取四面合围，集中优势兵力，一寨一寨逐一拔除的拔钉子战法，一日之内攻入横水、左溪。发起桶冈战役后，又在两日之内剿灭了蓝天凤。阳明重视情报工作，还表现在肃清内部奸细之后，让这些过去谢志山、蓝天凤在官府的内线耳目充当官府的双料间谍，反过来收集刺探乱军的军情。

3. 推行十家牌法

王阳明一到南赣上任便强势推行十家牌法，着力将乱军钉死在巢穴中，防止乱军化整为零、四处躲藏。崇义和南赣之匪久剿不灭，阳明分析其中一个重要原因就是每次朝廷大征时，狡猾的乱军头目及骨干都会化整为零，远远逃入良民村寨躲藏，大兵撤后又死灰复燃，重新啸聚山林，为非作歹。阳明《案行各分巡道督编十家牌》称：

> 照得本院巡抚地方，盗贼充斥；因念御外之策，必以治内为先。顾莅事未久，尚昧土俗；永惟抚缉之宜，憮然未有所措。访得所属军民之家，多有规图小利，寄住来历不明之人，同为狡伪欺窃之事；甚者私通拳贼，而与之传递消息；窝藏奸宄，而为之盘据夤缘；盗贼不靖，职此其由。①

为了将乱军困死在山寨，堵死当地民众接济、窝藏、沟通的渠道，阳明要求南赣各大小衙门"合就行令所属府县，在城居民，每家各置一牌；备写门户籍贯，及人丁多寡之数，有无寄住暂宿之人，揭于各家门首，以凭官府查考。仍编十家为一牌，开列各户姓名，背写本院告谕，日轮一家，沿门按牌审察动静；但有面目生疏之人，踪迹可疑之事，即行报官究理。或有隐匿，十家连罪，如此，庶居民不敢纵恶，而奸伪无所潜形"②。强势推行十家牌法、实行连株连

---

① 王守仁：《案行各分巡道督编十家牌》，《王文成公全书》卷十六，王晓昕、赵平略点校，第645页。
② 王守仁：《案行各分巡道督编十家牌》，《王文成公全书》卷十六，王晓昕、赵平略点校，第645页。

坐政策后，崇义及南赣地方再也没人敢窝藏和私通乱军了，这种强有力的釜底抽薪之策，让乱军再也无法四处逃窜躲避，彻底将各路乱军困死、钉死在巢穴内，官兵征剿再也不会像过去那样有那么多漏网之鱼。

4. 落实提督军务权

以往的南赣征剿作战，往往半途而废，关键是南赣地处四省，涉及八府一州，统一指挥作战不方便。南赣巡抚是四品官，而四省都指挥使司却官居二品，所以南赣巡抚要调动四省官兵征剿多有掣肘。但战场作战形势瞬息万变，战机稍纵即逝，来不得半点迟疑，而南赣巡抚对整个战局不仅没有说一不二的绝对指挥权，反而受到种种牵制，在反复请示协调过程中极易贻误战机。为了统一指挥四省作战，阳明在兵部支持下，获得了提督军务之权。据阳明《钦奉敕谕提督军务新命通行各属》载：

> 特改命尔（即阳明）提督军务，常在赣州或汀州住札，仍往前各处抚安军民，修理城池，禁革奸弊，一应军马钱粮事宜，俱听便宜区画，以足军饷，但有盗贼生发，即便严督各该兵备、守备、守巡，并各军卫有司，设法调兵剿杀，不许踵袭旧弊，招抚蒙蔽，重为民患。其管领兵快人等官员，不拘文职武职，若在军前违期，并逗遛退缩者，俱听以军法从事。……文职五品以下，武职三品以下，径自拿问发落。①

朝廷给了他令旗令牌各八面，并明确文职五品以下，武职三品以下，可以先斩后奏。至此，阳明得以便宜行事，在紧要关头，不必奏明朝廷，就可以根据自己的判断行动，包括调兵和赏罚。以提督之权，而纪纲八府一州之官吏，伸缩如志，举动自由；以牌旗调动湖广，两广夹剿之师，莫不畏威用命。

---

① 王守仁：《钦奉敕谕提督军务新命通行各属》，《王文成公全书》卷十六，王晓昕、赵平略点校，第662—663页。

（二）战役经过

1. 战前形势

正德十二年（1517）正月至四月，王阳明在做好征剿谢志山、蓝天凤各项准备的同时，在汀州、漳州指挥征剿詹师富的漳南之战。期间，谢志山、蓝天凤趁官兵集中力量在福建作战的空隙，四处打家劫舍，补充给养，加固防御工事，官兵一直被动防御。六月中下旬，眼看早禾将熟，为了防备乱军抢割民众的早禾，也为了检验练兵效果，阳明令南安知府季敩、南康县丞舒富、赣县义官肖庚，以换防为名，于六月二十日午夜，在向导的指引下，分三路偷袭了谢志山的前沿阵地，捣毁乱军巢穴十九处，俘获陈曰能等三名头目，擒斩乱军近六百名，官兵士气为之大振。至此，官兵扭转崇义战场形势开始掌握了战场主动权，由于天气炎热，兵难深入远攻，王阳明决定将总攻时间定在十月份。期间为防止谢志山、蓝天凤报复，王阳明加强了南康、大庾、上犹与横水、左溪、桶冈接壤关隘的防务，令舒富率震字营兵一千二百名屯营前、金坑，指挥姚玺统艮字营兵一千二百名屯上犹关卡，季敩统异字营兵一千二百名及指挥来春统坎字营兵一千二百名驻南安，指挥谢昶、千户林节各领千名精兵屯南康，防遏推官徐文英率几百名守把隘夫驻聂都关隘。王阳明通过分留重卒于金坑、营前等，扼守要害，示以必攻之势，使谢志山、蓝天凤旦夕防守，不遑他图，以此聊且与之牵持。候秋气渐凉，各处调兵稍集，更图后举。

为了报官兵夜袭一箭之仇，谢志山不惜犯险，七月，亲率部下一千五百余人攻打南安府城，但被王阳明部下季敩领兵击退。八月，谢志山顿整军马，再次亲率两千余兵攻打南安府城，由于官兵早就做好了准备，谢志山在损失近两百人的情况下，只好撤兵。

2. 制定方略

开战之初，对于先征横水、左溪还是桶冈的问题，内部将领颇有争议。桶冈地势十分险要，易守难攻，此前三省大征，土狼之兵也不曾攻入桶冈，因此阳明部将都欲先打破桶冈而后快。但阳明认为：

> 桶冈、横水、左溪诸贼，荼毒三省，其患虽同，而事势各异。以湖广言之，则桶冈诸巢为贼之咽喉，而横水、左溪诸巢为之腹心；以江西言之，则横水、左溪诸巢为贼之腹心，而桶冈诸巢为之羽翼。今不先去横水、左溪腹心之患，而欲与湖广

夹攻桶冈，进兵两寇之间，腹背受敌，势必不利。今议者纷纷，皆以为必须先攻桶冈。而湖广克期乃在十一月初一日，贼见我兵未集，而师期尚远，且以为必先桶冈，势必观望未备。今若出其不意，进兵速击，可以得志。已破横水、左溪，移兵而临桶冈，破竹之势，蔑不济矣。①

乱军的主力和总寨都在横水、左溪；八千多乱军，有六千多在横水、左溪、义安、关田、鸡湖等处，方圆近千里。而桶冈如其名，方圆不过百里，形如桶底，四面青壁万仞，连峰参天，深林绝谷，不睹日月。地势虽险要，但范围很狭窄，乱军人数近二千人，不可与横水、左溪同日而语。况且桶冈只有有限的几个出入口与外界相连，封锁这些出入口，桶冈之匪便成瓮中之鳖。所以阳明认为，必须先打横水、左溪再攻桶冈，只要处置得当，趁桶冈山匪还来不及反应，迅速拿下横水、左溪，再进兵桶冈，犹如关门打狗，桶冈乱军是无法逃窜的。因此，阳明确立了先打横水、左溪，后破桶冈的作战方略。

3. 强攻横左

横水、左溪是两个比较大的盆地，地势平坦，本身无险可守，全靠前面数十里战略纵深之地据险扼守，山寨及军事据点层层设防，如前沿阵地失守后，还有一、二、三线战略纵深阵地可节节抵抗。如左溪南部铅厂等地，依山傍势建有大小山寨十五座，从荡坪、义安、石罗、西峰、铅厂、宝山、长河坝、石底河、稳下、狗脚岭沿途层层设防，到处布置机关，防备官兵进攻。谢志山最后一道防线设在横水和左溪四周各山头险要处，防守坚固。为了防备官兵进攻，谢志山还将各处通往横水、左溪的路口严密封死，各处进入横水、左溪的最险要处，乱军都建有坚固的军事堡垒和防御工事。因此，横水、左溪之战，异常艰难，官兵对乱军布防的一些重要据点如横水东南部的十八面隘，只能依靠奇袭智取，而无法强攻取胜。

十月十日，阳明亲率中军官兵千余人进入长龙，在离乱军巢穴三十里处，扎下营寨，故意作出长期驻扎与其对垒的样子，以迷惑

---

① 王守仁：《横水桶冈捷音疏》，《王文成公全书》卷十，王晓昕、赵平略点校，第418页。

乱军。而暗中却派听选官雷济、义民肖庚，率领四百名善登山的乡兵和当地樵夫，在夜里抄小路攀上悬崖绝壁，爬上十八面隘周围极高山头进行埋伏，同时派千户陈伟、高睿分别带勇士数十人，爬上悬崖悄悄抵近十八面隘，预先埋伏在十八面隘旁的密林草丛中。十二日黎明，阳明领军进抵十八面隘，指挥官军发起攻击。听到阳明中军炮响，雷济、肖庚带领预先埋伏在周围山顶的四百名官军，立即竖起旗帜，燃起数千垛茅草，放起火炮、铳枪，以迷惑乱军。陈伟、高睿也从草丛中一跃而起，砍翻守隘乱军，夺隘而入，斩断滚石檑木绳索。这时谢昶、冯延瑞又率兵攀爬悬崖峭壁从后面包抄过来，烧毁山寨据点，十八面隘乱军于是溃败。阳明中军破十八面巢和先鹅头巢后，率先攻破横水。

当时谢志山认为，横水周围山寨险峻牢固，能有效拱卫屏障横水主寨，闻知官兵进攻，仓促之间，派兵四处扼险拼死抵抗。当看见横水周围山岭浓烟滚滚，烈焰冲天，以为各个关隘山寨被破，只好弃险而走。而周围山寨乱军见横水一带烟焰障天，也以为横水主寨被破，心无斗志，纷纷溃败而逃。仓皇之间，谢志山上了一只小船沿横水江进入大江逃入白水洞躲藏，十多天后被舒富活捉。十二日官兵连克横水、左溪大巢，九路官兵依次到达横水、左溪汇合。十三、四日，官兵休整两天后，十五日阳明部署官兵对横水、左溪附近山寨进行大清剿。至此，破巢五十余座，乱军主力被歼，少数乱军遁入桶冈。

4. 智取桶冈

桶冈天险，易守难攻，一夫当关，万夫莫开，进入桶冈只有锁匙龙、葫芦洞、茶坑、十八磊、新地五条通路，①但这些通路都是靠在崖壁上修栈道、架绳梯，在沟壑间架桥梁，才能翻越峭壁陡崖，越过深涧进入。为了减少官兵强攻桶冈的损失，阳明派一向与乱军暗中有往来的戴罪义官李正岩、医官刘福泰，以及前来探听横水、左溪消息，途中被阳明俘获的桶冈小头目钟景作信使，于二十八日趁夜悬壁

---

① 据传说，"新地"地名由王阳明所取。桶冈平乱后，阳明率军路经此地时，感觉与众不同，于是为其取名"新地"。新地东往石盘山乌地到长江，南往牛栏山石门框到山院，西往三江十八垒齐云山，北往上鼓石上犹楼下。这东南西北四个方向目前仍然保存有古道，特别是南边方向古道，在高桥分叉，一条通往桶江茶寮碑，一条经石门框通往山院至思顺。

而入，对蓝天凤进行诱降，称可以接受桶冈乱军投降，免去他们的死罪，条件是必须于十一月一日全体集中到锁匙龙受降，否则大兵一到，玉石俱焚，悔之晚矣。正在惊魂未定之际的蓝天凤等，忽见阳明派人来劝降，又惊又喜，于是集众会议，蓝天凤等想投降保命，而逃入桶冈的横水、左溪乱军将领则坚决反对，认为阳明是缓兵之计。蓝天凤因此举棋不定，在往复迟疑之间，放松了戒备。于是阳明留下三支部队镇守新近平伏之地，亲率八支部队分成五路迅速开往桶冈，封住桶冈联通外界的五个出入口，围歼蓝天凤。

根据的阳明的战术安排：县丞舒富率数百人进屯锁匙龙，敦促蓝天凤投降；知县王天与所部官兵紧随舒富军作为后继部队；知府伍文定部屯西山界；唐淳所部与郏文部屯十八磊；阳明本人则率中军与邢珣部屯茶坑；知县张戬部屯葫芦洞。战役于十月三十日夜打响，十二月初三日全部结束，历时三十余天。蓝天凤及其家属投崖而死①，桶冈乱军主力大部被歼，残部亦被基本扫清，阳明大获全胜。

回顾横水、左溪、桶冈之战整个过程，王阳明的治军思想、统军本领、军事韬略、战略意图、战争谋略、战术运用、军事后勤保障才能可谓发挥得淋漓尽致，所以可以毫不夸张地说，横水、左溪、桶冈之战是阳明军事艺术和指挥才能的重要实践地和展示地。

（三）所用策略

1. 先易后难，各个击破

在"横左桶战役"之前，王阳明认真分析了南赣局势，认为广东狼兵、福建官兵战斗力强悍，加上漳南匪寇与江西南安、湖广郴州、广东乐昌匪寇相去辽远，乱军之间互相增援不易，所以阳明第一场战斗在漳南发起，集中闽、粤官兵加上江西之兵，剿灭了詹师富，得以腾出手来集中对付谢志山。第二场平乱之战，阳明之所以放在南安府来打，主要是考虑到南安府的谢志山、蓝天凤之流，"贼众而势散，恃山溪之险以为固"②，阳明算准了他们不会轻易放弃据

---

① 按：蓝天凤在《明史》中被称为"廷凤"，抑或因为当地土语读音相近之故。据说蓝天凤在浙江景宁畲族自治县被当做祖先来瞻仰，对其传说亦与农民起义有关。故我们推测，桶冈之役蓝天凤跳崖而亡后，真有其本人被景宁畲族百姓当作英雄来纪念之事。
② 王守仁：《浰头捷音疏》，《王文成公全书》卷十一，王晓昕、赵平略点校，第437页。

点而逃窜；而浰头池仲容等"贼狡而势聚，结党与之助以相援"①，是个厉害的对手，如果先征剿广东或者郴州，那里的贼寇必定会结起伙来共同对抗官兵，一旦形势对他们不利，便会四处逃窜躲藏，给征剿战役带来极大麻烦。而征剿谢志山、蓝天凤却不用担心他们会溃败逃入湖广和两广，因为湖广土兵、两广狼兵素来为谢志山、蓝天凤所惧怕。征剿横水、桶冈，只要稳住了浰头池仲容，拖住了郴州龚福全、乐昌高快马，官兵就不会有腹背受敌的危险。为了达到这个目的，阳明放出风去，准备征调土狼之兵，会剿横水、左溪等三省匪寇，目的是让他们不敢轻举妄动，且夕防备，无暇他图。而湖广郴州与横水、桶冈相互接壤，如果江西之兵和湖广之兵配合作战，征剿时间大致同步，湘赣官兵共同向湘赣边匪穴包围压缩，就不用考虑两股乱军之间互相增援配合作战的问题。因此，摆在阳明面前最大的问题，就是如何稳住池仲容和高快马，只要他们不敢轻举妄动，不敢前去增援横水、桶冈，征剿谢志山、蓝天凤就无后顾之忧。可见，阳明在这里采取的是先易后难、各个击破的战术，"如攻坚木，先其易者，后其节目"②。

2. 剿抚并举，分化瓦解

征剿横水、桶冈，王阳明最担心的就是池仲容和高快马趁机捣乱，使官兵首尾难以兼顾，腹背受敌。阳明手中兵力有限，只能集中兵力，进行包围征剿。在征剿谢志山、蓝天凤时，阳明对池仲容和高快马实行招安策略，稳住了这两股乱军，使池、高未分出一兵一卒去增援谢、蓝。具体做法是：为了对付池仲容，阳明花大力气对其进行招抚，并对其部众进行分化瓦解，动摇其军心，瓦解其士气。比如派人四处张贴《告谕浰头贼剿书》，对池部实施攻心战。在阳明的感召下，池仲容手下的黄金巢、梅南春等人纷纷带领部下弃暗投明，归顺了朝廷。池仲容的死对头，拥兵自保的龙川山洞酋长卢珂、郑志高也归顺了阳明，并依照阳明的安排，统兵监视并牵制池仲容，阻止池仲容出兵增援横水、桶冈。池仲客的军心不稳，又受到卢珂、郑志高的牵制，更加不敢轻举妄动。而对乐昌高仲仁

---

① 王守仁：《浰头捷音疏》，《王文成公全书》卷十一，王晓昕、赵平略点校，第437页。
② 王守仁：《浰头捷音疏》，《王文成公全书》卷十一，王晓昕、赵平略点校，第438页。

（高快马），阳明则采取力度更大的分化瓦解策略，并运用以匪治匪的手段，"诱其腹心以为我用，然后以次剪其羽翼，庶以贼攻贼，彼势可孤而我患可保"①。在阳明强有力的分化瓦解的战术下，高快马的手下离心离德，众叛亲离，力量被严重削弱，手下很多头目不听使唤，不少头目还与官府暗通款曲，做了官府的内应，弄得高快马焦头烂额，随时提防部下出卖自己，无力也无心去驰援横水、桶冈。其时，在南赣巡抚辖地外，两广官兵正齐集府江讨伐乱军，湖广官兵也在偏桥鏖战。为了保险起见，阳明令两广官兵在结束府江作战后，迅速移兵仁化等地把住路口，防备谢志山的密友高快马驰援横水、桶冈。对于郴州龚福全部，阳明则命令湖广官兵加紧备战，示以必攻之势，让龚福全旦夕防守，不遑他图。事实上，阳明所实施的剿抚并举的策略，不仅仅是作战方略的需要，在削弱匪寇力量的同时，也是给一些胁从人员有改过自新的机会，尽量减少人员伤亡及杀戮局面的出现。因此，在南赣平乱的整个战役过程中，阳明都想方设法最大限度地避免官兵和裹挟于战争中的绝大多数人的生命受战争的摧毁。

3. 智勇谋略，出神入化

王阳明用兵十分注重审时度势，谨慎从事，充分准备，从不打无把握之战。在征剿横水、桶冈战役中，阳明总是先计而后动、因敌而动、相机而战，在兵力不是很充足的情况下，习惯用奇计制胜，不按常规出牌，出其不意，将乱军打得晕头转向，摸不着头脑。征剿谢志山、蓝天凤时，官兵只有一万余人，而对手也有八九千人；官兵是攻势，乱军是守势，而且乱军是据险而守，给官兵征剿带来极大困难。官兵在兵力上没有绝对优势，在地利上又处于劣势，因此，在征剿战役中，阳明借助于出神入化般的各种军事韬略，来赢得每一场战斗的胜利，而且将每场战斗都打成了经典之战。在征剿之前，为了麻痹乱军，阳明采用疑兵之计，放出风去，说官府准备征调土狼之兵，对乱军进行三省会剿，使乱军畏惧，不敢轻易外出掳掠，更不敢联手攻城掠寨。王阳明同时采用远交近攻的策略，在征剿时，对与谢、蓝相邻的龚福全部也一并征剿，对相隔较远的池

---

① 王守仁：《三省夹剿捷音疏》，《王文成公全书》卷十一，王晓昕、赵平略点校，第453页。

仲容、高快马则实行招安之策。与此同时，阳明还使用了声东击西、瞒天过海之策，故意漏出风去，说官兵先征桶冈，再剿横水、左溪，以迷惑谢志山、蓝天凤，使横水、左溪防备更为松懈。阳明率兵围剿谢、蓝而进驻长龙时，被乱军发现，阳明故意布迷魂阵，开挖堑壕，建造土堡，使贼寇上当，以为官兵会在此长期驻扎，与其对垒。而阳明夜里却暗度陈仓，派兵悄悄进入十八面隘，埋伏在山匪防御工事旁，天亮时从后背及侧翼发动偷袭。阳明用兵奇正配合，正兵正面强攻，奇兵从后面包抄偷袭，让山贼防不胜防。在攻破十八面隘后，阳明又继续采取疑兵之计，在横水周边山头最高处放火，焰烟障天，让山贼以为周围据点全被官兵攻破，横水无险可守，心无斗志，放弃抵抗，四处逃命。在清剿的整体作战方略上，阳明采用四面包围、逐渐压缩的战术，对谢、蓝部进行围剿。阳明算准了谢、蓝会凭借险要地形和坚固防御，分兵把守，不会集中兵力与官兵对抗。而阳明却采取集中兵力，关门捉贼，以及"擒贼先擒王""打蛇打七寸"的战法；对一些一时难以攻破的山寨，则有意避开，待拿下横水、左溪后，再回过头来集中优势兵力进行围剿。正是在这种战术思想的指导下，阳明一天之内就攻下了横水、左溪。然后以逸待劳，让官兵短暂休整后，迅速包围桶冈，趁大雨和夜色发起强攻。而蓝天凤却中计准备接受招安（详见前述），完全放松了戒备，给官军以可乘之机。官军一天之内攻入桶冈，两天之内打垮了蓝天凤部。在平乱作战中，阳明习惯于夜袭、奔袭和偷袭。一般战斗都是在黎明前发起，在敌人防备最松懈的时候打响战斗。为了减少官兵伤亡，阳明进兵作战喜欢出其不意，攻其不备。如十八面隘之战，官兵都是趁夜走鸟道和羊肠小道，由当地向导带领走野猪路，以避开陷阱和各种机关。阳明还擅长使用疲兵之计，在发起横水、桶冈之战四个月前，即正德十二年（1517）六月中旬，阳明曾经指挥官兵偷袭过谢志山的部分山寨，采用夜袭战法，一夜之间就拔掉了乱军的二十多个据点，以故意打草惊蛇，使谢志山、蓝天凤日夜防守，不敢轻易外出掳掠。阳明同时派重兵守住横水、左溪、桶冈通往外界的重要路口，示以必攻之势，以迷惑谢志山、蓝天凤。而官兵则以逸待劳，加紧练兵，直到正德十二年十月份，各项准备工作充分以后，才发起总攻。对防备严密的山寨，阳明一般采取四面围住，放火烧山的战法。如攻打谢志山的过埠石路寨，阳明采用火攻之策，一举消灭乱军三四百人。在桶冈战斗中,阳明还使用了欲擒故纵之计,对池仲容派来投诚,实则是到桶冈探听虚实的乱军,表面重用,假装信任,实际却暗中嘱咐官兵加以防备监视,以便稳住池仲容,为以后招降池仲容铺平道路。实际上,在整个南赣平乱战役中,阳明将兵法三十六计运用得十分娴熟。如推行十甲牌法,就是使用的釜底抽薪之策,让乱军不能化整为零,躲入良民村寨。对卢珂、郑志高使用苦肉计,并以连环计迷惑池仲容;采用招降计、调虎离山计、擒贼先擒王之计来平定浰头乱军;采用借刀杀人之计来离间乐昌高快马等等,不一而足。阳明擅长治军,还表现在他高超的后勤保障能力上。兵马未动,粮草先行。朝廷让阳明去征剿,却没有相应地给予军饷粮草,阳明又不愿增加已经十分贫困的南赣百姓的负担。为了解决军饷问题,阳明一方面在赣州开增盐税,抽分广盐,既遏制了私盐泛滥,又有效筹措了军饷,还没有增加百姓负担;另一方面把岭北道及南、赣二府的赃罚银两充作军饷,以解决兵饷短缺的问题。

总之,在整个征剿战役中,王阳明充分展示了治世能臣上马能统兵、下马能治民的别样风采,也为"终明之世,文臣用兵制胜,未有如守仁者"的历史评价作了最好的注脚。

二、战后治理

王阳明在南赣战役中,除了用兵,还一直非常重视地方治理问题,重视恢复战乱地区的正常生活秩序,以彻底铲除造成动乱的根源,实现地方的久安长治和百姓的安居乐业。在结束征剿战役后,阳明便立即转入战后恢复和重建工作,他一方面鼓励并创造条件让山民迁居县城,据《崇义长龙王氏族谱》记载:"正德年间,横水、桶江峒畲乱,王都堂讳守仁征平,提准建立县治,榜招近处居民附籍充室图眼。正德十三年,(张广财)弃峥山田业基址,奉例迁来崇义县隆平里长龙村,创置粮田一十余石,开拓基址。生殁失考,葬于上垅樟陂岭……"张广财便是阳明平乱后从山里迁出县城附近居住的一个代表。同时,阳明还大力推进社会教化,致力于经济社会生活的复苏和乡村社会的良知再造,而不是只管平乱,不管民生。据光绪二十三年《何氏族谱》记载,王阳明率师平叛时,当时生活在思顺村何屋湾的何景端曾举榜乡导征剿，后何氏父子三人均在桶冈战役中阵亡。战后阳明遂深加体恤吊唁，封其为"忠勇先锋"，并赐水垅坑、西山界、铁木里、桶江潭四履山场为祭资收租，恩准当地筑庙大岱春秋祭祀。崇义立县后，何氏族人为感恩阳明，便用租金兴建了专用于讲学教化的"深柳书屋"。清代状元戴莲士来思顺，听说"思顺"由阳明命名，遂在书屋欣然写下"乡里头圣"四个大字。

在横水、桶冈战役中，王阳明还逐渐形成了"破山中贼易，破心中贼难"的观念，触发了"致良知"思想的萌芽。为了破心中贼，他大力施展济世安邦的社会治理才华，并将自己的心学理念有效运用到社会治理的具体实践中。当时阳明采取的主要措施是：

（一）开县立治

横水、左溪、桶冈位于赣粤湘三省交界之地，境内大山长谷，林木茂盛、沟险坑深，历来为朝廷政教不闻、号令不及的地方，也是江洋大盗、杀人越货之徒的藏匿之地。而谢志山、蓝天凤所盘踞的地方，本来就是南安府大庾、上犹、南康三县边角难以管辖的"三不管"地方，真正的治本之策，乃是将乱军过去占据的阻荒之地，通行割出，设立新县，并派官员去镇守管理。

正德十二年（1517）闰十二月初五日，王阳明向朝廷上奏《立崇义县治疏》，请割上犹、南康、大庾三县之地立县，设立县治以安邦抚民。疏曰：

> 如此，则三省残孽，有控制之所而不敢聚；三省奸民，无潜匿之所而不敢逃。变盗贼强梁之区为礼义冠裳之地，久安长治，无出于此。①

王阳明在南安设立新县的奏疏得到了皇上的恩准，遂决定在乱军大巢横水建城立县。横水原系崇义里，阳明认为，不若因地名县，亦为相宜，也寓含推崇教化，使盗贼之区变为崇礼明义之地之

---

① 王守仁：《立崇义县治疏》，《王文成公全书》卷十，王晓昕、赵平略点校，第429页。

意。于是，在大庾、上犹、南康三县共割出六个半里的地方归新县管理。阳明还令一向信任的部属、南康县丞舒富去具体筹划筑县城等事宜。

舒富一方面仔细察看地理风水，确定官署、学堂、殿庑堂斋、仓库、仓场、牢狱的位置朝向，以及城中街道的布局，并绘出图纸及时呈报阳明审定，另一方面在大庾、南康、上犹三县招集民工各一百名，到左溪、关田等处采运木材，并烧制砖瓦，以作筑城之用。然后又招集了泥瓦木工等各色工匠，选定吉时于正德十三年（1518）四月初六日正式开工兴建崇义县城。城内各项建设共需银一千余两，全部由赣州府在征伐南赣军费开支剩余中支出。

工程进展很顺利，衙门、儒学相继完工。阳明认为，衙门既已建立，就必须有城池作保障。新县城城墙周围五百丈，新筑土城高一丈七尺，面阔七尺五寸，脚阔一丈。从七月十一日起工，到八月底土城完工，然后再用砖包砌，使之坚久。建造城门、城楼、城墙的筑砌砖石工食，共需银八千余两，经费则从变卖缴获品、岭北道赃罚物款、商税银三个途径加以解决。

为了加强对新县辖区的有效控制，阳明在崇义境内设立了三所巡检司，即上堡、长龙和铅厂巡检司。而福建平和建县时只设立了一处漳汀巡检司，广东和平建县时只设立了一处浰头巡检司。阳明此举，确实有其深意。因为崇义是山区，山深林密，群山逶迤，道路崎岖难行，管理殊为不易，稍有疏忽，就易导致盗贼生发，且三县之中，崇义面积最小但管理难度最大，因此阳明才在崇义设立了三所巡检司。这三所巡检司分别在上犹、南康、大庾割出来的地盘上设立，负责捉拿盗贼，维持地方治安，负责地方教化。与此同时，在新县建立之初，阳明还在桶冈等地分别建立了隘所，留下重兵进行防守，以防乱军死灰复燃。

县治设立后，二年之内县城就建筑完成，县衙和各附属机构也完善起来，崇义从此走上了地方政权规范化管理的轨道，为从"破山中贼"到"破心中贼"的过渡奠定了坚实的政治基础。

（二）淳风化俗

崇义等地战乱数十年，造成了社会生产生活秩序、道德秩序的全面崩溃瓦解，百姓不知法度，不识朝廷纲纪，不辨善恶，不懂礼让,一味好勇斗狠,争强好胜,而且崇尚奢靡,又锱铢必较,民风十分彪悍。阳明认为,民虽革面,未必革心,加上崇义地处边远大山深谷,山民愚昧,很容易被盗贼诱惑、胁迫。山民只有从内心里怕当盗贼,不愿或不敢当盗贼,以当盗贼为耻,才可能真正破除心中贼。于是,阳明便从开化风气入手,从浅近易行的移风易俗、敦风厉俗的方式着手,对崇义以及南赣百姓进行教化。

开县立治的同时,阳明在崇义还进行了比较深入的基层治理实践,设计和推行了一系列基层治理措施,比如强化"十家牌法",颁发《南赣乡约》《告谕》等,以加快风俗之淳化。而他颁布《南赣乡约》的目的,就是要构筑乡村自我管理体系和教育监督体系,以弥补官府王化教化之不足。在操作过程中,《南赣乡约》有着社会教育、救济互助、移风易俗、基层调解等功能,而正是保证农村社会安定的必要条件。为了确保乡村社会道德行为规范的有效实施,阳明在《南赣乡约》中还建立了约长制度,后又制定了保长制度,赋予约长、保长等基层管理者以相应的监督、执纪和处罚权力,让一些不安全、不稳定的因素,在萌发期就得到有效控制,从而达到了重建基层社会治理秩序、有效巩固基层政权的目的。这些做法,实际上是发挥了中国传统社会的宗法家族势力在乡村治理中的积极作用,发挥了地方乡绅在社会秩序重构中的引领作用。为了使乡约能在基层社会中认真贯彻执行,在平定南赣后的许多年里,阳明还一直在强势推进"十家牌法"。阳明之所以要把这个产生于征剿时期的严酷的保甲法,在和平时期依然继续强化执行,乃是基于两方面的考虑:一是大征之后还有不少漏网之鱼,难保大兵撤走后他们不会卷土重来,所以有必要严加防备,防止匪患死灰复燃。尤其是郴州龚福全,被剿后下落不明,不得不继续对其严防死守;二是推行《南赣乡约》光靠民间的自我约束还不够,必须借助"十家牌法"来强力保障其落实执行。《南赣乡约》是阳明乡治思想的经典之作,也是一项与"十家牌法"密切配合、相辅相成的软措施。"十家牌法"相当于恢复南赣社会秩序的上位法,而《南赣乡约》则相当于下位法,是对上位法的补充和完善。

(三)兴学设教

淳风化俗虽然只是重构乡村秩序、推进社会治理的措施之一,但它对于基层社会的长治久安却有着深远的意义，因为它把破心中贼作为重中之重。阳明认为，大量山民被裹胁加入乱军团伙，是官府对横水、左溪、桶冈等人迹罕至之地长期放任自流，缺乏有效管理，以致政教不明、礼崩乐坏所导致的。要从心底铲除山民"犯上作乱"的念头，就必须从教化入手，让他们洗心革面，弃恶从善，重新恢复良知，这样才能确保崇义新县的久治长安。事实上，阳明一生以教化民众致良知，推动社会道德建设为己任，他所大力倡导的心学是"上欲以其学辅吾君，下以其学淑吾民，倦倦欲人同归于善，欲以仁覆天下苍生"①。所以对于平定南赣之乱，阳明心里自始至终是充满悲哀的，他尝对钱德洪说：

> 某自征赣以来，朝廷使我日以杀人为事，心岂割忍，但事势至此。譬之既病之人，且须治其外邪，方可扶回元气，病后施药，犹胜立视其死故耳。可惜平生精神，俱用在此等没紧要事上去了。②

一方面他想通过征剿之战尽快结束长期因乱军割据而导致的地方混乱局面，让流离失所的民众重新回到自己的家园，让荒芜的田园再次长满庄稼；另一方面他又不忍心"日以杀人为事"。这种矛盾心理纠结了阳明一生。对于阳明来说，他最喜欢的事是读书讲学，他曾说过："读书讲学，此最吾所宿好，今虽干戈扰攘中，四方有来学者，吾亦未尝拒之。"③而读书讲学的目的，又是唤醒人们沉睡的良知。征剿之战结束后，阳明又可以回到他的"本行"，做自己喜欢做的事情。所以与崇义开县立治同等重要的事情，就是兴学设教，推进教化。在兴建县衙的同时，还兴建了县学。但县学作为官学，受教人数极为有限，所以阳明在崇义以及整个南赣地区还大力兴办社学和乡学，以对广大民众进行规范化的儒家教育，让他们歌诗习礼，以彻底破除心中之贼。为了办好基层教育，阳明行文崇义和南

---

① 黄绾：《阳明先生行状》，王守仁：《王文成公全书》卷三十七，王晓昕、赵平略点校，第1639页。
② 钱德洪：《征宸濠反间遗事》，王守仁：《王文成公全书》卷三十八，王晓昕、赵平略点校，第1692页。
③ 王守仁：《赣州书示四侄正思》，《王文成公全书》卷二十六，王晓昕、赵平略点校，第1137页。

赣各府县掌印官，督促他们大力兴办社学乡馆，尊师重教，精选师资，切实解决教师的后顾之忧。他还亲自为社学乡馆起草了《教约》和《训蒙大意示教读刘伯颂等》，指明社学教育的本质特点和教学方法，以便在崇义和整个南赣地区广泛施行。在阳明的努力下，仅仅数年时间，崇义的社会面貌便焕然一新：百姓无重赋，家家有田产，市民知冠服，朝夕歌声，达于委巷，雍雍然渐成礼让之俗，城郭乡村，一派太平气象。

（四）广施仁政

王阳明在对崇义的治理过程中，始终坚持德刑兼施、宽严相济、德政为先的治理原则，奉行为政不事威刑，唯以开导人心为本，做到明德亲民，治世以德。阳明认为，崇义地方大多数乱军原本是山民，只是因为一念之差而误入歧途，十恶不赦、怙恶不悛的盗贼只是极少数。在《告谕浰头贼巢书》中，他甚至把山民从匪的原因归咎于官府迫害、大户所侵，认为大多乱军只是胁从，先前也是良民，也有良知，只是一时受蒙蔽，一旦幡然醒悟，还是可以接受教化、改过从善的。在整个南赣征剿之战中，阳明不愿多杀一人，能招抚的决不剿灭，允许乱军投降自首，改邪归正。他一到南赣上任，就要求属下各衙门详细标注出良民村寨与乱军山寨，就是怕误伤百姓。对于良民村寨，阳明在征剿时还给予良善旗号，临期拨兵专门加以护守。所以他一再告诫官兵不准贪功滥杀："当先之士，惟在摧锋破阵，不许斩取首级。……平日罪恶不大，可招纳者，还与招纳，不得贪功，一概屠戮。"①对于征剿过后的漏网之鱼，他也大多实行招抚。对率众投诚的谢志山手下廖成、廖满等，他更是曲加抚慰，授以领哨义官、巡捕老人等职，并把他们安置在崇义县城附近居住，划给良田，拨给银两，让他们生活无忧，安心做个良民。征剿结束后不久，阳明便释放了横水、桶冈被胁从的乱军一千多人，并组织民众很快恢复了战乱地区的生产生活秩序。在建县过程中，阳明告诫手下官员，役三县而建横水，动众劳民，务以节省为贵，更不能借机贪墨，加重民众负担。对于招安之新民，阳明亦一视同仁。南

---

① 王守仁：《剿捕漳寇方略牌》，《王文成公全书》卷十六，王晓昕、赵平略点校，第647页。

康县丞舒富在征剿之战和建设崇义县城中立了大功，阳明曾推荐其出任崇义县第一任县令，但由于舒富对待新民过于苛刻而被新民所讼，阳明不护短，让其致仕回乡。

王阳明在南赣时，还广受弟子，开门讲学，遂逐渐形成江右王门。崇义虽是穷乡僻壤，刚刚开化，建县之初人口只有五千余人，但乡民仰慕阳明，亦曾有人往赣州城听阳明讲学。据崇义县麟潭乡华山村清同治年间修的《刘氏族谱》记载：刘镁、刘铿兄弟俩于正德十三年（1518）赴赣州濂溪书院听阳明先生讲课旬余，回来后学业精进。由于崇义县的"大小挖补地"（详见《王阳明与大庾》）没有直接经受战乱，人口稠密，蒙馆社学没有中断，故可推测，当面聆听阳明讲学的崇义人应该会更多一些。

毫无疑问，因为王阳明才有了崇义。崇义建县后，曾经的大山长谷、险阻辽绝、政教不闻之区，才开始真正走上了有地方政权规范管理的发展轨道，拉开了渐次开发的序幕，使祸乱之渊薮成为长治久安之地，使人迹罕至的荒蛮之区成了人烟辐辏、商贸兴旺、舟车交汇之区，更使曾经的文化教育之沙漠成了文脉绵延、薪火相传、民风淳厚、人才辈出之桑田。

三、阳明遗迹的保护与开发

王阳明在崇义征剿作战和推行教化过程中留下了很多历史文化遗迹，但沧海桑田，时过境迁，经过五百多年的岁月洗涤，时间冲刷，能留存至今的已非常稀少。就崇义来说，现存的属阳明直接留下的历史遗存有二处：桶冈平茶寮碑和残存的一段明代古城墙，此外还有王文成公祠遗迹等。

1. 平茶寮碑

该碑是王阳明平定谢志山、蓝天凤后，为了震慑漏网山贼，同时也是为了告慰浴血奋战的将士而留下的一方纪功石刻，碑文内容为阳明亲笔所书。这是崇义建县和阳明巡抚南赣所留下的最为重要的实物材料。该碑正文左侧上面刻有"纪功岩"三个大字，这方阳明石刻原名就叫纪功岩，但因《王文成公全书》里收录其碑文称为《平茶寮碑》，所以后人也习惯于称它为"平茶寮碑"。该碑目前保存完好，是江西省级文物保护单位。碑文被刻在一块单体巨石上，正文楷体共三百余字，碑文字迹虽有剥蚀，但大部仍可辨认。通行本《王阳明全集》之《平茶寮碑》仅录一百七十余字，与原碑相比，缺了最后参战有功人员的职务、姓名一百余字，主要内容中也缺了八字，致使《全集》本与原碑在内容上存在出入，在断句标点上也出现差异。①

茶寮碑除正面碑文外，碑石左右两侧亦均刻有文字。正文右下面为督工李璟纪述茶寮碑勒刻始末，因年深日久字迹磨灭已不可辨，现仅存"乾字营随征督工吏永丰李璟"几个字依稀可识。碑石右侧文字很多，上部为阳明草书《桶冈和邢太守二首》，由于字径小，受风雨剥蚀，现大多不可辨。②

在阳明草书《桶冈和邢太守二首》诗左下部为赣州知府邢珣四首诗，在邢珣诗右边还有舒富及郏文与阳明唱和的诗句，惜舒富和郏文诗现已大多已不可辨识。

2. 明城墙

崇义县城为王阳明嘱咐南康县丞舒富所筑建，现残存的明代城墙在县城章源中学院内东侧，残存有9米多长，属垒土夯实，烧砖包砌，金包银结构城墙。

3. 王文成公祠

王阳明生前即受到崇义上下的衷心拥戴，建县之初的正德十三年（1518），崇义便在南赣地区率先为阳明建起了"王都御使生祠"，这也是中国境内第一座王文成公祠。阳明去世后，"王都御使生祠"改名"阳明公祠"。之后五百年，崇义县共对其进行过八次大修，足见阳明在崇义百姓心目中的地位。如今该祠已毁，仅存隆庆二年（1568）刻的由知县毛子翼撰写的《崇义县重修新建伯阳明王公祠记》石碑一块及一些柱础，碑文末尾载："重修于隆庆元祀九月，逾季毕工，董是役者，典史宋九龄，巡检叶万林，与有劳焉，皆得书之。于是乎记。隆庆二年秋九月，知崇义县事文林郎、姚江后学晚生毛子翼顿首撰。儒学教谕刘训道、陆表，典史宋九龄。"

4. 山寨门

与王阳明有关的战场遗迹为桶冈乱军板岭据点留下来的由青石

---

① 详见束景南：《王阳明佚文辑录编年》，上海古籍出版社2015年版，第545页。
② 详见王守仁：《王文成公全书》卷二十，王晓昕、赵平略点校，第892页。与原碑互校，文字略有差异。

垒成的山寨门。

进入新时代,崇义县举全县之力打好"阳明之城、幸福崇义"这张文化名片,致力于打造全国乃至世界的阳明文化弘扬传承高地,目前已经完成"八个一",即一山(阳明山)、一湖(阳明湖)、一城(阳明心城)、一寨(阳明寨)、一园(知行公园)、一馆(阳明博物馆)、一院(阳明书院)、一碑(平茶寮碑)为架构的阳明文化核心载体。

阳明山国家森林公园位于县城,是国家AAAA级景区,原名"阳岭",现因植入了丰富的阳明文化元素而改名为"阳明山国家森林公园",是国内面积最大的阳明主题文化国家森林公园。

阳明湖国家湿地公园是以阳明文化为主题的特色国家湿地公园,原名"陡水湖湿地公园",现改名为"阳明湖国家湿地公园"。库区水域长四十多公里,面积三千一百多万平方米,现正在加紧规划建设中。

知行公园位于县城,是以"知行合一"为主题的市民休闲公园。

王阳明史迹陈展馆位于县城,占地面积四千平方米,主要通过场景设计、图文资料等表现形式,全方位、多角度、深层次地展现王阳明的一生及其心学思想,于2017年底竣工,是目前江西省单体体量最大的人物专题展馆,也是全国面积最大、内容最丰富的以王阳明为主题的展览馆。

阳明书院位于崇义县城,占地面积约八亩,总建筑面积一万平方米。书院以打造国内一流阳明文化传承交流基地、大众阅读之城为宗旨。

平茶寮碑主题公园位于思顺乡桶冈村,是为结合平茶寮碑的保护和开发利用而专门打造的主题公园。公园建有景观园林、仿古大桥、碑亭、仿古游步道等设施。

在打造阳明文化品牌方面,崇义还做了以下方面的努力:一是于2017至2019年,成功举办了两届阳明文化国际论坛。二是连续举办了两届"阳明文化旅游节",将阳明文化与旅游、体育等文化业态有机结合起来。与此同时,崇义县还引进广东客商打造了"阳明古镇"特色文化小镇,开发了阳明山万人徒步大会、阳明宴美食街等项目,形成了阳明文化特色精品旅游线路,促进了文化、旅游、生态的融合发展。

此外，崇义县还动员社会力量加入阳明文化的弘扬、传承中来，如崇义县左溪阳明苑，建成了"王阳明军事研究中心"，由有情怀的本土企业家投资建成。"阳明苑"主要由王阳明南赣之战军事思想展览馆、兵器展览馆、左溪之战作战沙盘、阳明讲习堂等部分组成，旨在打造中国阳明军事研究第一园。

一个人，一座城，五百年来，良知光芒穿越时空，依旧璀璨夺目，在阳明文化的熏陶下，崇义人民正在知行合一、担当作为的光明大道上阔步前行。

（徐影撰稿）

王阳明与上犹

明嘉靖年间,上犹百姓在县学后面修建了一座"王文成公祠",后屡次修缮、迁建,历经近四百年的历史变迁,到新中国成立初期依然存在,曾是县广播站、县物资局办公地。1940年,时任县长的王继春将县城"东门"至"衙前"的一段街道命名为"阳明路",新中国成立后仍沿用,一直到1978年才和其他街道合称"新上犹路"。据考证,王文成公祠的修建和"阳明路"的命名,都是为了纪念明代大儒王阳明。

一、指挥上犹平乱

弘治三年(1490),督学黄仲昭在其《修城记》中这样描述上犹的社会状况:"上犹为南安邑,在江西南徼万山之中,接湖广桂阳县境。民稀而地僻,岁稍凶歉,山峒愚民咸啸聚为寇,邑民往往罹其荼毒。"① 仅仅过了五年,上犹县崇义里畲民谢志山(又称谢志珊)、肖贵模等在横水作乱,不久,蓝天凤、薛文高等纷纷响应。据康熙三十六年《上犹县志》记载:"正德间,畲贼盘踞南安上犹。贼首谢志珊据横水,自号'征南王',与桶岗贼首蓝天凤、广东贼首池大鬓(池仲容)、高快马(高仲仁)等互相声援,连接千里,荼毒列郡者数十年。官兵讨之,不克。十二年,大修战具,造吕公车,欲谋不轨。"②

正德十一年(1516),朝廷任命王阳明为都察院左佥都御史,巡抚南、赣等地,统率八府一州官兵平乱。正德十二年(1517)十月,王阳明兵分十一路,围攻横水、桶冈。据阳明在《征剿横水桶冈分委统哨牌》③中的作战部署,经上犹向横水、桶冈围攻的官兵有:

(1)由赣州府知府邢珣、兴国县典史区澄统领,自上犹石人坑

---

① 黄仲昭:《修城记》,章振萼纂修:《艺文志》,康熙《上犹县志》卷十,康熙三十六年刊本。
② 章振萼纂修:《建置志》,康熙《上犹县志》卷三,康熙三十六年刊本。
③ 王守仁:《王文成公全书》卷十六,王晓昕、赵平略点校,第666—674页。

（今东山镇黄竹村石人坑）入，从上稍（今东山镇黄竹村）、石溪（今东山镇元鱼村石溪坑）入磨刀坑，过白逢龙。

（2）由赣州卫指挥佥事余恩、龙南县新民王受等统领，自上犹官隘逾孤独岭，至营前，进金坑。

（3）由宁都县知县王天与、典史梁仪等统领，自上犹县，取道官隘、员坑（今梅水乡园村）、过琴江口（今陡水湖三江口）、白面寨，至长潭、杰坝。

（4）由南康县丞舒富、上犹县义官胡述等统领，自上犹营前入金坑，进屯过埠。

（5）由吉安府知府伍文定统领，从上犹入杰坝，进横水。

在王阳明亲自指挥下，官兵连日作战，步步紧逼，抢占据点，很快攻破横水、左溪大据点，俘虏了谢志山等人，蓝天凤率部退至桶冈，据险固守。十一月，王阳明率领官兵重重包围桶冈，攻势凶猛，蓝天凤走投无路，投崖而死。谢志山、蓝天凤之乱遂平定。

王阳明深知"破山中贼易，破心中贼难"。为实现上犹、南康、大庾三县交界地区的长治久安，他上奏《立崇义县治疏》，建议割上犹的崇义里、上保里、雁湖里三里以及大庾、南康部分土地，设立"崇义县"。他认为，横水"原系上犹县崇义里地方，山水合抱，土地平坦，堪以设县"，"及查得横水议建县治处所，原系上犹县崇义里，因地名县，亦为相应"。①其后，正德皇帝恩准了王阳明的建议，定新县名为"崇义县"。

二、协助平乱的上犹人

王阳明平定谢志山、蓝天凤之乱以及宁王朱宸濠叛乱的过程中，有不少上犹人参与其中，他们献计献策，冲锋陷阵，战功卓著。查阅《上犹县志》《南安府志》《王文成公全书》及谱牒等资料，可考姓名者，有胡述、赵志标、吴凤曹、陈九颧、尹志爵等人。

胡述，字敬夫，上犹县义官，原为邑增广生，足智多谋。王阳明征讨畲民谢志山、蓝天凤时，召见智谋之士。胡述到南赣巡抚衙

---

① 王守仁：《立崇义县治疏》，《王文成公全书》卷十，王晓昕、赵平略点校，第427、429页。

门拜见阳明，献上出奇制胜之计谋。阳明在《横水桶冈捷音疏》中曾提及胡述之战功：八哨统兵南康县县丞舒富"统领上犹县义官胡述等兵，于十月十二等日，攻破箬坑等巢，共五处。擒斩贼从康仲荣等四百一十九名颗，俘获贼属，并夺回被虏男妇一百八十三名口，烧毁贼巢房屋九百九十三间，及夺获牛马赃银等项"。① 由此可见，胡述在攻打横水、桶冈战役中确实战功显赫。寇乱平定后，胡述被授予冠带。后来，宁王朱宸濠叛乱，胡述又应王阳明之召至军前效力，辅佐谋划平叛事宜。叛乱平定后，胡述回到上犹家中，教子读书，安享晚年，七十岁离世。

赵志标，字世美，上犹县义民。当年匪乱横行，王阳明知道赵志标智勇双全，于是召至幕下，任命为乾字营哨长。据阳明《征剿横水桶冈分委统哨牌》记载："乾字营哨长赵某某等名下机兵四百名，弓箭手一队，铳手八名，乡导二十名。"② 战乱平定后，赵志标被授予冠带。后来，赵志标还随阳明参加了征讨广东池大鬓的战役。费宏《阳明先生平浰头记》中说："县丞舒富率义民赵志标等，从乌径入。"③ 阳明也在《浰头捷音疏》中提及赵志标之战功：九哨统兵南康县县丞舒富"统领义民赵志标等兵，于正月十一等日，攻破旗领等巢，共二处。二月十四日，与贼战于乾村等处。擒斩贼从刘三等一百七名颗，俘获贼属男妇二十一名口，烧毁贼巢房屋禾仓五十三间；及夺获器械等物"④。宁王朱宸濠叛乱时，赵志标又与同乡胡述应阳明之召赴军门效力，并再次立下战功。

吴凤曹，上犹牛田里人，他的爷爷吴彦诚曾任辰州通判。据清道光三年《上犹县志》记载，正德年间，王阳明征讨畬民谢志山、蓝天凤时，召集智勇之士，任命吴凤曹为前部长，战乱结束后，吴被授予千总官职。

陈九颧，上犹村头里人。据《营溪陈氏重修支谱·营前陈氏祠堂记》记载："明正德年间，流寇猖獗，欲筑城自卫而不果。其从王文

---

① 王守仁：《横水桶冈捷音疏》，《王文成公全书》卷十，王晓昕、赵平略点校，第414页。
② 王守仁：《征剿横水桶冈分委统哨牌》，《王文成公全书》卷十六，王晓昕、赵平略点校，第668页。
③ 费宏：《阳明先生平浰头记》，王守仁：《王文成公全书》卷三十八，王晓昕、赵平略点校，第1695页。
④ 王守仁：《浰头捷音疏》，《王文成公全书》卷十一，王晓昕、赵平略点校，第435页。

成公征桶冈贼有功，旌为义勇指挥使者，则瑄之第四子九颧也。"①

尹志爵，上犹县义官。王阳明平定朱宸濠之乱后，拟定了论功行赏名册《开报征藩功次赃仗咨》报兵部，其中同时列有有功"随哨官四十六员"，"南安府上犹县义官尹志爵"名列其中。②

三、阳明与上犹营前

营前墟西北方向约一里的地方有一片稻田，名为"军田"，据《上犹县地名志》载："传说此地农田为军队垦成，故名。"据说，"军田"就是由阳明军开垦的。所开垦的田，农民可以耕种，但要按比例向军队交粮。因田是由驻军开垦的，故称"军田"。

查阅《王文成公全书》等史料可知，阳明在攻打横水、桶冈时，确实曾驻军营前。他在《与王晋溪司马》书中曾向时任兵部尚书王琼报告说："今各巢奔溃之贼，皆聚横水、桶冈之间，与郴、桂诸贼接境。生恐其势穷，或并力复出。且天气炎毒，兵难深入远攻。乃分留重卒于金坑、营前，扼其要害，示以必攻之势，使之旦夕防守，不遑他图。"③当时天气炎热，官兵难以深入作战，阳明遂安排重兵屯营前、金坑等地，加强关隘之防守，并作进攻态势，借以牵制谢志山、蓝天凤，使他们时刻提防，无暇他顾。另外，前面也提及，在进攻横水、桶冈的作战计划《征剿横水桶冈分委统哨牌》中，王阳明部署了两路官兵"至营前，进金坑，屯过步"。④

平定谢志山、蓝天凤之乱后，王阳明班师回赣州，路过上犹营前，受到当地蔡姓族人的热情接待。据传，阳明为蔡氏写下了"蔡氏宗祠"四个大字，并题联曰："宗隆云水钟灵地，族冠犹川老故家。"⑤蔡氏族人喜而刻石，置于祠中。现在，在营前中学的校园内，还存有两块残缺石刻，一块写着"蔡"字，另一块写着"氏宗"二字。原本还有一块写着"祠"字的石刻，则不知下落了。

---

① 《营溪陈氏重修支谱》，清乾隆四十九年刊本。
② 王守仁：《开报征藩功次赃仗咨》，《王文成公全书》卷三十一，王晓昕、赵平略点校，第1155—1156页。
③ 王守仁：《与王晋溪司马》，《王文成公全书》卷二十七，王晓昕、赵平略点校，第1155—1156页。
④ 王守仁：《征剿横水桶冈分委统哨牌》，《王文成公全书》卷十六，王晓昕、赵平略点校，第666页。
⑤ 《上犹县村头里营城蔡氏族谱》，民国五年刊本。

四、阳明题诗上犹城

攻占桶冈后，王阳明当即决定在茶寮这个险要之地设立隘所，委任千户孟俊等督领土兵和民夫，开填基础，伐木立栅，起盖营房。茶寮隘所草创后，王阳明计划马上移营上犹城，他在《设立茶寮隘所》一文中说："见今规模草创已具，本院即欲移营上犹，必须委官督工，庶几垂成之功不致废弛。"①

移营上犹县城期间，王阳明住在岭北道行署，曾在后堂厅壁上亲笔题诗。岭北道，又称赣南道，下辖赣州、南安二府，驻南安，负责粮食储备、清理军籍、安抚地方、兴修水利，镇压叛乱等事务。洪武二十八年（1395），知县李鉴在县署东兴建岭北道行署。成化年间（1465—1487），佥事叶稠重修过一次。据《上犹县志》记载，岭北道行署，"前为大门，中为堂，堂后为川亭，又后为廨，东西为厢房，为吏书房，今俱废。地基南北贰拾陆丈壹尺，东西拾伍丈壹尺，东至古井巷，南至街，西、北俱至县署堂。西竖黄仲昭砖城碑记，大门外竖吴醴泉义田碑记，后堂厅壁有王文成公题壁诗"②。后来，岭北道行署的墙壁倒塌，王阳明的题壁诗字迹无存，好在清康熙三十六年《上犹县志·艺文志》中保存了阳明题诗之内容，题曰《巡抚王守仁岭北道行署题壁诗》："处处山田尽入畲，可怜黎庶半无家。兴师只为民痍甚，涉险宁辞鸟道斜。"③

在上犹期间，王阳明还为上犹县城的曾氏、刘氏等大户题过词。据李鸿俦回忆：（上犹县城）原衙前曾氏宗祠上厅神龛上，高悬有明正德十二年（1517）余姚王守仁题的"三省堂"三个大字，直径约一米；城外刘氏宗祠上厅上，也悬有王阳明题写的"司马第"匾额。④

---

① 王守仁：《设立茶寮隘所》，《王文成公全书》卷十六，王晓昕、赵平略点校，第678页。
② 章振萼纂修：《建置志》，康熙《上犹县志》卷三，康熙三十六年刊本。
③ 王守仁：《巡抚王守仁岭北道行署题壁诗》，章振萼纂修：《艺文志》，康熙《上犹县志》卷十，康熙三十六年刊本。
④ 李鸿俦：《上犹县城老祠堂追记》，《上犹文史资料》（第4辑），内部资料1998年版，第62页。

五、上犹的阳明公祠

王阳明去世后,上犹百姓感念其平定谢志山、蓝天凤之乱的功德,在县城为其建立了报恩祠,即王文成公祠。

王文成公祠,明嘉靖三十二年(1553)建,原名报恩祠,又称阳明公祠,勒石有像。据《上犹县志》记载,从明代到清代,阳明公祠经历了两次迁建,两次重修。清雍正十年(1732),知县李鸿翔将阳明公祠迁建城隍庙后面,庠生曾查、曾御盛捐土凑建,邑人钟高贤提供租田十九石,作为阳明公祠日常维修费用,崇义人朱玺有《上犹阳明公祠田记》。乾隆二十年(1755),知县林英麟劝邑绅捐资重修,年久坍塌。乾隆五十四年(1789),邑令黄宗祝复劝邑绅捐修,后又因洪水冲塌。道光十四年(1834)夏,河水陡涨,县城大量房屋倒塌,阳明公祠也被洪水冲毁,只有阳明石刻遗像嵌在墙间。道光二十一年(1841),胡定俊任上犹训导。某日,他与同乡叶兆鳌寻访阳明公祠废址,决定捐俸重建。经与邑侯许昆圃、绅士刘御臣、同乡叶兆鳌等商量,购得崇圣祠左畔土地(今县人武部院内)。于是择吉兴工,越月告成,将阳明石刻遗像恭移新址,仍嵌墙中间,祠中立阳明牌位。胡定俊有《移建王文成公祠记》,详细记载了移建阳明公祠的经过。光绪《上犹县志》中的《学宫图》,有阳明公祠草图。

除了立祠报恩,上犹民众时至今日还流传着"王阳明与中稍温泉"的一则美丽传说:正德十二年(1517),阳明率军征剿,连番作战,身心憔悴,途经上犹,眼见众将士疲惫不堪,于是下令择地安营扎寨东山镇中稍。有向导介绍,中稍山谷滩有一处"圣水",四季沸腾不息,山林河谷常年云烟氤氲如若仙境,传言此"圣水"可治病疗伤,且有延年益寿之效。阳明闻言大喜,遂设此处为临时军疗院,利用中稍温泉资源为在平息战乱中负伤的官兵歇息调养、疗伤治病。后世百姓为纪念阳明,便将此地温泉称为"阳明温泉"。尽管这是一则后人演绎出来的传奇故事,但也从一个侧面反映了上犹民众对阳明的感念如同中稍的温泉,依旧每天汨汨而出,不息不止。

王阳明与上犹的历史渊源,成为上犹精神的重要组成部分。历代编修的《上犹县志》,均详细记载了王阳明的事迹,其"致良知""知行合一"等思想,在上犹潜移默化。嘉靖十六年(1537),

曾跟随阳明平乱的赵志标,与邑人共同倡议重建上犹东山书院,邑人张朝阳叔侄割地六十丈为书院地基。王銮在《东山书院记》中评价道:"是举也,造就多士,人文聿兴,鼓诸生之志而作其气,宁无出类之才以鸣邦家之盛哉!"[①]康熙年间,知县章振萼重建明伦堂,他在《重建明伦堂记》中写道:"犹隶南埜,为下邑。王文成公平畬贼道犹邑,白水、茶潭间皆其经理所及。文成昌明圣学,功业、文章陵前轹后,非诸生所习闻乎?地虽僻,然远稽近考,不可谓无兴起之籍矣!……诸生生此地也,际此时也,可不景仰前哲仔肩圣道,发为功业文章以光盛治乎?"[②]今天重读章振萼的这段文字,对于当代的上犹人仍然具有启发和教育意义。

(罗伟谟撰稿)

[①] 王銮:《东山书院记》,叶滋澜修,李临驯纂:《艺文志》,光绪《上犹县志》卷十六,(台湾)成文出版社有限公司1989年版,第1172页。
[②] 章振萼:《重建明伦堂记》,章振萼纂修:《艺文志》,康熙《上犹县志》卷十,康熙三十六年刊本。

王阳明与龙南

龙南，一个地处赣粤边际的山区县，历史上曾包括今全南、定南两县。千百年来，这里没有发生过惊天动地的历史事件，也没有产生过誉满华夏的名人圣贤，然而五百多年前却与王阳明结下了一段不解之缘。可以说，龙南是阳明军事思想的重要实践地、也是阳明乡约理论和制度建设的重要启动地，更是阳明良知心说的发声地。

一、阳明的龙南行迹与内治实践

明正德十一年（1516）九月，由兵部尚书王琼举荐，阳明由南京鸿胪寺卿升为都察院左佥都御史，巡抚南、赣、汀、漳等处。正德时期"南赣乏镇"，阳明到达南赣时，正是南赣之乱愈演愈烈之际，在现江西崇义的大帽山、左溪、桶冈，龙南的九连山、广东和平的浰头等地，以詹师富、蓝天凤、池仲容等人为首，聚众结寨，袭击官府，侵扰百姓。

阳明在南赣开府后，剿抚并施，恩威并重，先后进行了漳南战役，桶冈、横水、左溪战役，后又平剿了盘踞赣闽粤边界多年的"浰寇"之患。此举在当时不仅轰动了赣南及周边省份，还惊动了朝廷上下，更给周边的"贼乱"以极大震慑，也为在南赣地区传播阳明心学创作了有利条件。偏隅赣粤交界的山城龙南，也因阳明的两次驻足而改变了当时的文教生态和民风民俗。①

---

① 按：也有媒体报道说：王阳明曾三次来到龙南。第一次是奉旨率军南下，为平定"三浰之乱"而来；第二次是平乱之后为安抚百姓和寻找探究治理地方略而来，这两次在官方志书中有明确记载；第三次则是为到龙南城郊的玉虚洞看书（有史料记载，玉虚洞是南宋政和元年即公元1111年间，朝廷在南赣地区设立的第一个藏书阁，洞里有御赐经书等160册，以及省府与之配套的各类书籍共计近3000册），据传此行有时任赣州知府的邢珣等地方官员陪同，因此行不是公干，官方志书没有记载，但从王阳明在龙南所留的诗句中可以得到佐证（见《王阳明与江西龙南：一场跨越500年的寻访与对话》，《江西日报》2019年10月25日）。赣州当地文史专家朱思维也认为有三次：一是正德十三年（1518）正月，王阳明率兵路过龙南前往平定"三浰之乱"；二是正德十三年三月中旬，阳明班师回军龙南县城，途经玉石仙岩，因身有疾恙，驻足玉石岩小憩。驻此期间，阳明命人刊刻纪功碑（即《平浰头碑》），并赋诗题留，随征官吏步韵唱和，颂赞阳明功德。至正德十三年四月，阳明班师回赣。五月，因浰头"余寇"啸聚，阳明率兵再次返回龙南，六月再至玉石岩，多有题留（朱思维：《王阳明巡抚南赣诗文墨迹题刻》，中国文史出版社2016年版，第14—15页）。

据王阳明《浰头捷音疏》："盖自本年正月初七日起，至三月初八日止，前后两月之间，通共捣过巢穴三十八处。"[1]阳明于正德十三年（1518）正月抵达龙南，起先坐镇龙南县城，调度九路大军。在两个多月时间里，他殚精竭虑，日夜操劳，后与赣州守备颉文一起亲率一万精兵为第一路，向"匪巢"进发。当阳明率领的此路大军来到现龙南关西镇程岭青云山时，经侦察得知过了青云山约二十里就是匪首池仲容的山寨，阳明便命令大军停止行军，先锋部队在程岭青云山脚下驻扎，并进行周密布防。现关西镇正处程岭关隘之西，故名"关西"，沿用至今。待各路进剿部队到达指定位置后，阳明又坐镇龙南县城，指挥官兵，从龙南县冷水迳进入，直捣"三浰"，横扫曲潭、赤塘、半坑、尺八岭等寨，大获全胜，其余各路军也势如破竹，取得平三浰战役的彻底胜利。

同年三月初八，王阳明率军从广东班师回朝。三月十五日，他们路经龙南玉石仙岩时，被那里的优美风光所吸引。只见远方的玉石仙岩如双乳突兀于平畴之间，"洞壑天成，优称胜景"，走近后眼见玉石岩内双洞奇绝，静谧优雅，阳明觉得此地正是自己讲学传道的绝好场处，于是憩息岩中，徘徊许久不忍离去。据清同治《赣州府志》记载："王守仁征浰旋师，憩息岩中，悬壁勒'阳明小洞天'五字小篆书，又镌《平浰记》于上。"[2]光绪《龙南县志》也记曰："（阳明）回军龙南，小憩玉石岩，双洞绝奇，徘徊不忍去，因寓'阳明别洞之号'，兼留此作。"[3]阳明不仅在玉石仙岩手书《平浰头碑》，而且还写下了《回军九连山道中短述诗三首》，发出了"莫倚谋功为上策，还须内治是先声"的振聋发聩之言。

军事上的节节胜利，并未让此时的王阳明感到自喜和宽心，严峻的南赣社会现实和军事斗争实践，使他深切感受到根治"匪患"必取决于人心的根治，而根治人心又取决于全社会的教化。所以他在《与杨仕德薛尚谦》书中说："即日（初六日）已抵龙南，明日入巢，四路兵皆已如期并进，贼有必破之势。某向在横水，尝寄书

---

[1] 王阳明：《王阳明全集（新编本）》卷十一，吴光、钱明、董平等编校，第386页。
[2] 引自江西龙南县志编修工作委员会编：《文物胜迹》，《龙南县志》，中共中央党校出版社1994年版，第654页。
[3] 钟益驭纂，孙瑞徵、胡鸿泽修：光绪《龙南县志》卷八，清光绪二年编修龙南县地方志办公室2009年重刊本，第106页。

仕德云：'破山中贼易，破心中贼难。'区区剪除鼠窃，何足为异？若诸贤扫荡心腹之寇，以收廓清平定之功，此诚大丈夫不世之伟绩。"①再次重申了其"破山中贼易，破心中贼难"的著名论断。在阳明看来，南赣地区所谓的"山贼"，其实都是些流离失所的山民，"匪患"主要是由民风不善、教化不明、民众法治观念淡薄，以及官场贪腐猖獗、官员不作为等导致。于是，如何"破心中贼"便成了他时常萦绕心头、夙夜难眠的首要课题。为此，阳明在龙南期间主要做了以下两件大事。

（一）教化民风

在玉石仙岩小憩三天后，王阳明于三月十九日率军进入龙南县城，沿途受到老姓们的顶香礼拜。据《平浰头碑》载："壶浆迎道，耕夫遍野，父老咸欢。"②可谓盛况空前。他在龙南停留了近三个月，通过考察当地的经济、社会等实情，并根据"平浰"战役的切身感受，遂向朝廷上奏《添设和平县治疏》，还有感而发地写下了著名的《观德亭记》，向民众较为扼要地介绍了自己的心学思想，以图教化民风，端正人心。他在记文中说："心端则体正，心敬则容肃，心平则气舒，心专则视审，心通故时而理，心纯故让而恪，心宏故胜而不张，负而不驰。"③此记文内涵丰富，通俗易懂，可以说是王阳明道德文章中行文最规范工整，也最适合普通民众阅读的代表作之一。

与此同时，王阳明还先后颁布了《谕俗文四章》《谕龙南乡约一章》《告谕龙南一章》等一系列治理地方社会的政策告谕。如《告谕龙南一章》曰：

> 告谕百姓，风俗不美，乱所由兴。今民穷苦已甚，而又竟为淫侈，岂不重自困乏？夫民习染既久，亦难一旦尽变。吾姑就其易见易改者，渐次诲尔。吾民居丧，不得用鼓乐为佛事，竭资分帛，费财于无用之地，而俭于其亲之身，投之水火，亦独何心？病者宜求医药，不得听信邪术，专事巫祷。嫁娶之家，丰俭

---

① 王阳明：《王阳明全集（新编本）》卷四，吴光、钱明、董平等编校，第181页。
② 王阳明：《王阳明全集（新编本）》卷二十五，吴光、钱明、董平等编校，第993页。
③ 王阳明：《王阳明全集（新编本）》卷七，吴光、钱明、董平等编校，第262页。

称资,不得计论聘财妆奁,不得大会宾客酒食连朝。亲戚随时相问,惟贵诚心实礼,不得徒饰虚文为送节等名目,奢靡相尚。街市村坊,不得迎神赛会,百千成群。凡此皆靡费无益。有不率教者,十家牌邻互相纠察;容隐不举正者,十家均罪。尔民之中,岂无忠信循理之人?顾一齐众楚,寡不胜众,不知违弃礼法之可耻,而惟虑市井小人之非笑,此岂独尔民之罪?有司者教导之不明与有责焉。至于孝亲敬长、守身奉法、讲信修睦、息讼罢争之类,已尝屡有告示,恳切开谕,尔民其听吾诲尔,益敦毋怠!①

他在《告谕》中直接批评了龙南官府及民间的一些陋习,罗列了丧葬、婚嫁、求医等一些旧俗恶习,并严令以"十家均罪"的方法连带处置。由此可见,阳明在加紧军事行动的同时,就已在深入思考和着手制定自己的地方治理方案了。后通过在龙南的实践,阳明决定把在龙南推行的"破心中贼"教化方针推广到整个南赣地区,于是在《谕龙南乡约一章》基础上,他又亲自制定、公布了《南赣乡约》十六条,并如同《十家牌法》那样,用强制手段来加以实施。阳明制订《南赣乡约》的目的,就是想使居于深山的山民们能受礼制的约束,并通过村民自治,达到相互监督、稳定基层的作用。因此可以说,《南赣乡约》是继《十家牌法》后王阳明所推行的又一社会改革措施,也是他"破心中贼"的重要手段之一。由于阳明是在龙南起草的《南赣乡约》,并且龙南是开始实施《南赣乡约》的重点地区,所以龙南又可以说是阳明《南赣乡约》的试验田、首创地。另外,《告谕龙南一章》《南赣乡约》还对新招"义民"的安抚、邻里之间的和睦相处、限制官吏们的胡乱作为等,都有独到而浅显明了的要求,对龙南及南赣地区的社会稳定起到了较大作用。

(二)建立学校

王阳明认为,教化民众,必从办书院、兴社学开始,所以他在龙南期间非常重视学校尤其是社学的建设,《赣州府志》《龙南县志》等地方史志中有不少这方面的记载,时任龙南县教谕缪铭在其所

---

① 《谕俗文四章》《谕龙南乡的一章》《告谕龙南一章》皆为《龙南县志》之题名,《王文成公全书》题名有异,如此文《全书》作《告谕》,字句略有异。本章引述皆据《全书》。

撰的《重修县学记》中也详细记述了阳明资助龙南社学的情形：

> 越二年戊寅正月，都宪王公守仁、宪副杨公璋、郡守邢公珣提兵征浰至邑。三月奏凯，献俘于庙，既而都宪王公顾瞻慨叹曰："庙祀弗虔，教基弗妥，群有司之咎，典教者之责也。咨汝邢？惟财用是资。"逾日果罚干纪者金几百镪贮县治，曰："木石工需，坐是以给。"谕缪铭总其事，稽其盈缩以告，命邑士李淳月华曰："汝夙夜劳王事，主廪饩，务称功能，罔或不经，不经有罚。"铭等受命惟谨。而司训彭君智续至，亦协勤止，乃崇筑厥基，撤旧更新，相宜树表。唯是为大成殿，为庑，为乾门；其后也为明伦堂，为斋，其前也为棂星门，为儒学门。又唯是为藏书库，为馔堂，为生徒舍宇；仍其右为学职之廨三区，仍其左为观德亭，垣墉关键，式考其制。经始于己卯正月，越八月而功就绪……①

王阳明是于正德十三年（1518）三月进驻龙南县城的。进城后，他并未沉湎于下属的奉承和庆功宴，而是把主要精力放在人心根治、民风教化上。比如他去集贤坊瞻谒文庙，看到破败不堪的庙学，认为这反映了当地官府对文庙的不虔诚和对教育的不重视。因此，在了解到龙南办学资金的困难后，遂将部分缴获的钱财用于庙学之修复，并责成龙南当地民间绅士李淳、月华亲办督理，尽快在县城官衙旁边修缮建设一所集讲学、祭祀、藏书等为一体的、功能齐备的学宫。后又聘请当地多名有影响的童儒担任教员，并将自己为办社学而作的《训蒙大意示教读刘伯颂等》（简称《训蒙大意》）在龙南印刷颁发，要求大家按照"今教童子，惟当以孝弟忠信、礼义廉耻为专务"的教育方向，通过"必使其趋向鼓舞，中心喜悦"②的咏诗唱歌等活泼泼的教育形式，来激发人们的学习兴趣，以振兴龙南之文教，最终达到教化民众、归本良知之目的。为纪念王阳明对龙南学宫建设所做的贡献，隆庆五年（1571）龙南重修学宫，特地在学宫内建了王文成公祠。

---

① 钟益驭纂，孙瑞徵、胡鸿泽修：光绪《龙南县志》卷八，清刻本。
② 王阳明：《王阳明全集（新编本）》卷二，吴光、钱明、董平等编校，第95页。

王阳明在龙南时，还系统总结了自己来南赣后"平乱"之经验，进一步丰富了在横水作战时提出的"破山中贼易，破心中贼难"的思想，强调"若诸贤扫荡心腹之寇，以收廓清平定之功，此诚大丈夫不世之伟绩"①。这些体验和总结，对其而后心学主张的完善化、平民化具有重要意义。

二、与阳明有关的玉石仙岩石刻

玉石岩位于龙南县城北三公里的桃江东岸龙南镇红杨村。其岩峰海拔三百余米，山体为突立的石灰岩地貌，因岩石灿若白玉，故名"玉石岩"。早在明代，就有人在玉石岩周围采石建房、煅烧石灰。民国时期，当地有几位农民联合烧石灰，用铁锤、钢钎开采石头，最多时，竟有四百多人在此烧石灰。抗战时期，国民党军队把玉石岩作为军火库，储存军用物资。新中国成立初期，龙南师范在玉石岩创办化肥厂。改革开放后，玉石岩周围陆续建起水泥厂、石灰窑，并采用炸药爆破进行大规模开采，加速了对玉石岩的破坏损毁，一座曾经弥漫着仙气的石灰岩就这样消失了。到了20世纪九十年代，水泥厂改制，在玉石岩周边又冒出高大的立窑，建起了石粉厂、石灰钙厂，十多年间把残存的上岩连根挖空，留下一个百余亩的大坑。就这样，在人类的破坏和岁月的风化中，玉石岩只留下了上岩、下岩、新岩中的下岩的三分之二。好在玉虚洞还在，阳明别洞还在，平浰碑等摩崖石刻还在。近年来，随着保护意识的增强，玉石岩及周边的采石已彻底停止，生态修复已经开始，玉石岩景区、阳明中学、阳明书院等亦即将呈现在世人面前。②

所谓"玉虚洞"，即玉石岩下岩中的一个天然溶洞。洞顶有圆形缺口，如玉镜高悬。洞中石钟、石乳、石笋等千姿百态，有的似花鸟虫鱼，有的像飞禽走兽，造型栩栩如生，身临其境，仿佛进入五彩缤纷的世界。有史料记载，该洞在北宋政和元年（1111），曾为朝廷在南赣地区设立的第一个藏书阁，洞中有御赐经书等一百余册，以及省

---

① 王阳明：《与杨仕德薛尚谦》，《王阳明全集（新编本）》卷四，吴光、钱明、董平等编校，第181页。
② 参见刘勇：《玉岩归心》，"龙南发布"公众号2021年6月10号。

府与之配套的各类书籍共计近三千册。清光绪年间，当地人将其雅称为"玉石仙岩"，并被誉为龙南古八景之首。玉石仙岩现有明代以来题刻四十四方，其中明刻二十五方，清刻两方，民国题刻五方，年代不详的题刻七方，残损题刻五方。最早的为宋哲宗赵煦时期的碑刻，落款为大宋元祐癸酉岁（1093）龙南县令许彦光题。题刻内容有记事歌颂，景物抒情，散文游记等，题刻书法篆、隶、草、楷皆俱，具有非常重要的历史价值和艺术价值，堪称石刻艺术的瑰宝。

数百年来，因王阳明的关系，玉石仙岩成了慕名而来者的拜谒之地。如龙南进士徐德周、黄英镇、刘印星等文人墨客曾先后到玉石仙岩拜谒阳明遗迹。曾在龙南任职的官员和到过龙南的名人贤士也多会到玉石仙岩参谒留题。如明万历年间的官员唐邦佐曾三次到玉石岩，留下了"洞里乾坤"的题字和游记；清顺治年间进士贾程谊于1652年留题了"阳明精舍"四个大字；清康熙年间知县朱临曾写过《游玉石岩记》；抗战时第九集团军总司令吴奇伟曾游玉石岩并留下文章；等等。清光绪二年编修的《龙南县志》中所收录的诗文中，有近三分之一是有关玉石仙岩及王阳明的游记和诗文。可以说，玉石仙岩是阳明学爱好者的最佳游学地之一，而其丰富的摩崖石刻则是阳明学研究者的实物样本，具有重要的补清正史的历史文献价值。

（一）阳明《平浰碑》石刻

王阳明在玉石仙岩留下的最重要石刻为其手书的《平浰头碑》。该文后被收录《王文成公全书》，然"我乃休士归农"后阙"以缓之"，文末阙"时纪功御史屠桥，监军副使杨璋，领兵守备郑文，知府邢珣、陈祥，推官危寿等凡二十有二人列其名于后"。《平浰头碑》全文如下：

> 四省之寇，惟浰尤黠，拟官僭号，潜图孔亟。正德丁丑冬，拳瑶既殄，拳机陷阱毒，以虞王师。我乃休士归农。戊寅正月癸卯，计擒其魁，遂进兵击其懈。丁未，破三浰。乘胜归北，大小三十余战，灭巢三十有八，俘斩三千余，三月丁未，回军。壶浆迎道，耕夫遍野，父老咸欢。农器不陈，于今五年；复我常业，还我室庐，伊谁之力？赫赫皇威，匪威曷凭？爰伐山石，用纪厥成。提督军务都御史王守仁书。时纪功御史屠桥，监军副使杨璋，领兵守备郑文，知府邢珣、陈祥，推官危寿等凡

二十有二人列其名于后。

《平浰头碑》准确、翔实地记载了王阳明率军于正德十三年（1518）正月至三月约两个月时间内，发生在赣粤交界的龙南、龙川、连平等地的平乱过程，史料可靠，可作为校正其他文本的原始记录，文物价值十分珍贵。《平浰头碑》石刻也是赣州乃至全国现存阳明手迹中价值最高、内容最丰富的实物之一。

（二）阳明诗及其幕僚附和诗石刻

王阳明在玉石仙岩期间，还常发诗兴，先后写下了"回军龙南道中短述五首"等诗作，随行的许多幕僚也纷纷唱和，如监军副使杨璋、领兵守备郑文、知府邢珣、惠州知府陈祥、推官危寿、龙南教谕缪铭等，共留下三十余首诗作镌刻于玉虚洞或玉石仙岩崖壁。

王阳明的"回军龙南道中短述五首"，已收录于《王文成公全书》，五首诗的内容分别出自《全书》中的《回军九连山道中短述》《回军龙南小憩玉石岩双洞绝奇徘徊不忍去因寓以阳明别洞之号兼留此作三首》《再至阳明别洞和邢太守韵二首》。

正德十三年（1518），王阳明在写给薛侃的信中说："此间贼巢乃与广东山后诸贼相连，余党往往有从遁者，若非斩绝根株，意恐日后必相联而起，重为两省之患。故须更迟迟旬日，与之剪除。"[①]意即此前征剿撤兵太速，致使留下无穷后患，计划再多留写日子，与之剪除后再回赣州。但实际上阳明是先返回赣州，到了四月中旬，又再次率军至九连山征缴余寇。五月中旬，平乱结束，在返归途中，阳明又到玉石仙岩小憩。由此可见，玉石仙岩在阳明心目中的地位的确不一般。这从他在玉石仙岩写下的《夏日游阳明小洞天喜诸生偕集偶用唐韵》诗中也能窥知大概："古洞闲来日日游，山中宰相胜封侯。绝粮每自嗟尼父，愠见时还有仲由。云里高崖微入暑，石间寒溜已含秋。他年故国怀诸友，魂梦还须到水头。"[②]其中"唐韵"当指之前随征九连山的汀州知府唐淳所作玉石岩诗韵。除了和唐韵外，阳明还和了邢珣诗韵，作《再至阳明别

---

① 王阳明：《寄薛尚谦》，《王阳明全集（新编本）》卷四，吴光、钱明、董平等编校，第183页。
② 王阳明：《寄薛尚谦》，《王阳明全集（新编本）》卷四，吴光、钱明、董平等编校，第1125页。

洞和邢太守韵二首》，诗中反映了他第二次到龙南的经历。但石刻中未见《王文成公全书》所收的第二诗，而是将《全书》中的《回军龙南小憩玉石岩双洞绝奇徘徊不忍去因寓以阳明别洞之号兼留此作三首》第三诗作为第一首，《再至阳明别洞和邢太守韵二首》中的第一诗作为第二首。此外还有个别字不同。

除此之外，石刻中还有方任用草书刻录的王阳明《过梅岭》诗二首，未见于《王文成公全书》，弥足珍贵，现抄录如下：

处处人缘山上巅，夜深风雨不能前。山林丛郁休瞻日，云树弥漫不见天。

猿叫一声耸耳听，龙泉三尺在腰悬。此行漫说多辛苦，也得随时草上眠。

阳明王守仁于龙南。

由此可见，玉石仙岩的阳明诗刻具有相当的史料价值，不仅披露了王阳明在平浰头之役中的诸多行迹，还可拿来与《全书》本进行互校。

而在诸同行者的唱和诗中，同样也保存了足可反映当时战况和评价阳明的诸多资讯，且史书中失载者颇多，现一并移录于下。

方任《次阳明先生韵》二首：

行行又跰大山巅，侯马难教并向前。风雨半空还拂地，云霞咫尺更连天。勤身远近逢高落，旌节东西尽日悬。□抱朴忠□未己，浮春意得伴鸥眠。

冲野山人方任顿首次稿。

征袍暂歇小山城，忽闻遗诗石上明。往事应时空过化，此来私淑切心旌。乾坤有道功难泯，张主无人石亦行。锁钥至今遗岭北，菲才何幸一逢迎！

横水回军驻龙南，冲野山人方任副使。

邢珣诗二首：

山县东行十里程，天留此洞待先生。重关秘秀烟霞合，一窦涵虚日月明。风蹬偶因平浰至，石床不复许人争。为公高揭阳明扁，南徼东瓯万古名。

龙南山洞原无主，今日公来始著名。绝顶容光开太极，中扃奇观遇阳明。傅岩已验征求梦，郑谷难忘枕漱情。欲纪南征磨石壁，为然公去雪山轻。

正德戊寅季春，平浰班师奉陪提督王公同游赋此。邢珣。

杨璋诗三首：

仁者无私一涧清，随车好雨润回兵。才看老叟壶浆至，又见儿童竹马迎。四野豺狼皆屏迹，万家黎庶动欢声。于今幸喜平成会，千载令人羡大征。

忽闻平浰散军回，归马华明陟崔嵬。岩遇高人名益显，洞因仙仗运重开。丹田方正形如井，石鼓分明韵似雷。我亦素耽山水者，旋寻蜡屐侍兰台。

人羡龙南玉石佳，寻幽心急倒穿鞋。多情夜月穿岩牖，有脚阳春入洞阶。新句每从闲里得，好诗端自画中排。莫思身外无穷事，□□□□有□斋。

偶因行乐（以下题刻缺字）。

危寿《次都宪王公韵》四首：

海宇俄然一扫清，也知耀德不观兵。三军乐罢囊沙战，百姓欢呼拥道迎。广浰于今无跋扈，市朝从此著贤声。流离虽复民犹困，惟愿干戈不复征。

忆昔从征广浰回，四山着雨碧崔嵬。满林淑气熏人醉，一路妖氛逐剑开。仙客登坛时吐锦，老龙出穴昼鸣雷。于今喜遇阳明洞，又得追随御史台。

自古桃川山水佳，几劳游客费芒鞋。人于绝岷镌新句，月入空岩转旧阶。两窦宽闲真地设，一团奇巧自天排。何时得谢尘寰网，绿树荫中构小斋。

岩居犹胜白云居，无数清奇可尽如。任乃尔能怀尔土，却从吾亦爱吾庐。洞门昼黑龙行雨，石壁春深蜗篆书。都宪修文征剿后，新碑昨夜树穹间。

危寿《次堂尊邢公韵》二首：

出郭行行半日程，阳明别洞倚云生。空中语重岩知应，壁上诗雄眼倍明。一片烟霞真可爱，百般红紫似相争。公余到此浑忘倦，漫说金瓯覆姓名。

最爱玉岩山上洞，龙珠乳窟浪传名。初疑外实应非远，谁信中虚自有明。采药仙郎迷旧路，烂柯樵子忘归情。因耽胜概徊徘久，万虑从教一羽轻。

本府推官危寿谨和。

文运《用王督府韵》三首：

剧寇殄除尘海清，寻幽散步且休兵。坐来碧草沿岩长，行处红芳夹盖迎。天上喜闻馘捷报，耳边欢沸凯歌声。去霓苏慰生灵望，无敌何惭十一征。

平寇归来乐散佳，踏春东郭试青鞋。官曹从卫登仙境，民庶忻汴荡厉阶。岩穴玲珑呈地巧，规模弘敞自天排。界分尘刹醒人眼，坐忘心同颜氏斋。

平生性僻好安居，闻道幽玄兴跃如。今日偶然游别洞，当年徒尔望匡庐。寻真有意还蓬岛，题怨无因寄玉书。千古乾坤此奇绝，独怜境界隔吾闾。

文运《用邢先生韵》二首：

斯文一脉绍周程，别洞弘开启后生。吾道于今无耗蠹，我公随处有阳明。丹崖翠壁谁应主，明月清风莫与争。文教聿兴威武振，军门千古仰雄名。

璞因识重千金价，山有仙垂万古名。世抵升平符泰运，人于豪杰瑞文明。军中胆破□公誉，岩下风光周子情。禾黍岁穰刀剑卖，驱民从善此来轻。

本府通判文运谨识。

余恩诗六首：

世际文明涤荡清，□□□□□论兵。伫看是野桑麻长，信觉间阎礼让迎。电扫一边烽烟息，□□□□□歌声。太平有象民安阜，四境从今罢战征。

□□□□□□□，□□□□□崔嵬。层崚翠接千峰秀，透留光涵一窍开。□□□□□□□，□□□□□□□。幽闲千古乾坤别，到此何须问钓台。

点景□□□□□，□□□□□□□。芒鞋缓然款款来，仙境信步频频阶。藓阶奇绝分□□，□□□□□□□。坐来宦虑都消却，隐逸何夸葛子斋。

白云堆里问仙居，闻□□□□不如。服实也知三洗髓，安闲性结一茅庐。蓬莱有迹应无路，道本无根却有书。景物不殊生意满，烟霞深锁隔阎间。

出廊行堪数里程，奇岩远枕自先生。景留胜迹开图画，光接虚涵透日明。座底文光凭品第，个中风月许谁争。偶因征暇登临处，始识当年旧有名。

幽涧占断蓬莱景，宇宙清垂万古名。洞里乾坤涵太极，云窝深锁待阳明。红尘境隔应谁到，白鹿时鸣可寓情。风物细观真自得，觉得浮世二毛轻。

正德戊寅年菊月之吉赣州卫指挥滁阳余恩识。

方侃《奉和都宪王公韵》四首：

一战功成杀气清，凯歌声里促归兵。都台问切流移复，老稚相呼洞壑迎。肃杀冰霜扬武德，动摇山岳震威声。蛮夷边境从今化，远布仁风不待征。

祛尽蛮烟得意回，游观此窦浪崔嵬。蓬莱顶上云霞合，宰相坛前日月开。赣广喜平荆棘路，黎民常想洞天雷。阳明原是擎天手，未许今朝忆钓台。

幽优洞府最为佳，自古无人印一鞋。昼则清风生石穴，夜来明月照坡阶。江右伟观非特生，赣南形胜此安排。分明仙景天家设，留待忠良结小斋。

崆峒洞口结幽居，草木光辉境亦如。四景自然凝翠色，一法那得到丹庐。洞天喜见神仙号，石壁欣刊将相书。玉石岩名从此重，同休天地著邦间。

方侃《奉和府主邢公韵》二首：

龙南河北路三程，天设奇哉两窦生。洞府从今遗翰墨，玉岩万古属阳明。悬崖雕琢令人羡，凿壁玲珑被眼争。胜景非常无可并，赢来卿相共留名。

古洞奇岩僻处生，始因征进得驰名。诸公战胜趋仙府，千里相逢荷圣明。云屋琴樽真可乐，石门风月不胜情。重关事物多佳致，赢得都台号不轻。

龙南县主薄四明方侃稿。

缪铭《次都台王公韵》四首：

千里阴霾赖肃清，孔壬无计避神兵。干戈倒载蛮夷服，筐筐先将士女迎。岩谷也知增喜□，□□□时转歌声。太平气象犹如旧，谁不□□□我征。

春色年年此地回，踏□□兴正崔嵬。仙人幽鸟隔林语，似我闲□□石开。□□崆峒能漏月，□□□时不惊雷。□□□爱山林趣，谁羡金鸡郭隗台？

山中胜概此□佳，□□□□□□□。□□月有时来□，□□□□□□□。□□冠盖如云，□□□□□□□携二三子，□□□□□玉斋。

岩畔有幽尘□居，□□□□□□□。□佛一区扬子宅，分明□□□□□。□□石壁刊新句，谩扫藤床□□□。□□□灵倾耳听，近来熄火息□间。

缪铭《次府尊邢公韵》二首：

阅尽东南几万程，何如此洞自天生。四围奇艳尘无染，一窍玲珑月自明。石上留题俱宦况，山中占胜有谁争。乘闲我欲寻真去，未许诸公独擅名。

一自乾坤开辟后，谁遗仙迹领芳名。月涵虚窦天然白，岩透清霄自在明。山色照人真有意，鸟声留客似多情。乐山我固非仁者，赢得能令百念轻。

本学教谕平阳缪铭谨识。

（三）"阳明小洞天"石刻

阳明在玉石仙岩停留期间，随行的赣州知府邢珣用隶书在玉石岩崖壁上题写了"阳明小洞天"几个大字，这也是国内两个被称为"阳明小洞天"之一（另一处为贵州修文的"阳明洞"），以相对于王阳明早年修道的绍兴宛委山"阳明洞天"。另外，疑阳明弟子、明隆庆年间兵部尚书路迎（号宾阳）亦曾追寻阳明足迹来过玉石岩，并在北面崖壁上留下了"双明洞天"四个大字。

三、龙南有关阳明的民间传说

除此之外，龙南还留下了许多与阳明有关的民间传说及相关遗迹。

（一）太平桥

正德十三年（1518）四月，平三浰后，阳明班师途中路过太平堡（今龙南县杨村镇）。杨村远离县城，位于九连山麓，山多田少，山民多不能自足，因此世代"乱民"不绝。了解到这些情况后，为使此地永保太平，遂把当地的一条江改名为"太平江"，并在河上建桥，名曰"太平桥"。阳明可谓驰骋沙场的军事家，并建立过卓越的军功，但他反对滥杀人，而以"活人"即救人为自己的使命。他希望当地从此太平，即为这种观念的生动体现，同时也表达了他对朝廷政治清明、百姓生活安稳、天下归于太平的美好期盼。

始建于明正德年间的太平桥，为两孔三墩、四拱双层重叠组合的石拱桥。全长五十米，造型奇特，上有四通凉亭，以方便行人览胜和憩息。该桥2013年被列为第7批全国文保单位。2016年5月龙南县对该桥作了整体维修。2019年6月桥的部分建构被洪水毁坏，现正在修缮。

当然，太平桥的始建究竟与王阳明是否有直接关系，学术界尚有不同看法。但从当地的地理位置看，应该说民间有此传说还是有一定道理的，至少反映了当地百姓对阳明的爱戴和对社会太平的憧憬。太平堡距离以池大鬓（池仲容）、池大升为首的浰头（今广东省平和县浰源乡）仅四十里左右，在池的影响下，正德七年（1512），以黄秀魁、赖振禄、徐永富、钟万光、蓝斌等为首，在当地不断袭击官府、侵扰百姓。后来又与池部合并，扩大到五千余人，对信丰、安远、龙南等县城发起攻击，致使上下震动。阳明平定三浰后，太平堡境内的赖振禄、徐永富等部亦随即被剿灭。这可能就是阳明与"太平桥"故事的由来。①

（二）栗园围

栗园围始建于明弘治十四年（1501），是龙南现存围屋中历史最长、面积最大、保存最好的一座村围。栗园围占地六十八亩，内有"一祠三厅"，即梨树下厅、纪缙祖祠、枕梃厅和新灶下厅。所有房屋以纪缙祖祠为中心，按后天八卦图的方位原理布局，由总长一千五百米的八卦巷互相连通，内置生门、死巷，当地人都把栗园围称为"八卦围"。相传栗园围的修建与阳明平定"三浰"有关。

栗园围的先祖李清乃当地有名的乡绅，阳明当年率军平定"三浰"之乱时，李清积极襄助，动员乡人参加平乱，在战事胶着时，李清襄助阳明布下八卦奇阵，最终平息了"三浰"之乱。后来李清受伤回乡养病，阳明回龙南时亲自到栗园围探望李清。当看到当时正在修建的围屋，阳明遂要求李清按照八卦阵建构一座攻防兼备的城池，以作为自己曾用八卦法固城歼敌之象征。为表彰李清，阳明还奖励他一大笔银两，以资助栗园围的修建。

（三）小武当

在江西省级风景名胜区小武当山景区内的武当祖庙及铁索寒梯

---

① 据《贵阳府志》记载，王阳明谪居龙场时曾带领当地人修建过一座后被人称作"阳明桥"的通往息烽的交通桥。该桥位于修文城东四里阳明洞后。今阳明桥碑文曰："名与功偕柱题永寿，地因人著碑纪阳明。"这说明，建桥修路、造福百姓，乃是王阳明知行合一思想的具体表现。据此，说太平桥为王阳明所建，也是符合逻辑的。

入口处，有两副以"武当"二字开首的嵌名对联，相传是"三浰战役"后王阳明游历小武当山时所题。小武当山位于龙南县武当镇和广东省和平县浰源镇的交界处，正好是阳明平剿三浰之乱的核心地区。当年阳明兵分九路平三浰，第四路由赣州卫指挥佥事余恩统领，于正德十三年（1518）正月初七日从武当镇大坑口隘所沿驿道入龙子岭进剿塘涵洞、溪尾、古地等"匪巢"。至今古驿道等遗迹尚存。

小武当山奇石突兀，千姿百态，九十九峰拔地而起，一排耸立，犹如直戟，绵亘数里，蔚为壮观。为区别于北武当山，故称"小武当山"或"南武当山"。相传王阳明当年顺着铁索一步一步爬上武当主峰时，不经为小武当山的雄奇险峻所折服，遂在绝壁天门发出了"武将文臣皆下马，当天奏帝且停车"的感慨。后步入武当祖庙，又在同僚的请求下，欣然为武当祖庙题写了"武力不如法力，力修力行力作善；当仁何必让仁，仁心仁德仁为宗"的楹联，不但将"武当"二字嵌入其中，还不忘将自己的心学理念植入庙宇。

（四）银山庙

银山庙坐落在美丽的银山上，是古太平堡八景之一。该庙是今龙南县杨村镇的神庙，充满了神话传说。原建筑雕梁画栋，庙内有八大金刚壁画，据说当年阳明平定"三浰"时，曾驻军黄塘，并在杨村指挥作战。因出于对银山庙的敬重，闲暇之余曾前往拜谒，并特为该庙题写了"护国灵祠"四个大字。同时还在银山庙盛赞黄塘之美景，留下了咏"黄塘八景"的墨迹。后因建杨村中学，银山庙被拆除，阳明题写的匾额及所留墨迹皆不存。

除此之外，近年来龙南县还利用丰富的阳明文化资源，着力打造阳明文化旅游品牌。在城市建设中，融入阳明文化元素，新建了阳明路、阳明大桥、阳明广场、阳明雕像，规划了阳明中学、阳明小镇等。与此同时，又对玉石仙岩实施了周边环境的整治工程及玉虚洞内的碑刻拓片工程，打造了关西围、南武当、太平桥等阳明文化主题旅游景点，并在景点中建设阳明书院、阳明主题公园、立功亭、立德亭、立言台等，初步形成了阳明文化旅游线路。

（张贤忠撰稿）

王阳明与会昌

明正德十一年（1516）八月十九日，皇帝朱厚照听从兵部尚书王琼的建议，任命王阳明为都察院左佥都御史，"巡抚南、赣、汀、韶等处地方提督军务"。接受任命后，王阳明先回余姚省亲，后于十二月初三正式从杭州动身，第二年正月十六日到达府治赣州。从此，拉开了王阳明在南赣地区立德、立功、立言的序幕。

一、阳明会昌祈雨

明正德十二年（1517年）二月十九日，王阳明亲率两千精兵，从赣州出发，路经赣县、雩都、会昌、瑞金，到达福建长汀、上杭一线督战。三月底，王阳明驻军上杭时，适逢当地大旱。于是，王阳明在行台为民祷雨，四月初五下了一天一夜的雨，但民众认为雨没有下够。四月十三日，王阳明班师，回军上杭。当天又开始下雨，并连下了三天大雨。当地百姓称之为"及时雨"，将阳明祈雨的行台叫作"时雨堂"。十七日，至汀州，王阳明谒晦翁祠，题察院行台壁，为时雨堂作记，有诗题时雨堂壁。二十九日经瑞金，往东山寺（后改名净众寺，现已废）祈雨。

五月初一，王阳明从瑞金来到会昌。其时的会昌亦数月未雨，沿途所见，田禾干枯，百姓困顿不已。阳明见状，甚感忧虑。当晚，他下榻于城东专门接待巡抚的都察院行台。会昌知县林信当即前来汇报工作，并诚邀王阳明为民祈雨。阳明欣然允诺。为此，阳明作《祈雨》诗一首，诗云："见说虔南惟苦雨，深山毒雾长阴阴。我来偏遇一春旱，谁解挽回三日霖？寇盗郴阳方出掠，干戈塞北还相寻。忧民无计泪空堕，谢病几时归海浔。"①

据乾隆《会昌县志》记载，"督察院行台内旧有王文成公守仁大书《悯雨辞》于屏"，辞曰：

---

① 王阳明：《祈雨》，《王阳明全集（新编本）》卷二十，吴光、钱明、董平等编校，第783页。

呜呼！十日不雨兮，田且无禾；一月不雨兮，川且无波；一月不雨兮，民已为疴；再月不雨兮，民且奈何！小民无罪兮，天无咎民。巡抚失职兮，罪在予臣。呜呼！盗贼兮，为民太屯，天或罪此兮，赫威降嗔；臣则何罪兮，玉石俱焚？呜呼！民则何罪兮，天何遽怒？油然兴云兮，雨兹下土。彼罪曷逋兮，哀此穷苦！①

词意恳挚，忧国忧民，百世下如闻其声，土大其泪。公行未至雩都，遂得大雨，宜上天然留诚也。（据崔志补）

第二天，即五月初二，王阳明路过翠竹祠时，到祠里祷雨。祈雨后，王阳明马不停蹄，向雩都进发。也许是真诚感动了上苍，王阳明即将抵达雩都时，大雨如期而至，会昌、瑞金、雩都一带旱情俱减，阳明大喜，遂作《还赣》诗一首，又亲撰《祭净众寺和尚文》和《昭告会昌显灵赖公辞》，并派遣瑞金县署印主薄孙鉴回净众寺代致谢意，派遣会昌县知县林信带上祭品，前往翠竹祠代谢赖公。其中《祭净众寺和尚文》曰：

迩者自闽旋师，途经瑞金。以旱魃之为灾，农不获种，辄乞灵于大和尚，期以七日内，必降大雨，以苏民困。行至雩都而雨作，计期尚在七天之内，大和尚亦庶几有灵矣！敬遣瑞金县署印主簿孙鉴，具香烛果饼，代致谢意，惟默垂鉴佑，以阴骘瑞金之民。②

《昭告会昌显灵赖公辞》曰：

维正德十二年，岁在丁丑五月乙亥，越五日己卯，钦差巡

---

① 按：《王阳明全集》称《祈雨辞》，并题记"正德丙子南赣作"［王阳明：《王阳明全集（新编本）》，吴光、钱明、董平等编校，第702页。丙子年即正德十一年，此时阳明还未到任，不可能作祈雨辞］。两者相对照，有多处差异。疑《悯雨词》很可能最早是王阳明班师上杭时作于会昌都察院行台。此事《王阳明全集》和《长汀县志》《上杭县志》虽无明确记载，但在会昌知事崔允升于明万历十四年（1586）编纂的《会昌县志》中，却有阳明大书《悯雨词》于会昌都察院行台的记载。
② 朱思维：《王阳明巡抚南赣诗文墨迹题刻》，第106页。

抚南、赣、汀、漳等处,都察院左佥都御史王守仁,昭告于会昌县受封赖公之神。为会昌民田禾旱枯,祷告灵神,普降时雨。至雩都,果三日之内大雨,赖神可谓灵矣。敬遣会昌县知县林信,具香帛牲礼代设谢之。诚神其昭格,永终神惠,以阴鹭会昌之民。谨告。①

后阳明又应邀为翠竹祠题写了"功泽弘庇"四个大字,以示赖公之应验。当地士子特意制成鎏金匾额,悬挂在翠竹祠正殿。

王阳明从上杭至瑞金、会昌,一路成功祈雨,不断创造奇迹。其门人周汝员曾撰《翠竹祠碑记》曰:"阳明王公班师上杭,民苦大旱,道经祠而祷焉,遂大雨。"②而王阳明祈雨的故事,后经过世人的大力渲染,越传越神,竟使他成了能够呼风唤雨的"神"。

二、陈伟、蒙琇领兵随阳明出征

(一)陈伟

陈伟,字邦彦,袭父职,会昌世袭千户所千户(正五品)。正德七年(1512),在兵备副使王秩的督办下,陈伟和会昌知县林信、主簿孙公鉴、千户牛公寿一起督工重修了会昌县城城墙,不仅扩大了县城面积,使城墙长达四百五十丈,还增加了城墙高度五尺,增设了警铺十三座。

王阳明巡抚南赣期间,陈伟曾随其出征横水、桶冈,因作战勇敢,战功卓著,深受阳明赏识,得到重用,升任赣州指挥同知。后提督聂都御史又推荐他担任江西都指挥佥事、漕运把总,寻升本司佥书兼督巡捕,后改任福建佥书军政掌印,最后官至南京守备。

陈伟的战功在王阳明的《平茶寮碑》《横水桶冈捷音疏》及《会昌县志》③中均有记述,不过当时他究竟带了多少会昌千户所的官兵跟随阳明出征,却始终是个谜。会昌地处江西东南部,是三省通衢之地,亦是南赣地区的东南咽喉要道,历来为兵家必争之地。常说的

---

① 朱思维:《王阳明巡抚南赣诗文墨迹题刻》,第107页。
② 魏瀛修、鲁琪光等纂:《舆地志·寺庙》,同治《赣州府志》卷十四,清同治十二年本。
③ 戴体仁纂,吴湘皋修:乾隆《会昌县志》,曾敏点校,会昌县地方志办公室2017年版。

"梓山的蚊子，羊角的兵"，正是这层意思。明初会昌县最多有机兵、工兵三百三十名。洪武四年（1371）设赣州卫，洪武十七年（1384）设信丰、会昌千户所，会昌常年驻军有食粮官11名，操守旗军518名。旧府志载730名。按照明朝千户所设置，每个千户所满额应有兵力1228名。但南赣各县当时的实际兵力往往只有三分之一，会昌常年约有四五百兵力，这和《会昌县志》的记载基本一致。因为是战时用兵需要，当时围剿左溪、横水、桶冈山贼主要依靠的是南赣本地兵力，所以南赣设有千户所的会昌、信丰应当进行了兵力紧急扩充，兵力应当都是满员的1228人。按照作战常理，兵力应当是三分之一守御，三分之一留守，三分之一出征，会昌千户所此次出征的兵力约为400人。同时，根据"王阳明的官军把横水寨的山贼赶跑后，暂时驻在这里修整。他令典史梁仪，千户林节率领宁都机兵400，信丰机兵600，在横水土城，树立木珊，建立军营"的说法，说明信丰千户所至少派出了官兵600人参战。同理，同为赣州两个千户所之一的会昌，其出兵人数也应当和信丰千户所大致一样。据此推测：会昌此次征战共出兵约600人，其中陈伟率领千户所官兵约400人，蒙琇带领民兵约200人。

（二）蒙琇

蒙琇在明弘治、正德年间因捐谷助赈，而授冠带，从此走上从政、从军之路。据清康熙十四年《会昌县志》记载："蒙琇，正德间，统领民兵从征猺寇，再征宸濠，俱建奇功，虔抚王文成公嘉其贤劳，委掌会昌河口及龙南下历二司印务。"蒙琇的生平和事功在1995年《蒙氏八修族谱》中亦有专门记述：

> 绣（琇①）公（1480—1559），字文彩，号澹庵，生明成化庚子年（1480）二月初十日午时。志（智）勇超群，才能出众。奉宪檄以建谋猷，猺寇咸知畏服；秉大义裁庶事，里党共仰公平。明正德之季，猺寇大起江东、湖、柳（郴）之间。岁丁丑（1517）冬十月，奉上檄文，摄父职，总领民兵，从军院王巢（剿）黄（横）水、桶冈、利（浰）头诸峒寇。己卯（1519）冬，奉王公檄，集民兵，从征宁府逆濠，俱建奇功。阳明公嘉其

---

① 《族谱》所记多有错漏字，径改补于括号内。

贤劳，委掌本县河口及龙地（南）下历二司篆。明会（昌县）志
旌义。正德闽（间），统领民兵从征猺寇，再征宸濠，俱建奇功。
虔抚王文成公嘉其贤劳，委掌会昌河口反（及）龙（南）下历二
司印务。殁（于）明嘉靖己未年（1559）十月。

根据《会昌县志》和《蒙氏八修族谱》的记载，会昌民兵当时
由蒙琇统领，具体人数当在二百人左右。这些民兵极有可能是与陈
伟所率领的会昌千户所四百官兵一起跟随王阳明的第十一路中军征
战横水、桶冈的，而蒙琇率领的会昌民兵则应归陈伟统一指挥，故
陈伟应是蒙琇的顶头上司。

三、阳明的会昌弟子及其事迹

巡抚南赣期间，王阳明利用战事间隙，常率领弟子们在濂溪书
院、阳明书院、通天岩等地讲学，以教化士民。当时，投奔阳明门
下学习良知之学的各地学子众多，赣州城内濂溪书院和阳明书院常
常座无虚席，赣州倾城都谈论阳明心学，学习阳明心学成为当时赣
州的一种潮流。邹守益《奠何善山先生文》记载："昔阳明先师以圣
学倡于虔台，一时豪杰不远四方以集，如大寝闻钟，群渴饮河。"①
"（正德十三年九月）修濂溪书院。四方学者辐辏，始寓射圃，至不
能容，乃修濂溪书院居之。"②会昌则有赖贞、赖元、刘澜等士子慕
名投奔虔台阳明门下，成为王阳明的会昌嫡传弟子。

（一）赖贞、赖元创办湘江书院

据乾隆《会昌县志》记载：嘉靖元年（1522），会昌人监生赖元
迁建会昌县学于岭北。"赖贞，字洛川；兄元，字善长，俱太学生，
同及阳明门讲学虔台。阳明没后，贞复游学白鹿洞，三年不归，寄
语家人曰：'昔舒璘云：敝林粗席，总是佳趣；栉风沐雨，反为美
景。信不虚也。'于手抄《传习录》及《往来办学》诸书，复以己所

---

① 邹守益：《奠何善山先生文》，《邹守益集》卷二十，董平编校整理，第949页。
② 钱德洪：《年谱一》，王阳明：《王阳明全集（新编本）》卷三十二，吴光、钱明、董平等编校，第1263页。

心得者识于后。嘉靖乙酉（1525），与兄捐千金建湘江书院，讲学其中。时宁都亦有赖善长名元者，皆以讲学知名，士林拟大小冠子夏云。"① 从此，拉开了阳明心学在会昌传播的序幕。

阳明私淑弟子、吉水人罗洪先辞官归隐后，亦常往来于吉水、雩都、会昌三地讲学授徒。赖贞、赖元与罗洪先曾应胡大徽之邀在驻罗庵书院讲学，以传播阳明心学。同时，兄弟两人尝邀请罗洪先来湘江书院讲学。原湘江书院中堂就悬挂有罗洪先题写的"仰高"匾额。据乾隆《会昌县志》记载：

> 湘江书院：一是在射圃后，嘉靖乙酉（1525），监生赖贞兄弟捐资建。一是在都察院之后、县治之左，旧为官塘地。嘉靖甲子（1564），知县沈桂拓地填塘，再建书院，中曰"仰高"，修编罗洪先题，后竖高阁，沈桂有记，书于屏。左右为号房二十四间，前六间今渐倾圮。②

清道光元年（1821），知县方楷捐廉洋银五百元，给本邑进士刘廷珍打理，刘择人分领生息，共计得款一千三百余千文，在县城南门外登云坊新建书院，史称"新湘江书院"。清末，废科举，兴学堂，改书院为会昌县立高等小学堂，即今会昌小学前身，而书院原有建筑均拆除，仅剩会昌县立小学堂教学楼"老洋楼"一栋。1991年拆除"老洋楼"，建"会昌湘江书院"，2007年因会昌小学校园扩建而拆除书院。

（二）刘澜修建祖堂守拙轩

刘澜，字汝观，号一斋，会昌大莲塘人，贡生。尝"同雩都何廷仁、黄弘纲从王文成守仁讲学。后，以岁贡授湖广平江县知县。素敦孝友，居官清洁，告归恬淡自喜，有犯不校，人服其雅量。所著有《明太极图说》《小学补义》《莲塘杂咏》"③。晚年，刘澜在大莲塘刘氏祠堂修建祖堂，取名"守拙轩"，教授弟子，著书立说。他

---

① 戴体仁纂，吴湘皋修：《人物》，乾隆《会昌县志》卷二十，曾敏点校，第183页。
② 戴体仁纂，吴湘皋修：《学校》，乾隆《会昌县志》卷十三，曾敏点校，第86页。
③ 戴体仁纂，吴湘皋修：《人物》，乾隆《会昌县志》卷二十，曾敏点校，第183页。

与黄弘纲关系融洽，经常相互通信，互有往来，有时同室连床，彻夜长谈，共同探究阳明心学之奥妙，可谓地地道道的阳明心学"研习友"。《与刘一斋书》一文记录了两人共同探讨并各自阐述阳明学关于天人性命之旨真谛的情景，成为两人同窗友情的最好见证。刘澜修建的"守拙轩"保留至今。

四、阳明心学的践行者胡大徽

（一）丹阳问学及主要事迹

胡大徽，字慎夫，号庄溪，会昌县庄埠乡庄埠村人。据清乾隆《会昌县志》和民国《会昌胡氏续修族谱》记载，他先拜雩都的黄弘纲、何廷仁为师，学习阳明心学。读着读着，觉得自己长进不大，便向何请教。何对他说："我就担心你心事太多太杂，不担心你学不好。"嘉靖十七年（1538），他带着儿子夷简、恕简，到仙居山拜罗洪先为师。罗以自己年纪比胡小，以朋友相待，称其为道兄，并收下其子恕简、夷简为徒，两人遂成"知心友"。翌年，罗洪先丁忧期满返京复职。胡大徽闻讯后，千里迢迢，一路追赶，一直追至江苏丹阳才赶上罗。遂问罗："我可以学好致良知之学吗？"罗答道："就看你怎样立志学习了。"随后，胡大徽又前往南都拜访王畿，到广陵拜访欧阳德，与王畿、欧阳德等名家一同游学，吟风弄月，游山玩水数月之久。后又拜王艮为师，学习阳明心学。在这些王门大家的熏陶和指导下，胡大徽终有所悟，学业大进，"于良知学，绰有心得"①，成为阳明学的忠实追随者和践行者。

在践行阳明学的过程中，胡大徽有下列一些事迹值得记述：一是嘉靖十八年（1539）捐谷五百石，设立义仓，贷赈饥民；二是著《孝友说》，告诫子孙切记衣食来之不易，倡导简约节俭，不可挑事生非，伤人和气；三是积极响应尚宝陈两湖②和兵宪方公的号召，第一个为赣州阳明祠捐献一百两黄金，以购买祭田；四是创办驻罗庵书院，以纪念罗洪先，传播阳明心学，"前明罗洪先与邑人胡大徽、

---

① 戴体仁纂，吴湘皋修：《人物》，乾隆《会昌县志》卷二十，曾敏点校，第185页。
② 陈昌积，生卒年不详。字子虚，号两湖，泰和人。嘉靖十七年（1538）进士。官至尚宝司少卿，兼翰林院学士。

其子夷简、恕简、赖贞兄弟讲学其中"①。

(二) 与罗洪先的深厚友谊

胡大徽与罗洪先交往近三十年,两人结下了深厚友谊,罗称其为"老友""道兄",两人实为"亦师亦友"的关系。在会昌人中,罗洪先和胡大徽父子三人相交最久,感情最深,胡曾聘请罗洪先为私塾先生,罗提笔将私塾命名为"庄溪草堂",匾额保留至今。另外,罗洪先还于嘉靖三十六年(1557)为胡氏祠堂题写过"中和堂"的匾额。因此,《会昌胡氏续修族谱》载有多篇罗洪先的作品,如《胡君庄溪道长老先生七十华诞七言律赋求教政》《叙胡公荷轩世谱》②《胡公荷轩暨李孺人像同赞》《中和堂序》《胡公庄溪先生墓志铭》等,皆为今本《罗洪先集》未刊文。清乾隆十四年的《会昌县志》中也录有罗洪先的《夜与胡庄溪叙旧有感》③诗。这些文字,记述了胡大徽家族与罗洪先之间非同一般的关系。

兹录罗洪先作于嘉靖四十二年(1563)六月的《胡公庄溪先生墓志铭》全文如下:

> 雩都善山何君,往师王阳明先生。既有闻,即授徒。徒稍稀,辄讶曰:"吾岂有可疑问乎?"故师何甚众,余多识之,其最稔者有会昌胡君庄溪。始新市尹道奥举乡试馆雩都,故与君善。遂因道奥,携子恕简、夷简来仙居,且以事何者事余。余逊年,处以友,而纳恕简、夷简。后拜起,复如京师,追及于丹阳。是冬,遂师王心斋。又明年,余既归田,自是数数来省。辛酉春,年且七十一矣,走松原。再旬,漫曰:"今岁盗必来,来必在夏。吾固且辞行也。"是年又五月,有王宪副变。明年,广东乡兵过庄埠,乡人误以为盗,君惊走,遂不起,四月七日也。余闻而涕出。呜呼!谈良知者众矣,即闻言动色,未必如君,而人皆良知;至家居,未必如君之实。何辛十有八年,孰与论此事者?悲

---

① 戴体仁纂,吴湘皋修:《祠庙》,乾隆《会昌县志》卷十四,曾敏点校,第110页。
② 按:乾隆《会昌县志》录有邹守益写的《叙荷轩世谱》,《会昌胡氏续修族谱》录有罗洪先写的《叙胡公荷轩世谱》,两文内容一样,唯罗文标题中多了"胡公"二字,末尾有"嘉靖乙亥冬十月二十一日"的落款。从内容上看,该文当为邹守益所撰。
③ 按:徐儒宗编校整理的《罗洪先集》卷三十,此诗题为《夜与胡庄溪、毛世卿叙故有感》。

乎！悲乎！

君名大徽，字慎夫；父珊，母李氏。珊卒时，君才十一岁耳，珊以为忧。君至是益自树，以橡称孝。至京，李念弃去。甲申，用例冠带归。五年而李卒，是时已能违俗守考亭家礼为准。甲午，师东廓乡人，噬者日至，自励胜之，日究良知本体。后师何。尝疑读书未博问何。何曰："患汝心，无患书未博也。"乃日芟剥书，亦顿悟。适岁歉，首捐五百石贷赈，人有所负，移他粟补之。至后，尝游欧阳南野、王龙溪门，或从游数月不返。从弟大蘇者，落其家，恻然谓诸子曰："昔人尚以麦舟助丧，矧同祖乎？"遂割田若干亩让之。而尚宝陈两湖至虔，谒阳明祠，祠故无田，谋之兵宪方公，即首捐百金倡其役。邑令廉其状，岁以乡饮宾之，坚不赴。而宋先生尹天民者，常栖邑西岩，君至，徜徉不能去，若与为神交者。方盗起，北川陆提督召君问计，直言剿抚所宜。陆以老成目之，而二十余年上之旌劝者当不绝。尝为《孝友说》训子孙："既明衣食之原，且以起衅伤和为戒。"其尚简俭，姻友尼之，断在必行，无逊也。噫！丹阳道中问曰："吾致良知，可进否？"余曰："顾立志何如耳？"君曰："橡不怀私，即不入官府中。吾恐改过，不相补也。"呜呼！今尚有言此言者乎？

始君娶钟氏，无子；继刘，生怨简、夷简、至简；叶氏生能简；邹氏生临简；徐氏生雍简。怨简太学生，至简以上皆县学诸生，而夷简廪于官，雍简十七岁。女三，申秀适赖吉，七秀适赖嘉，刘出癸秀适郑本元。邹出皆同邑。孙男九，阐、闾、阖、暗、闵、问、开、阗、闾；曾孙一，启邦；孙女六，继秀适刘尚德，珮娇适文云光，余四秀、爱娇、娇俚、寅俚皆幼。怨简等以癸亥六月二十七日治葬庄埠东月角癸丑山丁未向。先期，持广西太平府推官喻尚中状来请铭，且曰："是父遗命也。"虽然谈何者鲜矣，忍不与铭？铭曰：良知之传兮谈者纷如，以言授言兮宁辨实虚。过而不补兮逝矣其除，嗟君之来兮孰其迫且。生死靡定兮忘也忽诸，感此恻恻兮复歙以歔。有招与麈兮莫或愿余，来者远思兮无易尔居。

嘉靖四十二年癸亥岁六月吉日，罗洪先谨撰。①

---

① 《会昌胡氏续修族谱》，民国七年本。

五、推行《会昌乡约》的胡夷简

胡夷简,字近道,别号金池,胡大徽第三子,奉直大夫,会昌县庄埠人,为罗洪先高徒,阳明再传弟子。罗洪先尝以"小友"呼之。过雩都,拜何廷仁、黄弘纲为师,语同辈曰:"克念作圣,惟此志耳。"① 以贡生授浙江嘉善县丞。勤于职守,大兴水利,治理海塘,招抚峒寇,赈济灾民,以至流贼不敢犯境。后任广东惠州府长乐(今梅州市五华县)知县。主政长乐期间,他均平田赋,兴办学校,受到当地民众爱戴,特为其建生祠。后因政绩突出,越级升任宾川府知府,但他坚辞不受。

胡夷简一生追求阳明心学,不高谈阔论,主张实践躬行,致力于乡村治理。万历十三年(1585)归隐后,他在家乡讲学不倦。同时又有感于会昌世风日下,便与同邑有识之士胡恕简等共同制订乡约——《湘江小约》和《湘江续约》。后在胡夷简和当地士大夫的推动下,邑中治理成效显著,成为远近闻名的礼仪之乡。

《湘江小约》和《湘江续约》是胡夷简参照王阳明的《南赣乡约》所主持制定的乡规民约,后由赣州府同知祁汝东和会昌知县刁梦麟颁行全县,使之成为名副其实的《会昌乡约》,取得了合法地位。由于胡夷简制定乡约并成效显著,遂成为会昌杰出乡贤,去世后入祀会昌乡贤祠,成为入祭的会昌七大杰出乡贤之一,而与其同时的知县刁梦麟亦因推行乡约有功而成为会昌杰出官宦,县志为其列传。

《湘江小约》和《湘江续约》的原文现已无法找到,幸而康熙《会昌县志·风俗志》中记载了《湘江小约》有关昏礼、冠礼、丧礼的三条原文,显得十分珍贵,故一并录于下:

> 一议冠礼,俗多不行。今后凡各家有子弟习举业可望进者,必依家礼行冠礼,违者罚银五分入公堂。如子弟不习举业,听常概行,尤见大家风度。
>
> 一议昏礼。奠雁不行,反以亲母送嫁似为陋俗。今后各家子弟婚娶,习读可望进者,必行亲迎家礼。如平常不愿者,听

---

① 戴体仁纂,吴湘皋修:《人物》,乾隆《会昌县志》卷二十,曾敏点校,第183页。

概能行。尤美亲母送嫁，似当禁止。而礼广称家有无，男家仍当设送，不可因而废礼。不依者，俱罚银一钱入公堂。至于聘定之礼，先人庄溪府君倡行，接金环、茶盒。今各大家亦银项、茶饼，得宜无容议也。

一议丧礼。俗多尚佛事，有先母舅明山刘公倡行文公家礼，七七行奠，至今大家犹从。昔丧事出，帛费繁百金，无益于亲。有先达合川文公毅然不效，至今各大家率由。今后有改易不依者，俱罚银二钱入公堂。凡罚众攻，必行禁止，非徒罚仍听其改易也。

六、阳明门人后学的会昌印记

（一）周汝员撰写《翠竹祠记》

周汝员，江西吉水人，明嘉靖年间进士，阳明门人。嘉靖三十年（1551）任福建按察司副史，途经会昌，特前往翠竹祠拜谒赖公神。会昌儒生江材纯慕名前来拜访周汝员，并请他替自己写一篇谢恩赖公神"治病"的碑文。而周汝员亦有感于赖公多次显灵，帮助民众防御灾害，解除疾病，抗击匪患，护佑一方平安，并满足过往行人的平安诉求，有求必应，获封元帅封号；[①] 尤其感恩于王阳明当年在翠竹祠成功祈雨，大大减缓了当地的旱情。于是，周汝员爽快地答应了江材纯，为他写了篇名为《翠竹祠记》的记文，曰："而江生之病乞灵而愈，尤江生亲验之，而亲言之，而余亲闻之也。"

此前的嘉靖十六年（1537），周汝员即以御史按浙的身份，于该年十月建新建伯祠于"越城西郭门内光相桥之东"的阳明书院"楼前"，匾曰："阳明先生祠"。十一月，佥事沈谧建书院于秀水县（今嘉兴）文湖，祀阳明先生。"是年，巡按御史周汝员立师位于中堂，春秋二仲月，率诸生虔祀事，歌师诗以侑食。"[②] 足见周汝员对先师阳明的感情至深。

---

① 据周汝员《翠竹祠碑记》："会昌县南二里祀封元帅赖公之庙也……广寇之乱时，显助官民之功，获元帅之封。"（转引自赖观扬、赖祯伟：《赣南最早的客家人——宁都赖氏》，《赣南师范学院学报》2003年第1期）
② 钱德洪：《年谱附录一》，王阳明：《王阳明全集（新编本）》卷三十五，吴光、钱明、董平等编校，第1347页。

（二）郭子章教学实竹坪

郭子章是欧阳德弟子胡直的门人，故为阳明三传弟子，曾与王明槐、胡直、邹元标讲学青原、白鹭洲。青少年时期，他曾流寓会昌，和会昌结下了一段深厚情缘。

嘉靖四十一年至四十四年（1562—1565），郭子章"诸生时，流寓邑之城南冈，与邑人谢国命为忘形交。教学上下芦。其地多产竹，经章手栽者，中实不虚，因名村为实竹坪（今属会昌县庄口镇）。后章巡按经会境，平时旧交，咸相与郊迎。殷殷道故，不改书生面目"①。而与郭子章结为"忘形交"的谢国命，据乾隆《会昌县志》记载：

> 谢国命，字明麓。太和郭子章为莫逆交。后以明经判杭州，解粮于北直者数四，上官以为能。适子章巡按至杭，欲荐之，国民谢曰："我知故人，故人不知我也。"子章益重之，为文以赠其归。②

（三）"虎头羊角之聚"

周一新是会昌羊角水周氏的重要代表，与胡夷简、郭子章等来往密切，在学习阳明心学上，可谓郭子章、胡夷简的"研习之友"，自称两人门生。他曾多次陪同郭子章、胡夷简、吏部员外郎唐伯元、赣州知府王世明、云南道御史周玄昈等官员和生员时期的邹元标游览汉仙岩，为他们做导游讲解，是万历早期开发汉仙岩的主要乡贤，也是最早用心打造汉仙岩的主要地方文人。

虎头羊角是会昌县汉仙岩的一处丹霞胜景。万历十三年（1585），郭子章与会昌乡贤胡夷简、周一新等曾聚会于此，故此次盛会被誉为"虎头羊角之聚"。至今，汉仙岩三空胜地石壁上保留了郭子章在此次聚会时题写的笔力苍劲的"壁立万仞"摩崖石刻，其右下侧仍留存着郭子章和胡夷简"虎头羊角之聚"时写下的《送宾州胡大夫归隐羊角》两首唱和诗石刻。不仅如此，郭子章在会昌时所留下的诗文，也大多与汉仙岩有关，如《重建儒学说》《汉仙岩常

---

① 陈良栋、王骥纂，刘长景修：《寓贤志》，同治《会昌县志》卷二十三，清同治十一年本。
② 戴体仁纂，吴湘皋修：《人物》，乾隆《会昌县志》卷二十，曾敏点校，第184页。

住田记》《汉仙岩》五言诗等，而且他还为圆宁庵题写了"虎头羊角之聚"的匾额，足见汉仙岩在他心目中的地位和影响。胡夷简亦题有"圆宁庵"匾额。

（四）邹元标翠竹居设馆授徒

后期江右王门的重要代表邹元标亦曾流寓会昌，并与会昌结下不解情缘。据清同治《会昌县志》记载：邹元标为"诸生时，因访旧流寓羊角水，设教堡城东门外翠竹居，与周一新同研习，称'莫逆交'"。邹元标撰写的《羊角周氏族谱序言》《小田世德堂记》《小田刘氏族谱序》等，行文流畅，感情真挚，具有较高的史料价值。

（五）薛甲修筑长沙营堡城和羊角水堡

薛甲，字应登，号畏斋，江苏江阴人。嘉靖八年（1529）进士，授兵科给事中，劾方士邵元节，降湖广布政使司照磨，后在宁波、保定、四川、赣州等地做地方官。笃信象山、阳明之学，以感悟训解阳明心学为主旨，系南中王门的代表人物之一。长沙营堡城和羊角水堡皆由薛甲提请虞守愚所修，为此，薛甲尝分别撰有《修筑长沙营堡城以迁巡检司》和《请城羊角水》之奏疏，王阳明辩友罗钦顺及其高足欧阳德则分别撰有《赣州府修复长沙营记》和《羊角水堡记》。

嘉靖二十一年（1542）八月，时任南赣兵备副使的薛甲奉命指挥平息了安远黄乡堡叶廷椿之乱，后途经羊角水提备所，了解到这一带的民情疾苦，并专门约见了羊角水的千长周廷试以及当地里老、士绅、民众。里老和士绅们居然声泪俱下，纷纷哭泣诉说，强烈要求官方将羊角水的提备所堡城扩建，让羊角水附近的村民都住进堡城里。回到赣州府后，薛甲很快就草拟了一份《请城羊角水》的奏疏，又将原先草拟的《请设黄乡堡巡检司》《修筑长沙营堡城以迁巡检司》合在一起，呈送新任南赣巡抚的虞守愚（1483—1569，字惟明，号东崖，浙江义乌人）。

薛甲有关恢复长沙营、兴建黄乡城、修筑羊角水堡、设立羊角水堡诸巡检司的建议，很快被虞守愚采纳，并即刻上奏朝廷。羊角水堡从嘉靖二十一年（1542）冬开始动工，到嘉靖二十三年（1544）冬十月建成，在两年时间内，一座面积七万多平方米的巍峨壮观的堡城拔地而起。后周氏一族为纪念薛甲和周廷试这两位功臣，就在羊角堡城内为他们专门建立了祠堂祭奠。

据清同治十一年《会昌县志》记载，长沙营堡城等于明万历四年（1576）划归安远县管辖。长沙营堡城现已不存，羊角古堡则保存完好。2013年6月羊角古堡被列为第七批全国重点文物保护单位。羊角古堡开创了赣、闽、粤客家土楼建筑、围屋建筑的先河。古堡首次体现了客家族群的防御意识，是客家风水与军事防御建筑格局的和谐与完美统一，创造了诸多堪称客家防御性建筑艺术的典范。

综上所述，在王阳明及其心学思想的影响下，会昌初步形成了县城以湘江书院为中心，以赖贞、赖元、刘澜、谢国命为代表的心学团队；西北部形成了以驻罗庵书院为中心，以罗洪先、胡庄溪、胡夷简、胡恕简为代表的心学团队；南部形成了羊角水翠竹居私塾为中心，以郭子章、邹元标、周一新、周一贯为代表的心学团队。这些人的活动，不仅对传播和弘扬阳明心学起到了积极的推动作用，而且还大大提升了全县士民的素质。从此，地处偏僻的会昌逐渐告别了愚昧、荒蛮和落后，而逐步走向了开放、文明和进步，王阳明成为打开会昌山门的"第一人"。

（刘冬春、宋瑞森、曾敏撰稿）

王阳明与大庾

明南安府治地大庾，1957年更名"大余"（引文中均为"庾"，为保持文章统一性，大部分叙述历史沿革的正文内容兹从其旧，亦称"大庾"，个别叙述当今行政机构与活动的内容恢复"大余"）。这里曾是王阳明"立功"的选兵之地、征税之地、筑城之地、立军门之地、军粮供应之地、进兵之地，也是阳明"立言"的讲学之地，更是一代大儒王阳明的精魂陨落之地。

正德十一年（1516）七八月间，盘踞于上犹横水总寨的"畲贼"大头领"征南王"谢志山（又称谢志珊），联络广东乐昌的头领高仲仁（高快马）等，纠率横水、左溪等山寨部众数千余人，攻取了南安府城，继而顺章江而下进攻南康县城、围攻赣州府城，引发朝野极大震动，从而掀开了王阳明进剿南赣平乱的序幕。

王阳明是在正德十一年（1516）八月由兵部尚书王琼举荐，武宗皇帝颁诏，由南京鸿胪寺卿晋升为都察院左佥都御史，而来南赣汀漳等"八府一州"地区任巡抚的。接任后，他一度以体弱多病为由，具本乞恩辞免，"仍以鸿胪寺卿退归田里"①，但朝廷没有批准。于是阳明在正德十一年（1516）十二月初三日，从浙江杭州府动身启程，于正德十二年（1517）正月十六日赶到赣州开府上任。作为"南赣汀漳"之一的南安府治之地的县，就此与王阳明结下了不解之缘。

一、选练民兵，长久之谋

选练民兵，是王阳明为夺取"南赣平乱"战役全面胜利而采取的重要举措之一。当时，南赣各府县的状况正如阳明在《选拣民兵》中所述："莅任以来，甫及旬日，虽未遍历各属，且就赣州一府观之，财用耗竭，兵力脆寡，卫所军丁，止存故籍；县属机快，半应虚文。"赣州府及所县如此，其他各府各县情形也大体如此。面对

---

① 王守仁：《辞新任乞以旧职致仕疏》，《王阳明全集》卷九，吴光等编校，第297页。

强寇，这些个军丁就如驱入狼群中的羔羊，如何能取得胜利？之前的"事缓则坐纵乌众，势急乃动调狼兵"之法，皆为"苟且之谋"。比王阳明早来几月的江西分巡岭北道兵备副使杨璋也认识到了南赣兵力严重不足的问题之所在，而且也做了一些准备，"将所属各县机快，通行拣选，委官统领操练，即其处分当亦渐胜于前"。① 阳明到任后，即在杨璋的基础上再作强化部署，并得到较好的落实。

相关史料表明，大庾县峰山、嘉善、双秀三里的民兵是阳明所选较早的兵源之一，属南赣兵备已行编选之内的兵源，而且被选调投入到信丰参加抗击龙南流贼的战斗中。对此，王阳明在《参失事官员疏》中有详细记载。从阳明的这篇疏奏中可以看出，这场战斗官军并未取得胜利。从兵力上来看敌强我寡，官军加民兵才一千余人，而流贼却有数千人之多；从部署上来又犯兵家之大忌，原本委任舒富督剿，实施前后夹击，他却"轻率骤进""不能相度机宜"，以致信丰知县黄天爵、千户郑铎等"惟知固城自守，不肯发兵应援"，导致领兵的南安府经历王祚"临阵溃奔，为贼所执"等等②，致使各领兵官员、地方官员均被阳明问责。同时也说明，无论是南康的杀手打手，还是大庾的民兵，或许部分个人有些本事、有点能耐，但整体的协调、配合能力还很差，还需继续强化训练。这就是数百名大庾峰山、嘉善、双秀三里"民兵"首次参加的战斗。

明时的大庾县峰山、嘉善、双秀三里，是大庾县所辖的八坊九里中的三个基层社会组织，范围大致相当于现今的新城、池江、青龙、黄龙等乡镇地域。成化年间，随着南安知府张弼开挖章江河道、大规模整修梅关驿道，大庾迎来了至两宋以后的第二波客家移民迁徙高潮，一些目前人口较多的家族，如新城分水坳的刘氏、城背的谢氏、周屋的周氏、田良下的李氏、池江杨村的曾氏、兰溪的黄氏、长江的邓氏、青龙二塘的肖氏、赤江的朱氏、黄龙叶敦的赖氏等，迁徙而来逐成大族。阳明所选练出来的民兵（当时大庾选练出来的民兵大约有六百余名），在后来的征剿之战中，果然没有让阳明失望。他们经过数月强化训练，跟随南安知府季斅，分别参加了正德十二年（1517）六月的歼灭陈曰能之战、正德十二年十月的征

---

① 王守仁：《选拣民兵》，《王阳明全集》卷十六，吴光等编校，第527页。
② 参见王守仁：《参失事官员疏》，《王阳明全集》卷九，吴光等编校，第300—302页。

剿谢志山的左溪之战与横水之战、十一月的围剿蓝天凤的桶冈之战，还有正德十三年（1518）二月的征剿广东龙川池仲容部的浰头之战等，均表现出了英勇顽强的战斗作风。尽管其中绝大多数不知其姓甚名谁，甚至有些人在惨烈的战斗中献出了生命，但他们为平乱所做出的贡献是不可磨灭的。正如阳明在《南赣擒斩功次疏》中所称道的："南赣之兵，素不练养，见贼而奔，则其常态。今各官员乃能夜入贼巢，奋勇追击，在他所未为可异之功，于南赣则实创见之事。"①据《南安府志》载，当时大庾有周祥、俞春等百户率民兵随调征战，其中周、俞二人以战功升副千户，且其子孙皆世袭其祖副千户原职。②还有阳明在《移置驿传疏》中提及的"峰山里百长谢玉山"和"百长许洪"等人，他们都是大庾参加阳明"南赣平乱"诸战役时的重要代表。

二、输通盐法，大征商税

（一）输通盐法

大致自北宋太宗太平兴国年间起，由于路途遥远，滩石峻险，盐价昂贵，原食淮盐的大庾诸县开始转食广盐。由此，于宋淳化元年（990）在该地域设立南安军。

食盐，既是人民群众生活的必需品，也是历代朝廷严格管理的重要物资之一，划定一定的行销范围，设定较高的盐税税率，成为朝廷及地方官府财政收入的重要组成部分。南安军的设立，标志着大庾诸县的食盐逐步从淮盐转为广盐，标志着对梅岭驿道及章江航运纳入统一管理之中。宋崇宁年间，蔡京变盐法，规定南安军食广盐，虔州仍食淮盐。从此，广盐北上，不仅方便了百姓之所需，也使地方官府商税得到大幅增长。入明后，通过梅岭驿道北上的大宗商品仍以广盐为主，商税中占比最大的仍是盐税。

明成化年间，赣州设盐行，准许商贩运广盐至赣州府发卖。正德六年（1511）十一月，左都御史、总制江西军务的陈金也为筹集征剿军费，提请在赣州府的涌金门外龟角尾开设关厂，对粤闽商舶货物

---

① 王守仁：《南赣擒斩功次疏》，《王阳明全集》卷十，吴光等编校，第321页。
② 商文昭修，谭一召纂：《职官下·武秩》，《南安府志》卷九，万历十三年刻本。

征税，同时设立抽分盐厂。这种办法疏通了四年时间，获得"官商两便"之效果。到正德九年（1514）十月，又作规定："广盐止许南、赣发卖。""有引官盐，许于南、赣二府发卖，不许再行抽税。袁、临、吉不系旧例行盐地方，不许到彼。如有犯者，不分有引无引，俱照律例问罪没官。"①如此，就阻断了广盐的行销渠道，而淮盐要逆赣江而上，滩石险阻，颇费成本，致使盐价居高不下，百姓深受其苦。

王阳明到任后，勘查正德六年（1511）十一月设立抽分厂起，至九年（1514）五月终止，总计抽过商税银四万余两，总计支出税银三万余两，支出主要用于"陆续奉抚镇衙门，明文支发三省夹攻大帽山等处赏功军饷，并犒劳过狼兵官军土兵口粮，并取赴饶州征剿姚源军前应用，及起造抽分厂厅浮桥，修理城池，买谷上仓，预备赈济，及遵巡抚军门批申，借支赣州卫官军月粮等项"，并未奏动内帑之积，亦未科派小民之财，尚有结余万余两。而在总抽过税银中，"商税所入，诸货虽有，而取足于盐利独多"。待到正德十二年（1517）初，由于阻断了广盐的销路，"查得赣州府库收贮前项税银，除支用外，止余二千九百余两。又是节催起解赴部之数，续收银两止有一千六百余两"。②如此经费短缺，怎能完成平乱大业？

针对此种状况，又有了前后的对比，再征得商民贩盐者"下至三府发卖者，倍取其利，既许越境贩卖，乃其心悦诚服，并无税重之辞"意见之后，阳明报经江西巡抚都御史孙燧批准，继续实施正德六年（1511）制定的盐税政策，"至南、赣二府十取其一，吉、临等府十取其二"；并且指出："看得赣、南二府，闽、广喉襟，盗贼渊薮，即今具题夹攻，不日且将命下。粮饷之费，委果缺乏，计无所措，必须仰给他省。但闻广东以府江之师，库藏渐竭；湖广以偏桥之讨，称贷既多。亦皆自给不赡，恐无羡余可推。若不请发内帑，未免重科贫民，然内帑以营建方新，力或不逮，贫民则穷困已极，势难复征。及照前项盐税，商人既已心服，公私又皆两便，亦所谓不加赋而财足，不扰民而事办。"阳明认为这乃是一件"商贾疏通，军饷有赖，一举两得"的好事。③

---

① 王守仁：《疏通盐法疏》，《王阳明全集》卷九，吴光等编校，第322、323页。
② 王守仁：《疏通盐法疏》，《王阳明全集》卷九，吴光等编校，第322页。
③ 王守仁：《疏通盐法疏》，《王阳明全集》卷九，吴光等编校，第324页。

（二）合并南安府折梅亭税场

南安府折梅亭税场设立于弘治八年（1495），设立者是首任巡抚南赣都御史金泽，其作用可"一则苏大庾过山之夫，一则济南赣军饷之用"。由于过往梅岭驿道的货物流量巨大，折梅亭所收税额也巨多，据统计"自正德六年十一月二十七日起，至九年七月终止，共抽过商税银四万二千六百八十六两六钱三分七毫五忽"。这些税银主要用于南赣巡抚针对诸盗贼的"大举夹攻，一应军饷，俱仰给于此，并未奏动内帑之积，亦未科派小民之财"。①

但到正德十二年（1517）九月时，王阳明依据南安府呈报的当年春季折梅亭抽分商税循环文簿，见册内有"某日共抽税银若干，不见开有某商人某货若干、抽银若干"等迹象，说明中间可任意抽报，一个季度的总税收数额，也成倍地少于之前。查其原因，原来是担任抽分的典史、仓官、义民等官员，均存在不同程度的贪污行为，还有"过往客商或假称权要而挟放，或买求官吏而带过，及被店牙通同客商买求书算，以多作少，以有作无"②，而不收或少收商税，种种奸弊，无所不有。

大举夹攻之战在即，王阳明岂容如此奸贪之事发生。于是，他与参议黄宏商议，将折梅亭之税移于赣州龟角尾抽分，"既有分巡道之监临，又有巡抚之统驭"，严加督察，犯奸作科之弊自然就会减少。由于折梅亭的税收，除以重军饷之外，还包括"裕民力"的夫役之支出，因而规定："顾夫银两，合令大庾县每季具印信领状赴道，批行赣州府支领，支尽查算，准令复支。"所以，折梅亭税场合并之后，"总税于龟角尾，则事体归一，奸弊自消，非但有资军饷，抑且便利客商。盖分合虽异，而于商税事体，无改纤毫；转移之间，而于民商利害，相去倍蓰"。③

事实证明，疏通盐法，以助军饷，对于王阳明迅速组织兵力、进行大规模的夹攻进剿产生的推动起到了立竿见影的作用，可谓效果明显，事倍功半。而王阳明则通过疏通盐法，合并南赣税所，在没有奏请内帑的前提下，广征过商税银，确保了"南赣平乱"的军

---

① 王守仁：《议南赣商税疏》，《王阳明全集》卷十，吴光等编校，第336页。
② 王守仁：《议南赣商税疏》，《王阳明全集》卷十，吴光等编校，第336页。
③ 王守仁：《议南赣商税疏》，《王阳明全集》卷十，吴光等编校，第337页。

费开支，使得各项征剿工作能够正常有序地开展，对南赣诸战役的胜利起到了关键作用。

三、奏允筑城，组织自卫

乡村筑城自卫与选练民兵是紧密相连的两件事。明代，大庾筑有城池六座，其中与王阳明有直接关联的二座，即峰山城与杨梅城，与王阳明有间接关系的四座，即新田城、凤凰城、小溪城、九所里城。

（一）峰山城

位于今新城镇圩中，濒临章江河畔，始建于正德十二年（1517）。建城的起因就是盘踞在横水等山寨的"畲贼"经常出来烧杀抢劫，而村庄中的青壮男丁又被选作民兵前往征剿，家中妇孺老幼无力自保。"本里先因敌御畲贼，正德十一年被贼复仇，杀害本里妇男一百余命。各民惊惶，自愿筑砌城垣一座，搬移城内"，以防"贼寇"报复，保生命、财产之安全。

王阳明接到申告后，极为重视，特批"许之"筑城，并在城池建好之后，拨出官银修理了城池的三座城门。城于当年建成，从此"居民无虞"。①据考察，峰山城为青砖夯土城，设北、西、东三门，南面临江，设有码头，城内面积约二十余万平方米。城很别致，是当时除南安府城之外大庾县境内的第二座城池，因而名称"峰山新城"，后简称为"新城"，并沿用至今。该城建成后，历经战火洗礼而巍然屹立。据谢诏编的《虔台志》记载，明嘉靖四十年（1561）三、四月间，广东流寇窜入南安，沿章江而下围攻新城，在西门扎营，还使用了吕公车等攻城工具猛烈攻城，但却未能攻下新城，可见该城城池之坚固及守城军民之顽强。

关于峰山城，在嘉靖十五年（1536）刘节所纂的《南安府志》中并无记载，在万历十三年（1585）商文昭修、谭一召纂的《南安府志》卷十《建置志·城池》中则将其与新田、凤凰、杨梅、小溪、九

---

① 以上引文皆见王守仁：《移置驿传疏》，《王阳明全集》卷十一，吴光等编校，第354页。

所城一并载入,其中对峰山城的记载是:"在小溪城北十五里峰山,里民素善弩,正德丙子都御史王文成选为弩手,从征瑶寇,事宁,民恐报复,诉恳筑城自卫,许之。"①清代《南安府志》《大庾县志》皆据万历志而记之。嘉靖六年(1527),阳明奉旨赴广西平思田之乱,途经峰山城曾入住一晚,面对峰山的父老乡亲,阳明不由得感慨万分,他联想到当年随他英勇作战的峰山民兵,即兴而作《过新溪驿》(又名《过峰山城》)诗一首,诗曰:"犹记当年筑此城,广瑶湖寇正纵横。人今乐业皆安堵,我亦经过一驻兵。香火沿门惭老稚,壶浆远道及从行。峰山拿手疲劳甚,且放归农莫送迎。"②从中即可得知,阳明对峰山筑城有着不可磨灭的贡献,是当之无愧的"建城之父"。

(二)杨梅城

位于今池江镇杨梅村,始建于正德十三年(1518)。这是大庾六城唯一没有建在章江河畔的城池,也是一座由王氏独一姓氏建筑的城池。在杨梅《王氏族谱》(三修谱)收录的有关筑城的记考文章中,均提及杨梅城是由于得到了王阳明的"奏允"而建的。比如清南雄胡定作《杨梅城池记》曰:"庾邑杨梅王氏,聚族而居,衣冠礼教之乡也。明阳明王公治赣南时,奏允建城,王氏爰砌甃砖,坚为雉堞,外有绕水,籍以为池,壮哉!"③民国本籍王佐唐编《杨梅城池考》曰:"我杨梅城,昔明武宗正德十三年岁次戊寅,王文成公治赣时,知左右多贼,于是檄福建、广东,会兵先讨大帽山,连破四十余寨。复进讨大庾,生絷贼首陈曰能,横水、左溪诸贼皆走桶冈。文成公令赣州知府邢珣、吉安知府伍文定等灭桶冈贼首蓝廷(天)凤,遂面缚降,破巢八十有四,俘斩六千有奇。诱斩浰头贼首池仲容,将抵贼巢上中下三浰,斩馘二千有余。贼奔九连山,山徒绝,不可攻,文成公简壮士衣贼衣,奔崖下,贼下招之,遂上掳险,官军进攻,擒斩无遗。因于横水设崇义县,于浰头设和平县,庾邑建设九城。"④

---

① 商文昭修,谭一召纂:《建置志·城池》,《南安府志》卷十,万历十三年刻本。
② 王守仁:《过新溪驿》,《王阳明全集》卷二十,吴光等编校,第796—797页。
③《大庾杨梅王氏四修族谱》,第484页。
④《大庾杨梅王氏四修族谱》,第485页。

杨梅《王氏族谱》中的《一本堂祠记》中也记道：杨梅城"为阳明王夫子抚绥过化，族人士请题捐筑"。今查文献可知，刘节所编的《南安府志·城池》中并未记载峰山、杨梅等城，最早记载大庚六城的是万历《南安府志》，其中记录杨梅城建成于"明嘉靖四十四年"。这样就出现了前后矛盾：从正德十三年（1518）到嘉靖四十四年（1565），时间相隔四十七年，此时阳明已去世三十多年，又如何能"奏允"呢？经考察，杨梅城形制完整，规模宏大，城池"周围二百五十丈，高一丈七尺"，不仅有城池、门楼，还有城内数十幢青砖到顶、雕梁画栋二进或三进的宅第及纵横交错的鹅卵石铺设的巷道，城内总面积达55万平方米。所有这些土木工程，绝不是短时期内能完成的，而可能是正德十三年经阳明"奏允"后开始建设，到嘉靖四十四年才建成。《王氏族谱》中还有杨梅王氏第八世王叙德、王叙昭、王叙思等人"捐资造城，里推乐善好施""助修城垣，利赖一方""仗义修城，守身克家"等记载，这些人皆生活在嘉靖中晚期，说明当时有很多人参与了杨梅城的捐助或建设，他们只是其中的代表而已。还有一个因素很关键，那就是从族谱中及王氏流传故事中，没有找到当时筑城时的组织者，而字里行间表现出来的都是有关王阳明的"奏允"之功。也就是说，没有阳明的"奏允"，就没有杨梅城。

（三）其他四城

新田城、凤凰城、小溪城、九所里城四城位于今青龙、池江两镇章江河畔，均筑成于嘉靖四十年（1561）前后，筑城的缘由和方式都是为抗击流寇而官助民建，可以说是大庚乡村筑城自卫的延续，也是王阳明乡村治理良策的延续。

四、备战横水、桶冈之役

（一）立提督军门于南安

正德十二年（1517）七月十四日，经王阳明疏奏，兵部议请，武宗皇帝授命"巡抚南赣汀漳等处地方左佥都御史王守仁为提督军务"。这一任命，不仅表明阳明职务得到提升，而且赋予其更大的军事指挥权。于是，阳明领兵进驻南安府，"召官衷兵，开军门于南安"①，将江西都司都指挥佥事许清、赣州府知府邢珣、福建汀州府知府唐淳、吉安府知府伍文定、守备南赣二地方以都指挥体统行事指挥使郏文、赣州卫指挥余恩、南安府知府季斅、宁都县知县王天与、广东潮州府程乡县知县张戬、南康县县丞舒富等军事统领官召集而来，在南安提督军门组织召开了征剿横水、桶冈的军事会议，对征剿作出了三省夹击、分兵（道）进剿及后勤供给等方面的全面部署。

  阳明所制定的总体作战部署是：总兵力一万二千余人，除其自率中军之外，分作十哨，每哨领兵千人，从东南西北四个方向，先攻横水、左溪，再总攻桶冈。其中各兵驻扎地为赣州知府邢珣统兵驻上犹、福建汀州知府唐淳统兵驻南安府、南安知府季斅统兵驻南安府、江西都司都指挥佥事许清统兵驻南康、守备南赣二地方以都指挥体统行事指挥使郏文统兵驻南安府、赣州卫指挥余恩统兵驻上犹、宁都县知县王天与统兵驻上犹、南康县县丞舒富和吉安知府伍文定统兵驻上犹、广东潮州府程乡县知县张戬统兵驻南康。

  南安提督军门，其实就是一个临时的军事指挥机构，待征剿战役完成后，这个机构也就自然消亡。所以，后世地方史志均无记载，即使是距离发动这场战役时间最近的嘉靖十五年《南安府志》中也未见有任何描述。如今我们只能从成化进士、历官南京吏部右侍郎罗玘撰写的《〈平寇录〉序》中，尚能窥得一点"南安提督军门"的踪影。

    正德十二年秋，上命都察院左佥都御史王守仁为提督，召官裒兵，开军门于南安，用剪平诸寇孽为民害者。于时，应召而来……军门审分之为十道，道与卒千，厘为左右翼。兵备副使、分守参议，以精兵卫饷道，比游击，军门随以推官危寿，指挥谢昶、冯廷瑞，卒千，殿中军。②

（二）战歼陈曰能

  南安府立提督军门之前，王阳明率领官军及大庾县选练的民兵，针对大庾"贼首"陈曰能打了一场漂亮的歼灭战。

---

① 黄鸣珂修，石景芬纂：《艺文志一》，同治《南安府志》卷十八，清同治七年刊本。
② 黄鸣珂修，石景芬纂：《艺文志一》，同治《南安府志》卷十八，清同治七年刊本。

陈曰能盘踞大庾多年，以义安石罗为主要寨点，手下还有十数号结盟头领，属横水"征南王"谢志珊的主要外围势力之一。王阳明要取得征剿横水、桶冈战役的胜利，就必须先拔除进攻线路上的这个阻碍。当时，谢志珊"纠率大贼首钟明贵、萧贵模、唐洪、刘允昌等，约会乐昌高快马等，大修战具，并造吕公车，欲先将南康县打破，闻知广东官兵尽调征剿府江，就行乘虚入广"①，这也是王阳明决定先下手为强的原因之一。

正德十二年（1517）六月二十日子时，王阳明亲自部署指挥了攻打陈曰能之战。他令南安知府季敩、南康县丞舒富、赣县义官萧庚为统领官，分三路袭击陈曰能的山寨。季敩率部自义安攻入，攻破禾沙坑、船坑、石圳、上龙、狐狸坑、朱雀、黄石七个巢寨，斩获首级十六颗，烧死山贼不计其数，烧毁山贼房屋禾仓等三百余间，而且将大贼首陈曰能抓俘；舒富进攻过埠、茶滩一带巢寨，俘获陈曰能的部属钟明贵、曾能志等二十余人，斩获首级四十余颗，杀死一百多人，烧死三百多人，烧毁房屋禾仓四百七十余间；萧庚攻长龙一带巢寨，斩杀、射杀一百多人，烧毁房屋禾仓一百多间。

这场战斗，由于官军准备充分，指挥得当，士兵作战勇敢，因而在短时间内取得了重大胜利。战后，王阳明对季敩、舒富等人的指挥能力、对选练的民兵表现出来的英勇战斗力大为赞赏，表扬道："南赣之兵，素不练养，见贼而奔，则其常态。今各官员乃能夜入贼巢，奋勇追击，在他所未为可异之功，于南赣则实创见之事。"②此战之后，朝廷对王阳明等人也给予了奖赏。正德十二年八月，"诏赏守仁银二十两、彩币二表里，升璋俸一级，有功官军及失事人员巡按御史并核以闻"③。

（三）军粮供于南安

兵马未动，粮草先行，粮草是古代战争取得胜利的必要保障。依照王阳明的部署，"若非三省合兵，大彰天讨，恶孽终不殄除，疆宇何由宁谧？"为此"必须调发本省土、汉官军、民兵、杀手人等，

---

① 王守仁：《南赣擒斩功次疏》，《王阳明全集》卷十，吴光等编校，第330页。
② 王守仁：《南赣擒斩功次疏》，《王阳明全集》卷十，吴光等编校，第321页。
③ 《明武宗实录》卷一百五十一，（台湾）"中央研究院"历史语言研究所1966年版，第2946页。

共三万员名，分立哨道，刻期进剿"，方能确保整个战争的胜利。其中征剿横水、桶冈战役就须"用兵一万二千名"。对于这一万二千余名的后勤保障问题，阳明的计算是"每名日给米三升，一日该米三百七十余石；间日折支银一分五厘，一日该一百八十余两。以六个月为率，约用米三万三千余石，用银二万余两。领哨、统兵、旗牌等官，并使客合用禀给及赏功犒劳牛酒、银牌、花红、鱼盐、火药等费，约用银二万余两。通前二项，约共用银五万两"。而军用银两的主要来源是南赣二府的商税，军粮的来源也是主要从南赣二府及赣县、大庾、南康、上犹四县所积存约七八万石的稻谷中支出。但由于是陈年积存稻谷，待春成大米之后则不够预计之数，于是想到其他地方筹集，又恐时间来不及而耽误征剿大事。后阳明查得江西布政司尚有"该解南京折粮银两贮库未解，并一应纸米赃罚银两"，于是便通过巡抚江西的都御史孙燧"照数借给应用"，"候事宁之日，或将以后抽筭商税，或开中盐引，另为计处，奏请补还，庶克有济"。①

征剿之战打响之后，阳明以南安提督军门为大本营，命江西布政司分守岭北道左参议黄宏为总粮草官，以各兵备副使、分守参议为护粮官，以精兵卫道，"往来给饷，以促其后"，以保证各路征剿大军的军粮供给做到畅通无阻。

南赣山区，山高岭峻，道路陡峭，我们不知道黄宏的送粮队是如何翻山越岭、源源不断地向前线输送军粮的。关于阳明在《征剿横水桶冈分委统哨牌》中所说的士兵们"赍干粮三日"的"干粮"，大庾当地人将其称为"王爷米果"，认为如今色泽金黄、醇香味美、家喻户晓、众人喜爱的黄元米果，就是原来的"王爷米果"，就是阳明利用南赣二府的陈年积粮加工而成的食品。由于是阳明的创造发明，遂得"王爷"之名。该米果由于不需要另行生火做饭，又便于携带，还不轻易变馊变味，而深受士兵们的喜爱。战事结束后，各路官兵走了，"王爷米果"被流传了下来，并成为大庾及南赣各地千千万万客家人过春节时必备的"黄元米果"，代代相传。

---

① 王守仁：《议夹剿兵粮疏》，《王阳明全集》卷十，吴光等编校，第325—328页。

五、书院讲学，大庾王门

道源书院是南安府及江西省著名书院之一，创建于南宋淳祐二年（1242），原名"周程书院"，为纪念在南安创立理学的周敦颐及其弟子程颢、程颐而建。南宋宝祐五年（1257），理宗皇帝诏下南安，赐改"周程书院"为"道源书院"，意为"道出孔孟，源在南安"；景定四年（1263），再次为"道源书院"御书院额，遂使道源书院名声大振。书院建成后，由于院内祠中挂有周敦颐、程颢、程颐等先贤的肖像，所以成为后世历代拜谒祭祀之场所。

清雍正十三年（1735），在南安府任知府的福建福清进士游绍安，将原位于府城府学内的道源书院迁建于府城外环境幽静、适宜读书的东山之脊。书院建成后，游绍安特作《重建道源书院记》曰：

> 夫濂洛之传盛矣，及明而阳明先生，以英杰之姿，上接瓣香于三百年后，其卒于南安舟次也。先日犹讲学，则今日与周程上下陟降，礼固宜然。而子瞻诸君子，皆以节义文章流寓于兹，则缅想当日流风，安知此地非昔贤精灵所驻耶？[①]

这也是目前所能查询到的唯一提到王阳明与南安道源书院有关联的历史记载，除此之外，尚没有从其他地方史料、历史文献中查到有王阳明在南安讲学的具体载录。阳明作为后世学者以及"良知心学"的创立者和传播者，在"南赣平乱"期间，尤其是提督军门立于南安之后，曾驻扎于南安府城，晚年赴广西时又曾途经南安，来南安的次数不会太少，应该都有可能到道源书院去走走看看，甚至会选择在道源书院为弟子们讲学。如此才可能符合游绍安所记之初衷。

或许是数年战乱，或许是阳明在大庾讲学真的不多，与赣州府雩都等县相比，在阳明时代及其之后，大庾并没有涌现出更多、更杰出的阳明门人。据《南安府志》等相关史料记载，大庾能称得上

[①] 黄鸣珂修，石景芬纂：《艺文志六·记》，同治《南安府志》卷二十三，清同治七年刊本。

是阳明弟子的仅有刘节、王銮、刘寅、刘鲁、刘宰等数人，其中刘氏一门，与阳明的关系更是非同一般。

刘节（1476—1555），字介夫，世称梅国先生。弘治十八年（1505）进士。阳明高足欧阳德记曰："刘故大庾世族，笃仁厚而不显于仕。至翁由制科起家，武选郎擢累四川、广西提学，晋贰九列。"①嘉靖十一年（1532）为刑部右侍郎。晚年回乡，出任梅国书院山长。正德八年（1513）十月，阳明到滁州，出任南京太仆寺少卿。此时的阳明，学术名望如日中天，百余名弟子从全国各地蜂拥而来，而刘节亦于同年冬，来到滁州看望这位阔别数年的师友，并留下《游琅琊山寺》诗一首，诗曰："径盘岩麓折，寺倚石门开。上界诸天净，初冬独客来。寒泉分细磡，霜叶扫荒台。转磴闻钟声，看碑剔藓苔。林深烟雾重，殿古栋梁颓。幽赏人千载，空山酒一杯。道迟车马倦，岁晚物华催。不尽登游兴，长歌拥驾回。"②正德十二年（1517），阳明巡抚南赣，刘节与其过往甚密，刘节在南安府城建私宅时，宅内有亭，阳明为其取名"仰星亭"。

王銮（1472—1549），字廷和，号鹤庵，正德三年（1508）进士，是一位勤政利民、无所畏惧的地方官吏。初任福建邵武知县，因政绩显著，调任工部都水司主事，负责管理从山东沛县到江苏徐州段京杭大运河的河闸等事务。嘉靖初年，升任湖广武昌府知府，却因楚王府擅自征税而得罪楚王，请求辞官却被吏部就以"擅离职守"为名剥夺官名。王銮与阳明同岁，从史料上看，两人在仕途中并无交集，他们之间的会面机会，应是在嘉靖初王銮辞官归大庾后，逢阳明途经大庾赴广西，又从广西逾大庾岭返乡寓南安延医之时。作为同时为官者，王銮对阳明评价甚高，推崇备至。他曾为崇义县"先师庙"写过一篇祭文，曰："若夫王公，学冠天人，才兼文武，忠犯人主，勇夺三军，擒王计贼，无遗筹焉。"③嘉靖七年（1528）十一月二十五日，阳明逾大庾岭到达南安府。在广东境内一路护送他的是其门人、广东布政使王大用。当时王銮四子王辂任韶州府通

---

① 欧阳德：《刘玄洲墓志铭》，《欧阳德集》，陈永革编校，凤凰出版社2006年版，第678页。
② 赵廷瑞、李觉斯等编纂：《琅琊山诗集》《南滁会景编》卷八，黄山书社2016年版，第364页。
③ 刘节纂修：《秩祀志·庙祠》，嘉靖《南安府志》卷十二，《天一阁藏明代方志选刊续编》（第50册），上海书店1990年版，第552页。

判，亦随王大用一起护送阳明抵南安。王銮闻知后，立即到阳明下榻处探望。数日后，当听到阳明仙逝的消息，立即在王辂带领下，赶往南康南野驿参加阳明的入殓仪式。程辉《丧纪》中所记之"门人知府王銮"①，即是大庾王銮。

刘寅（生卒年不详），字彦亮，正德九年（1514）进士。历官工部、刑部主事、广西按察副使、福建省参政、湖广右布政使、湖广左布政使等职。嘉靖十九年（1540）曾受命出使安南国（今属越南）。刘寅是刘节的晚辈，年轻时就对阳明十分景仰，阳明讲学赣州通天岩时，他曾跟随邹守益、欧阳德等人前往听讲。对此，邹守益《王阳明先生图谱》有所记录："通天岩，濂溪公所游。至是，夏良胜、邹守益、陈九川宿岩中，肄所闻，刘寅亦至。先生乘霁入，尽历忘归、忘言各岩，和诗立就，题玉虚宫壁，令蔡世新绘为图。"②阳明去世后，作为阳明在赣州时的弟子，当阳明灵柩运抵赣州府水西驿时，刘寅曾哭祭于灵柩前。

刘鲁（1495—1545），字希曾，刘节长子，嘉靖七年（1528）举人。刘宰（生卒年不详），字彦卿，刘寅堂弟，嘉靖元年（1522）举人。两人均"长于文学，相与刊落词华，究心理学，同受学王文成之门"③。县志中未见有他们的任官记载。欧阳德曾为刘鲁撰写墓志铭曰："阳明先生讲学虔台时，弟子自远来，至大庾，最颖悟者两人，其一则刘君。刘君讳鲁，字希曾，今刑部侍郎雪台翁（即刘节）冢子也。生有异质。七岁能书辄成诵，九岁能作大字，十二通毛氏诗属文。而雪台翁以乡举第一人取进士上第，文名重当时。……既闻先生教反本溯源，理性情之奥……君学于阳明，与某同舍砥砺。"④

---

① 程辉：《丧纪》，王守仁：《王阳明全集》卷三十八，吴光等编校，第1451页。
② 邹守益：《王阳明先生图谱》，殷梦霞选编：《浙东学人年谱》（第2册），第58页。
③ 陈奕禧修，刘文友纂：《人物》，康熙《南安府志》卷十四，清康熙四十九年刊本。
④ 欧阳德：《刘玄洲墓志铭》，《欧阳德集》，陈永革编校，第676—678页。

六、巨星陨落，精神永存

嘉靖七年（1528）九月，王阳明在处理完广西的各项事务后，本应受到朝廷嘉奖，但到十月因疾病加重，在向朝廷上疏请假未予批复的情况下，①先将广西政务交由郧阳巡抚林富代管，而自己带着亲兵数人急匆匆地踏上了返乡养病之路，并十一月二十五日翻越梅岭来到南安府。

阳明弟子、南安府推官周积亲自前来迎接，见到阳明顶着寒风，神形消瘦，周积忍着悲伤上前问候。到了寓所，阳明依然咳喘不已。但他仍坚持坐起身子，用徐缓的声音询问周积的学业进展情况，周积一一作答后，对老师病况心急如焚。这些情景，《年谱》有如下记载：

> 是月廿五日，逾梅岭至南安。登舟时，南安推官、门人周积来见。先生起坐，咳喘不已，徐言曰："近来进学如何？"积以政对，遂问道体无恙，先生曰："病势危亟，所未死者，元气耳。"积退而迎医诊药。②

由于身子虚弱，从二十五日至二十八日的四天时间里，在南安寓所的王阳明除了会见府县官员、部分故友之外，更多时间是在周积请来的医生诊治下调养身体。关于阳明是如何度过这四天时间的细节，有些文人编撰了诸如赏梅、赴宴、喝酒、讲学等故事，但依阳明当时的身体状况，显然是不可能做到的。

但是，在大庾县的丫山灵岩寺，数百年来一直流传着阳明上山入寺朝拜的故事传说。丫山灵岩寺在明清时期是座香火鼎盛的佛教寺庙，尽管历经多次焚毁重建，阳明的故事仍一直流传至今。故事

---

① 王阳明在疏奏上说："臣自往年承乏南赣，为炎毒所中，遂患咳痢之疾。岁益滋甚。其后退休林野，稍就医药，而疾亦终不能止。自去岁入广，炎毒益甚，力疾从事，竣事而出，遂尔不复能兴。今已舆至南宁，移卧舟次，将遂自梧道广，待命于韶、雄之间。夫竭忠以报国，臣之素志也。受陛下之深恩，思得粉身齑骨以自效，又臣之所日夜切心者也。病日就危，而尚求苟全以图后报，而为养病之举，此臣之所以大不得已也。"（钱德洪：《年谱三》，王守仁：《王阳明全集》卷三十五，吴光等编校，第1321页）
② 钱德洪：《年谱三》，王守仁：《王阳明全集》卷三十五，吴光等编校，第1324页。

收录于清同治年间编纂的《大庾县志》中,内容如下:

> 王文成征思、田归,至南安,偶入一寺。先是寺有上座僧将入寂,命其徒钥所居禅室,戒毋开,曰:"姑俟我至。"文成见所扃钥甚固,问之,其徒以师语告。文成曰:"固俟我也!"开之,几有书,尘封其上,拂而读之,云:"五十七年王守仁,启吾钥,拂吾尘,若问前生事,开门人是闭门人。"①

故事细节,与明代蒋一葵的《尧山堂外纪》、魏清的《峤南琐记》、邝露的《赤雅》等记载有相同也有不同处。从时间上看,最早的记载应是蒋一葵的《尧山堂外纪》。对于此则流传至今的故事,我们的理解是:王阳明特别留恋南安这片土地,要将他的精魂永远留在这里。

离开丫山灵岩寺后,阳明匆匆下山登船,他还不想死,他还要回家乡去见见年幼的儿子,他还想为弟子们多上几堂课。但是,一切的愿望都因为病魔的阻拦而无法实现。当天色将晚船夫泊船时,阳明从昏昏欲睡中睁开眼来,询问身边仆人到了哪里?仆人说:"到了青龙铺。"所以,十一月二十八日那一晚,阳明是在青龙铺的舟船上度过的。第二天上午,阳明将周积召至船中,闭目昏睡中的阳明,慢慢睁开眼来,对着周积说:"吾去矣。"周积一听,泪如雨下,连忙问道:"先生,有何遗言?"阳明细微地说道:"此心光明,亦复何言!"②说完,就闭目而逝了。

七、圣哲风范,山高水长

(一)生祠祭祀

正德十二年(1517)十二月十五日,阳明统率大军胜利完成对横水、桶冈的征剿之战,荡平了以"征南王"谢志山(有些文献记载为谢志珊)为首的为害赣粤湘三省十数年的"畲贼"之乱。当官

---

① 陈荫昌修:《杂类·拾遗》,同治《大庾县志》卷二十四,清同治十三年刊本。
② 钱德洪:《年谱三》,王守仁:《王阳明全集》卷三十五,吴光等编校,第1324页。

军班师"道出南康"时，南康的父老乡亲皆自发前来迎接，他们认为：阳明以出奇计谋、以雷霆之势，一举而灭贼，对南赣民众而言，是"得生死而骨肉也"，功勋甚伟而不具言表。于是，率先在南康城内的县学明伦堂左侧专建"都宪阳明王公生祠"，并再三请得阳明肖像供奉于祠中。南安府其他三县与南康感同身受，纷纷效仿，为王阳明兴建生祠。其中大庾、上犹的"都宪阳明王公生祠"均于正德十三年（1518）下半年建成，崇义的"都宪阳明王公生祠"在正德十四年（1519）完成建城之后兴建。这种对生者的祭祀，是正德年间及嘉靖初年发生在南安诸县的独有现象。

大庾县"都宪阳明王公生祠"始建时在府学棂星门右侧，据嘉靖《南安府志》记载：生祠"中为堂，左右为廊，前为门"，是因阳明"有大功于民"，"民感其德"而建，参与建祠的有官员王仲贵、刘暹，父老蔡琳、谢润、吴文宪、张琦，医官邓绍等人。嘉靖四年（1525），福建武进进士吕律到任南安知府，重修并作重修记，记曰：

> 民心至，难怀也。感之而无间，仰之而弗忘者，夫岂浅近狭小之恩而已哉？祠之作，系恩也。
>
> 南安，接壤闽广湖郴之间，实惟四塞之地。去城北数十里狗脚岭而下，曰横水者，迤逦石复礧而入，草木丛深，别一区域。往岁广之迁民安插，至正德间叛，称畲为寇，犯大庾，攻南康，侵上犹，肆为剽掠，荼毒生灵，良善苦之且四三年来。时维御史中丞阳明王公，握总制之柄，朝夕不宁。乃岁丁丑，请命于上，会三省兵征之。十月辛亥，公自南康入，万民逆于道左，曰愿公亟拯我辈。公曰："毋恤宁尔也。"爰帅师簿伐，一战而破左溪，再战而破桶冈，又战而尽歼。上章诸巢凡八十有四，折首执俘，殆无遗数。公之兵，一何神哉！
>
> 十一月癸酉奏凯，距兴师之始不两阅月，万民乃欣欣然，罗拜道左，曰："吾生矣！还定安集我者，公也！"公曰："天实活汝一方民，吾何与焉？"遂振旅趋虔。
>
> 民怀公恩不少，乃置鸠工构祠于郡学宫之右，老稚相率恳请于公，俾工谛视，肖像迎置于祠。夫祠岂足以尽吾民报之之心哉？盖非祠不足以系恩尔。
>
> 嘉靖乙酉，律拜命来理郡事，得瞻公祠，询诸记石未刻，

顾谓士民曰："是诚不可缓也。"民感公之恩，托诸祠文载公绩，托诸石若是典者，讵非吾辈责哉？窃欲摭拾而丑陋是惧，赵趄再三，乃叹曰："兵，凶器也；战，危地也。"公自举兵以来，至于克捷折，冲尊殂，士罔知劳，民罔知困，信乎？王者之师，若特尔然祠之作，岂容已乎横水？公自奏立县，俾吏治之，名曰崇义，又平寇之余功也。

今在南康祠之，上犹祠之，崇义祠之，公之恩何往而不在哉？其在三邑，犹夫在一郡也。水之行地，掘地皆得泉，公功之谓乎，是不容不记。①

嘉靖十年（1531），南康知县郑衷迁重建"都宪阳明王公生祠"于南康城北的旭山之中，建成后，特请大庾进士、时任南京刑部右侍郎的刘节为之作记。除每个县城之中所立生祠外，乡村、民间也立有许多的简易生祠，或挂阳明肖像，或立阳明牌位，早晚祭拜，以表达对阳明先生的尊崇爱戴之心。

（二）公祠祭祀

嘉靖年间，浙江嘉兴进士沈谧到任江西按察佥事，推动了南安、赣州乃至江西全省各地兴建公祠、祭祀阳明活动的兴起。沈谧（1501—1553）自幼饱读诗书、兵书，是阳明学说的忠实追随者和崇拜者。据清光绪《嘉兴府志》记载：他"慨然慕道，一日读阳明《传习录》有悟，即拟渡江从之游，会阳明征思，田不果。"嘉靖十六年（1537）十一月，他在嘉兴秀水县的闻湖兴建闻湖书院暨王阳明祠，后调任江西按察佥事。到任后，他到南、赣各地巡视，一面传播阳明思想，一面大力倡导修祠建祠，以开展祭祀阳明之活动。《年谱》说他"谧起佥江西，为师遍立南、赣诸祠"②，当非虚言。嘉靖三十一年（1552），沈谧到南安府视察，见原位于学宫之右"庙貌宏丽"的"阳明王公生祠"，因"为京师流言，承奉风旨者遂迁祠于委巷，隘陋污秽，人心不堪"，遂与府县官员商议，在原址复建，

---

① 刘节纂修：《秩祀志·庙祠》，嘉靖《南安府志》卷十二，《天一阁藏明代方志选刊续编》（第50册），第510—512页。
② 钱德洪：《年谱附录一》，王守仁：《王阳明全集》卷三十六，吴光等编校，第1344页。

复建后有"楼五楹,前门五楹"。次年三月,沈谧继到南康视察,又前往旭山阳明祠拜谒,见阳明祠与韩公祠并于一祠之中,而且"王公有祭而无祠,韩公有祠而无祭,其室且卑陋",于是择址再建,并为之作《重修阳明王公祠记》。大体在此前后,南安府四县的原阳明生祠要么迁建,要么失修而卑陋,祭祀活动也是断断续续。自沈谧倡导后,四县均对原祠做了规模不同的修缮,然后统一更名为"都宪阳明王文成公祠"。赣州府的安远、瑞金等县亦报请兴建阳明王公祠、王公报功祠等,连同王阳明去世之后赣州各县所建之祭祠,正如沈谧在《虔南公称录》中所言:"赣州府所属十一县,俱有前都察院右副都御史阳明王公祠,巍然并存。盖因前院功业文章,足以匡时而华国;谋猷军旅,足以御暴而捍灾。南赣士民咸思慕之,歌颂功德,久而不替,尚有谈及而下泪者。"①

在数百年的历史长河中,作为府治之地的大庾县,祭祀阳明的活动亘恒不变。明清时所修的各种《南安府志》《大庾县志》中,皆记载了阳明王公祠(或王文成公祠、报功祠)迁建、重修的大致情况,即明嘉靖四十年(1561),知府周镗"以文成当居南面",在水南玉池坊以寓贤祠易之而建"报功祠",祀都御史王文成守仁、督粮参议黄宏;清康熙十八年(1679),知府白启明迁建于东山之麓,名"王文成公祠",有祠有亭,专祀王阳明;同治五年(1866),安平进士黄鸣珂到任南安知府时,见祠亭均毁,不由得感慨道:"此地为阳明先生建节之地,且为先生告终之地,况平桶冈,平横水,此地方成乐土,百世祀之不亦宜乎?"②于是在县治东北考棚之左,择地数亩重建"王文成公祠"。

(三)建亭祭祀

1992年4月30日,以日本九州大学名誉教授、著名阳明学家冈田武彦为团长的"王阳明遗迹日中联合学术考察团"首次到大庾考察。当考察团确定了阳明仙逝地后,冈田武彦一行分别在船上和岸边进行了痛哭、跪拜、敬香、献酒、祷告等祭祀仪式,以示对这位

---

① 钱德洪:《年谱附录一》,王守仁:《王阳明全集》卷三十六,吴光等编校,第1344页。
② 黄鸣珂修,石景芬纂:《新造录·修祠庙》,同治《南安府志》卷三十三,清同治七年刊本。

先哲的崇敬怀念之情。两年后的1996年4月，在确定了史料文献中所记的阳明去世地的具体地点后，由日本学者、友人捐资，大庾县旅游部门组织实施，在青龙镇赤江村的章江河畔的沙墈上建起了一座四角翘檐纪念亭，冈田武彦先生亲题"王阳明先生落星之处"碑名，并派遣以柳桥由雄先生为团长的日本访华团专程来大庾参加纪念碑亭的落成仪式。自此，阳明先生精魂陨落处才有了一个简单而庄重的纪念场所。2018年，青龙镇政府对纪念场地作了大规模整修，并续建成"阳明心园"，使纪念地的环境大为改观。

2014年12月，大庾王氏利用编修族谱之后的结余资金，与丫山灵岩寺合作，在灵岩寺右侧兴建了一座六角"阳明亭"。2018年12月，丫山灵岩寺复建"南安禅室"于寺内。这些场所，现都成为大庾瞻仰、拜谒阳明先生的纪念场地。

（四）拜谒活动

此后几十年，除了1992年冈田武彦一行来大庾章江边祭奠过王阳明外，未见官方或民间举办过相似的祭祀活动。直到2016年1月3日，在赣南师范大学理学研究所、赣州阳明书院及青龙镇政府共同组织的"'我心光明'——王阳明在青龙高端学术论坛交流活动"中，才由主办方组织全体与会者，到"落星亭"吊唁王阳明逝世487周年。

此后几乎每年都会在"落星亭"举办祭祀活动，如2016年12月31日，"大余县阳明文化研究会"举行成立大会，全体会员曾在"落星亭"举行拜谒活动。2017年1月8日，"江西省王阳明研究会"在丫山景区举行"王阳明莅赣500周年高端论坛"，会长赖功欧等曾率与会者到"落星亭"进行拜谒活动。2017年4月18日，中国明史学会王阳明研究分会在大余丫山举行成立大会，会长商传曾率与会代表及学会会员在"落星亭"举行拜谒活动。2018年1月3日，中国明史学会王阳明研究分会在赣州召开"第二届中国阳明心学高峰论坛（赣州分论坛）'不忘初心，知行合一'——学习贯彻十九大精神暨弘扬王阳明'我心光明'文化研讨会"，组委会曾组织参会人员及青龙中学部分学生到"落星亭"举行拜谒活动。2019年1月1日，中国明史学会王阳明研究分会、赣南师范大学国学院、崇义县社联共同举办"王阳明乡村治理研讨会"，会前，与会者曾到"落星亭"举行

"纪念王阳明先生逝世490周年"拜谒活动。

我们相信,随着王阳明研究热潮的兴起,会有越来越多的组织与个人前来大庾考察阳明遗迹,到"落星亭"拜谒阳明先生。

(邓思喜撰稿)

王阳明与南康

明嘉靖十一月（1532）二十一日，在上疏乞骸骨还乡的王阳明，抱着病体翻过大庾岭，抵达南安府，这是他最后一次踏上这片与其一生结下重要历史因缘的土地。南赣情怀，斯文在兹。

二十八日晚，王阳明所乘官船停泊在大庾青龙铺（今大庾县青龙镇赤江村老圩上）章江河畔，一夜咳嗽，翻腾不休，已濒灯枯油尽。次日晨，再次从昏睡中醒来的王阳明问侍者："到南康几何？"答曰："距三舍。"对曰："恐不及矣。"① 往日驰军日行千里，今日病体寸步难行，阳明不禁发出叹息——恐怕难遂与南康父老重逢的夙愿了。午时，阳明瞑目而逝，一代百世殊绝的伟人在青龙铺巨星陨落，享年五十有七。当日，官船顺江直下，抵达章江之畔的南康县南野水马驿，在驿中设灵堂、行装殓、进含玉，停留数日，南赣巡抚汪鋐、赣州兵备张思聪、赣州知府王世芳等南、赣二府大小官员，以及阳明门人刘邦采等皆赶来敛丧、哭奠，南康士民远近遮道，哭声震天溃地，殡舟北归之处，士民无不倒地哭拜、拥途哀号。一代圣人，魂系南康。

一、南康在南赣平乱中的地缘位置

南康县古称南野，属南安府，南北狭长地貌，赣江重要支流章江穿流而过，向为中原经大庾岭通往岭南之孔道，扼岭北道之要冲。南康也是古代畲族的聚集地，现在的赤土畲族乡，仍是江西省唯一的少数民族乡。

"畲"又写作"輋"②，是我国南方地区一支古老的游耕民族。畲民自称是盘王的后代，崇拜信奉盘瓠图腾，封建王朝往往把他们

---

① 钱德洪：《遇丧于贵溪书哀感》，《王阳明全集》卷三十八，吴光等编校，第1601页。
② "輋"，是广东汉人俗字。唐代，居住在福建、广东、江西三省交界地区的包括畲族先民在内的少数民族被泛称为"蛮"、"蛮僚"、"峒蛮"或"峒僚"，宋后，又称为"輋民"，文天祥《知潮州寺丞东岩先生洪公行状》说："潮与漳、汀接壤，盐寇輋民群聚。"顾炎武《天下郡国利病书》云："粤人以山林中结竹木障覆居息为輋。"显然，以"輋"字作族称是侧重于居住形式，指在山里搭棚而居的人群。

蔑称为"畲贼"或"畲寇"。明朝中叶，由于社会矛盾激化，南安府人谢志山（又称谢志珊）、陈曰能，畲民蓝天凤等，起初因官府欺压，官逼民反，而落草为寇，聚啸山林；后来成了气候，便开始烧杀抢掠，袭扰百姓，在南安、赣州府多处攻城略地，严重扰乱社会治安，与汀州、郴州、韶州等八府一州"匪贼"遥相呼应，同流作恶，贼乱遍及赣、闽、粤、湘四省。

在南、赣两府与匪贼的长期拉锯战中，南康作为一个四战之地，屡经战火摧残，"南康县至坪一里，人户皆居县城，田地被贼阻荒"。①在明弘治、正德年间，大庾、上犹、南康等县，有"山寇"据点三十余处，祸乱八十余年。正德八年（1513），南安府谢志山与湖南桂东匪首龚福全取得联系，双方约定互相支持，互为掎角之势。谢志山还纠合广东的高快马，统众二千余人，攻围数个县城，杀伤官兵，其势力范围，极盛之时有千里之远。正德十一年（1516）八月，谢志山又会合广东乐昌"匪寇"，攻下大庾县，进攻南康县，围攻赣州府，击毙赣县主簿吴纰，乱势极炽，引起朝廷上下极大震动。

正德十二年（1517）三月，正当抵赣不久的王阳明初率士卒，在漳州大帽山围剿詹师富战事正急的时候，接到西线南安府南康县县丞舒富急报："大贼首谢志珊号'征南王'，纠率桶冈等巢贼首钟明贵等，约会广东大贼首高快马等，大修战具并造吕公车，欲先将南康县打破……就行乘虚入广。"②

南康县城处于南赣平乱战役的核心位置，战略要冲，容不得半点闪失。谢志珊正是看到王阳明忙于东线战事、无暇西顾之际，趁机偷袭南康，妄图打下县城，据城为寨，抢夺粮草，从而向东策应大帽山詹师富作战，使官军东西难顾。

王阳明接报后，急令南安知府季敩驰援，务必合应解围南康。急迫形势下，南康军民同心协力，与乱军开展激烈的攻防战，"岁丙子，畲贼谢志珊逼城七日，公（知县黄璋）率民固守，措划有方，城赖以全"。③在援军到达后，官军实施反攻，舒富"领兵分剿，共

---

① 王守仁：《立崇义县治疏》，《王阳明全集》卷十，吴光等编校，第389页。
② 王守仁：《横水桶冈捷音疏》，《王阳明全集》卷十，吴光等编校，第378页。
③ 刘昭文纂修：《宦绩志·黄璋》，嘉靖《南康县志》卷七，《天一阁藏明代方志选刊续编》（第44册），第974页。

生擒大贼首陈曰能等三名，首从贼徒五十四名，斩获贼首级六十八颗，杀死射死贼徒二百四十余名，烧死贼徒二百余名，捣毁巢穴一十九处"①，战果斐然。南康城保卫战是王阳明结束大帽山战斗，正欲挥师南赣之前，征讨"横（水）左（溪）桶（冈）"诸"匪寇"的一次重要战斗，也是南赣诸"匪寇"势头最猛、气焰最炽的一次主动进攻。

从兵要地志角度看，南康是赣州的重要屏障，南望信丰、"三南"②，西接大庾、上犹，北抵龙泉（今遂川县）、吉安，地形呈南北纵向条状，是连接南安、赣州二府郡治的关键之地，也是后来剿灭"三巢贼""浰头贼"与"郴桂寇"的必经之区。南康地形北高南低，丘陵纵横，有城可峙，无险可守，可以成为运兵机枢重地。在平定南、赣、汀、漳及龙川之乱中，首先是官军在南赣战事中直取"横左桶"的中军集结发兵之地，其次是策应东线汀漳大帽山、南线龙川"三浰"两个战场的接战要地，是战事指挥中心赣州的重要外围。南康能守，则南赣两府战线贯通，遥相支援，防线无忧；南康有失，则成为敌方楔入的钉子，南赣断开，中心开花，首尾难顾。

王阳明正是看到了南康重要的地缘战略位置，在后来的作战中，他亲率中军进屯至坪，指挥作战，策应四方，先攻"腹心"，后扫"羽翼"，③从而牢牢把握了整个战役的主动权。

二、骁勇善战的南康县丞舒富

正德十三年（1518）十月，王阳明就崇义建县问题，向皇帝上《再议崇义县治疏》，七次提到南康县丞舒富，称其"先因前贼攻围该县，戮力拒贼，得以保全"；"本官刚果有为，存心刚直，行事公

---

① 王守仁：《议夹剿方略疏》，《王阳明全集》卷十，吴光等编校，第368页。
② "三南"，指今赣州市的龙南、定南、全南三县。
③ 王阳明平定"横左桶"之前，提出了著名的"喉舌腹心说"："诸巢为患虽同，事势各异。以湖广言之，则桶冈诸巢为之咽喉，而横水、左溪诸巢为之腹心；以江西言之，则横水左溪诸巢为贼之腹心，而桶冈诸巢为之羽翼。今不先去腹心之患，而欲与湖广夹攻桶冈，进兵两寇之间，腹背受敌，非吾利也。况贼但闻吾檄湖广夹攻桶冈，横水、左溪必观望未备。出其不意，可以得志。横水、左溪既破，移兵桶冈，势如破竹矣。"（黄绾：《阳明先生行状》，王守仁：《王阳明全集》卷三十八，吴光等编校，第1561页）

平"。①舒富,南康的一个县丞,因为在南赣戡乱中战功卓著,并在崇义建县中劳苦功高,成了王阳明大力举荐的官员。

据嘉靖《南康县志》载:"舒富,夷陵(今湖北宜昌)人,由吏员九年(1514年)任,领兵征畲及督工创造崇义县治,效劳颇多。"②舒富在王阳明巡按南赣之前,曾多次协助南康知县黄璋打败横水谢志珊等的侵袭。他不仅擅守城,还勇于反攻。江西按察司整饬兵备带管分巡岭北道副使杨彰曾向阳明报称:"准县丞舒富关,畲贼三百余人出劫,当有保长王万湖等,带领乡兵擒捕,杀获贼级一颗,生擒贼二名,夺回被掳人口三名,夺获黄牛二头。"③

正德十二年(1517)十月七日,王阳明统率江西、湖南、福建、广东、浙江五省八府一州的兵力,分十路发动进攻,打响了横水、左溪、桶冈战役。在这十路大军中,其他九路均是由府州知府或者都司指挥、守备指挥、卫指挥这些职业军人率领,最不济也由知县带领,唯独由南康兵士组成的第七路军是由县丞舒富带领,足见舒富的军事才华和战斗作风,得到了王阳明的充分认可。

十月十二日,战斗正式打响。舒富引军千余,节节推进,从上犹营前经金坑、过埠、长流攻左溪,配合其他部队奇袭十八面隘。战斗中,舒富率军连破箬坑、赤坑、竹坝等据点,与其他五路军会于左溪。当日,擒斩"匪寇"首领和军士,并俘获其家属,以及大量的牛马车仗和其他物品。之后,大雨倾盆,咫尺不辨,王阳明不顾疲劳,命令各营分奇、正二哨,一攻其前,一袭其后,冒着浓浓大雾,分投急进,奔袭最险恶的贼巢桶冈。

二十二日,舒富部攻破白水洞据点。在奔袭桶冈途中,南康部队快速前进,与击溃后投向桶冈的谢志珊残部开展脚力赛,边追边打,最终擒获谢志珊,立下大功。王阳明在奏折上写道:"(舒富)后因大征领哨,获功居多,贼首谢志山独为所获。"④紧接着,舒富又率领第六路军投入了平定桶冈之战。

桶冈四面绝壁,只有锁匙龙、葫芦洞、茶坑、十八磊、新地五

---

① 王守仁:《再议崇义县治疏》,《王阳明全集》卷十一,吴光等编校,第421页。
② 刘昭文纂修:《职官志·舒富》,嘉靖《南康县志》卷五,《天一阁藏明代方志选刊续编》(第44册),第905页。
③ 王守仁:《类奏擒斩功次疏》,《王阳明全集》卷九,吴光等编校,第351页。
④ 王守仁:《再议崇义县治疏》,《王阳明全集》卷十一,吴光等编校,第421页。

处可入。王阳明派遣舒富率领数百精兵屯锁匙龙，形成正面强攻的巨大压力，以促敌降，同时另遣几路奇兵从其他隘口进攻，正奇相配，多路齐攻。在其他隘口进攻的奇兵得手后，舒富和宁都知县王天与一起带领部属从锁匙龙攻入隘口，全力奔攻十八磊隘口方向。十一月初二日，经过苦战，舒富部攻破太王岭据点，擒斩众多"匪寇"及其家属，缴获牛马、车仗等军用物资无数。

桶冈蓝天凤部虽然大败，但打散的"贼寇"各据巢穴山寨，独自结阵为战，或者借助山势分别逃窜。王阳明不急于一战而平，而是因势利导，改变战法，以各路军为作战单元，逐个破袭，定点清除。经过近两个月的清剿战，终于将桶冈"匪寇"清除干净，逼得大头领蓝天凤跳崖身亡，取得了南赣平乱的最后胜利。王阳明在战后上奏的《横水桶冈捷音疏》中，尽数列出26名有功将领的姓名官职，高度褒奖，恳为请功，南康县丞舒富赫然在列。平乱结束后，舒富又协助王阳明建设崇义县城做出了很大贡献。①

三、南康画家蔡世新神绘阳明像②

横水、左溪、桶冈之乱平定后，班师赣州的王阳明和他的部队受到了南康百姓的夹道欢迎。南康父老称赞说："往年寇贼出没，无时，攻陷我城邑，掳掠我乡村，不幸而死者无可控愬，幸而存者恐不知死所矣。"③"我都宪王公来拊循我有众，亲率我子弟，斩灭是贼，俾我民，安我父母，保有我子孙，利我桑麻谷粟……我公万世之功在我民者，如山峙川注，永永无斁。"④并且强调说："王阳明公（平乱）虽事不专在康邑，而康邑之所以安枕，实由于此。"⑤对阳明先生的感激之意和爱戴之心溢于言表。

---

① 此部分内容详见本书"王阳明与崇义"一章。
② 按：此部分内容出自钱明：《王阳明及其学派论考》（第10章），人民出版社2009年版；张艺曦：《心学家画像在明代的流行及其作用——以阳明画像为主的讨论》，《思想史》2014年第3期，台湾"中研院"近代史所刊。另参照鹤成久章：《"阳明先生小像"について——王守仁の"神"を伝えた蔡世新》，《福冈教育大学国语科研究论集》第62号，2021年。
③ 赖聪：《感恩祠集序》，刘昭文纂修：《艺文志》，嘉靖《南康县志》卷十一，《天一阁藏明代方志选刊续编》（第44册），第1110页。
④ 刘节：《都宪阳明王公生祠记》，《大庚县志》卷九，民国八年本。
⑤ 赖聪：《感恩祠集诗》，刘昭文纂修：《艺文志》，嘉靖《南康县志》卷十一，《天一阁藏明代方志选刊续编》（第44册），第1203页。

正德十二年（1517）十二月，阳明班师"至南康，百姓沿途顶香迎拜。所经州、县、隘、所，各立生祠。远乡之民，各肖像于祖堂，岁时户祝。"①《南康县志》称当地人"相率请公像而祀之，公不可而民不已"，执意要为阳明画像建祠，并推荐多位乡绅代表到巡按府院请求留像："又相率诣公府因请之，公愈不可而民愈不已。"②还找来一位"画工之良者"，"于攀号固请之余，窃视而熟察焉，归而貌之"。阳明见民心如此，终"弗能禁也"，只好同意画像建祠。最后，阳明"像成，卜地于学宫之旁，祠焉"。③南康百姓就是用这种建生祠、绘肖像的朴素办法，表达了对王阳明的感恩之情。

除了为阳明绘肖像、建生祠外，当时的南康乡绅还发动全县官绅士子开展过一场感恩诗歌的创作活动，并将这些诗词集结成册，编成了一本为传颂阳明功德的《感恩祠集》，以使"士民歌咏之声汎汎洋洋"。④在南康历修县志中，均收录了《感恩祠集序》和部分诗歌，现摘录一首通判赖璁写的《感恩祠集诗》，以佐证当时南康人对阳明先生的深情爱戴：

圣主敷皇极，良臣运化机。万邦咸贡献，尺地悉纲维。小丑何为者，凭陵敢自支。聚群凉月啸，冒险暝云披。出没穿林峤，幽妖胜魅魑。连城惊夜柝，边境废春犁。阃外方推范，湖中已识飞。貔貅屯士卒，蛇隼动旌旗。阳德纯明候，阴霾忽灭时。蜂房高下破，兔窟浅深移。舞抃多黄发，歼夷过赤眉。凯歌回宝勒，伟绩纪金彝。野烧青痕复，山扉绿影垂。春台元有象，寒谷更无迷。锡类垂何永，衔恩报罔知。甘棠瞻召伯，新栋拟罗池。不尽涓埃意，惟伸犬马私。愿言千百世，寿与德无期。⑤

---

① 钱德洪：《年谱一》，王守仁：《王阳明全集》卷三十三，吴光等编校，第1376页。
② 赖璁：《感恩祠集序》，刘昭文纂修：《艺文志》，嘉靖《南康县志》卷十一，《天一阁藏明代方志选刊续编》（第44册），第1111页。
③ 赖璁：《感恩祠集序》，刘昭文纂修：《艺文志》，嘉靖《南康县志》卷十一，《天一阁藏明代方志选刊续编》（第44册），第1111页。
④ 赖璁：《感恩祠集序》，刘昭文纂修：《艺文志》，嘉靖《南康县志》卷十一，《天一阁藏明代方志选刊续编》（第44册），第1111页。
⑤ 赖璁：《感恩祠集诗》，刘昭文纂修：《艺文志》，嘉靖《南康县志》卷十二，《天一阁藏明代方志选刊续编》（第44册），第1203—1204页。

据说当时赣州各地为王阳明画的像，以南康人蔡世新所绘最让阳明本人满意，故而名声最大、流传亦最广。

王阳明跟林俊、邵宝等人一样，也曾寻找画师为己画像，但因其思想深邃、长相特殊，所以始终没有人能画出让他满意的作品，直到阳明担任南赣巡抚期间，有人向他介绍了蔡世新，才使问题得到了解决。

蔡世新当时只是一位无多大声名的年轻画师，却画出了让阳明满意的画像。据载：

> 王文成镇虔日，以写貌进者，阅数十人，咸不称意。盖文成骨法棱峭，画者皆正而写之，颧鼻之间最难肖似。世新幼年随其师进，乃从傍作一侧相，立得其真。文成大喜，延之幕府，名以是起。①

蔡世新一画成名。在阳明卒后，门人周汝员在越中所建的新建伯祠，所用的就是蔡世新版本的像。②

蔡世新，号少壑，南康人，阳明弟子，善画人像。因所画阳明像为阳明本人喜欢，遂聘他做了幕僚，并且因阳明之赞许，而使蔡的声名远播，南昌等地都来聘他去作画。蔡世新也善于画竹，尤其是大幅的竹画得最好，而且美人像亦画得不错。关于蔡世新为阳明画像之事，邹守益、薛侃等阳明高足皆有述及。薛侃尝在《祝寿图序》中把蔡氏"传神以塑像"的过程描述地有声有色：

> 天下传吾夫子之神者，有传其有形者，有传其无形者。传其有形者，南康蔡世新是也；传其无形者，凡在门墙皆是也。而世新乃能无俟观审，而直出诸其手者，何哉？岂有形者易，而无形者难耶？曰：非然也。……故其立生祠也……是敬信尊崇南赣之民至矣。故世新传神以塑像，裹粮于章贡之街，望而绘者旬日，得其容而弗真。侃时寓谢圃亭，从假一室，窥而绘者，

---

① 朱谋垔：《画史会要》卷四，《景印文渊阁四库全书》（第816册），台湾商务印书馆2008年版，第544页。
② 参见《年谱》嘉靖十六年丁酉十月条，王守仁：《王阳明全集》，吴光等编校，第472页。

旬日得其真而弗妙。侃为白其诚,命见之。自是从于豫章,于越城,于苍梧,则恳切精专亦可谓至矣。是故传夫子之神,无俟审视而出诸其手矣,不用而丹青独妙矣。①

此段记载,比较清晰地记录了蔡世新为得阳明真容,自带干粮到"章贡""窥而绘",十多日只"得其容而弗真",通过薛侃的引见接近,而尽得阳明之神韵,从此跟随阳明先生,从南昌到绍兴再到梧州的具体经过。

邹守益在《重宿通天岩写侍游先师像谢少壑山人》中对蔡氏所画阳明像也曾有所述及:

通天岩头披云游,亹亹英俊同冥搜。阳明仙翁提心印,挥霍八极与神谋。笑呼蔡子写生绡,元精淋漓烟雾浮。二十八年建瓴水,鹤驭高驼不可留。尚余丹方悬真境,金鼎石室风飕飕。恍然真我仙翁侧,老笔不减顾虎头。古来千圣皆过影,聚散生死溟海沤。灵光一脉亘宇宙,陟降上帝君不信?写真何如识真真,脱屣轺尘娱丹邱。②

此诗作于嘉靖二十七年(1548),离蔡世新画像已有近二十年。通过邹氏的描述,阳明似乎成了"挥霍八极"的"仙翁",而蔡世新写真,亦好像是在"元精淋漓烟雾浮"中进行的。由此看来,蔡世新其人与道教似有相当密切的关系,再联想到阳明曾命蔡氏绘吕仙图等事,这样的推断也就顺理成章了。

蔡世新所绘的阳明画像很多,若根据吴庆坻的记载,有一幅阳明的燕居授书小像是蔡世新所绘,在此小像上有葛晓的跋,跋语说:"先生像为蔡世新所传者极多,惟以多故,随手辙肖,然至小者亦径尺。"③葛晓是浙江上虞人,应是晚明曾过手此画的收藏家,且

---

① 薛侃:《祝寿图序》,《薛侃集》卷五,陈椰编校,上海古籍出版社2014年版,第182—183页。
② 邹守益:《重宿通天写侍游先师像谢少壑山人》,《邹守益集》卷二十六,董平编校整理,第1233页。
③ 吴庆坻:《王守仁燕居授书小像》,《蕉廊脞录》卷七,张文其、刘德麟点校,中华书局1990年版,第200页。

与陶望龄曾有往来，①其言应可信。

那么，蔡世新所绘的阳明像究竟形象若何呢？目前所知有两件归于其名下的作品：一为上海博物馆所藏的白描《王阳明像》，作四分之三侧面像，画幅上另有"后裔王寿祁敬藏"的题识；另一件是计文渊《王阳明法书集》所录，据载藏于中国历史博物馆（今改名中国国家博物馆），为正面设色本《王阳明像》，据说也为蔡世新所绘。究竟是否为其真迹，尚难考订。但似乎两者皆为当时普遍获得接受的阳明之形象。

与白描侧面像类似的作品较多，也许正如朱谋垔《画史会要》所记，是本自蔡世新得到阳明认可的侧面像之作。如上海博物馆另藏的一本佚名《王阳明像》，或是普林斯顿大学所藏的佚名《王阳明像》，特别是邹守益等人编纂的《王阳明先生图谱》②中的大部分画图，亦均为此类侧面像。作为阳明门人的邹守益，采用的应是阳明认同的图像。因此，此图谱虽为较简略的刊本，但对于我们了解阳明学兴盛时期流行的阳明形象有极大的帮助。《王阳明先生图谱》中亦有少部分使用如设色本般的全正面形象。因此，可以推测，在当时此类正面像亦有获得弟子认同的版本，或者亦如现存题名所示，亦出自蔡世新之手。

《王阳明先生图谱》较为充分地反映了阳明门人对上述两种图像类型的执着追求。图谱中自其二十二岁开始的王阳明面目，便与晚年形貌无甚差异——除了面容消瘦、颧骨突出外，嘴唇上下以及两颊下缘均蓄须。受托为此图谱绘制其一生行谊图像的画家，无论是否为蔡世新，应该都被要求不可妄自想象阳明之容貌。甚至可以说，自阳明"成年"之后，都应一致使用"已获认证"的阳明像，似乎成为当时的共识。前引《画史会要》描述阳明对己之肖像分外讲究，曾有数十人为其画像，都无法得到他的认可。而得其认可的蔡世新，则应该说是基于广大徒众对阳明像的需求而拥有相当广泛且可靠市场的南康画师。

---

① 在陶望龄的《歇庵集》中有与葛晓往来的书信，见陶望龄：《答葛云岳》，《歇庵集》卷十二，《续修四库全书》（第1365册），第429页。
② 邹守益的《王阳明先生图谱》分别收录在《北京图书馆藏珍本年谱丛刊》（北京图书馆出版社1998年版）第43册，及《四库未收书辑刊·第四辑》（北京出版社1997年版）第17册。

在此前提下，我们便不难理解以下这段故事。在王阳明去世数十年后，茅坤曾谈道：

> 阳明先生没，而四海之门生故吏，及尝提兵所过州县蛮夷之庐，争像而事之。当是时，阳明先生之像遍天下，而豫章间所传特类甚。予还金陵，一日，考功何君吉阳刺其所为像者过予，且曰："即豫章间所善像阳明先生而名者也。"予奇而饮之，因强所为阳明先生像。酒半酣起，据席索缣，左手持觥，右手汁墨，嬉笑淋漓摹画之。点次若飞，不为经意然，顷且就。予间携之，出示所尝共先生游者，或覆其半，露其半，即能按识而呼曰："此某先生也。"噫！亦工矣。①

善像阳明先生而名者即指蔡世新，此段文字的前半段所指的像，可能是塑像或画像，但后半段的遍天下之像，既牵涉到流传，加上此文是茅坤为蔡世新所作序，所以应指画像而言。豫章即江西，何吉阳即何迁［1501—1574，字益之，号吉阳，德安（今湖北安陆）人，嘉靖二十年进士］，湛若水门人，但颇亲近阳明学。何迁晚年任南京刑部侍郎，在嘉靖三十七年（1558）任满后前往北京，②可知他跟茅坤在南京的相遇，应是嘉靖三十七年前几年的事。而在嘉靖朝的前几十年间，正好是阳明学从初兴到极盛的时候，所以随着其门人弟子遍天下，其画像流传也随之遍天下。而蔡世新凭借为王阳明画像而与阳明学者相往来，并得他们赞誉、引荐而闻名。

此事还有一段插曲，当何迁向茅坤引荐蔡世新时，在宴席上，茅坤请蔡世新即席挥毫画像，蔡世新顷刻即就，人皆能识其所画是阳明像。③茅坤颇慕阳明学术，常以未得见其冠裳容貌为恨，如今得

---

① 茅坤：《赠画像者蔡少壑序》，《茅鹿门先生文集》卷十一，《续修四库全书》（第1344册），第4601页。
② 参见黄宗羲：《南中王门学案三》，《明儒学案》卷二十七，沈芝盈点校，第618页。
③ 茅坤《赠画像者蔡少壑序》："予间携之出示所尝共先生遊游者，或覆其半，露其半，即能按识而呼曰：此某先生也。"［茅坤：《赠画像者蔡少壑序》，《茅鹿门先生文集》卷十一，《续修四库全书》（第1344册），第601页］

见其画像，遂颇为庆幸地说：

> 予尝慕先生与其门弟子诵说其道，往往以不及从之游，睹其所为冠裳容貌为恨，今乃得依先生之像类甚者，存而礼谒之，幸矣哉。①

既说"存而礼谒之"，说明不是简单地看画像而已，而是颇有崇敬礼谒之意。茅坤在看画像的同时还谈到，门人弟子不应只是礼谒画像而已，还应遵而行阳明之道。画者苦心孤诣方才得阳明像之神，门人弟子不应连画者都不如。②

四、大小挖补地③

正德十二年（1517），王阳明平定了"横左桶"的谢志珊、蓝天凤之乱后，为实现长治久安，上疏朝廷，奏请划割上犹、大庾、南康三县部分土地设立新县治。考虑到崇义县本境人口稀少，征收的钱粮赋税难以维持官府日常运转，阳明还请求："缘里分人户数少，查得南康县上龙一里、崇德一里，亦与至坪相接，缘至坪三都虽非全里，然而地方广阔，钱粮数多，堪以拆作一里，合割并属新县。"④南康县的尚隆里（即上龙里）、崇德里人丁较多，赋税充足（详见后文），王阳明于是要求将上述二里一并划割给崇义县管辖。尚隆里、崇德里合并为"尚德里"。据民国《南康县志》载："正德十二年都御史王守仁削平畲贼谢志山，奏割大庾、南康、上犹三县地立崇义县。又于南康内地内潮附近割地一处，为小挖补也；割南

---

① 茅坤：《赠画像者蔡少鏊序》，《茅鹿门先生文集》卷十一，《续修四库全书》（第1344册），第601—602页。
② 茅坤《赠画像者蔡少鏊序》曰："像，曲技也，向苟非与游之深，而求之至，习寝食，共几席，朝且夕焉，缕心才肾，有独得其神于冠裳容貌之所不及，即何以能图写冠裳容貌如是之工工矣。阳明先生之没，不知其几十年矣，抑何以肆焉，而手次之若是也。夫像且尔，况吾党弟子之诵说其道者，苟不笃志而好之，如为像者之求先生乎，其能间窃其似予戕！而况望其又有出于冠裳容貌之外者哉！嗟乎，予感君之独能，而特耻君之不如焉。"［茅坤：《赠画像者蔡少鏊序》，《茅鹿门先生文集》卷十一，《续修四库全书》（第1344册），第602页］
③ 本节内容参见罗伟谟：《"大小挖补地"之来龙去脉》，《王阳明在赣州研究专辑》（第2辑），赣州市政协2016年版。
④ 王守仁：《立崇义县治疏》，《王阳明全集》卷十，吴光等编校，第389页。

康东北边隅尚隆、崇德二里地为大挖补，并属崇义。"①1993年新修的《南康县志》也有记载："正德十四年（1519）三月，割至坪半里（隆平里）、尚隆、崇德二里（尚德里）属崇义县。"周文发在《尚德里形势古迹人物风土考》中说得更为具体：

> 崇邑有尚德里，原南康北乡之崇德、尚龙地也。有明正德十三年，王公文成承命剿平横水、桶冈诸巢寇，拨（大）余、（南）康、（上）犹三邑地以成县。大庾之永忠、南康之隆平、上犹之雁、崇俱与崇治附近，独尚德中隔上犹一县，路间百余里而亦隶焉。拨厥由来，当日，文成平寇毕事、吉安太守伍公文定领兵，由龙泉至北乡崇德、尚龙进，里中英杰出力随征，已而就崇地安扎。迨建崇城日，因附近丁粮稀少，议割增补，复将崇德、尚龙二里民地充附，爰名"尚德"，合称也，亦寓褒也。②

该地位于上犹、南康之间，与崇义县本境完全不接壤，俗称"大挖补地"。"在康邑壤中者，则有官溪、马尾及楼下诸村，俗名挖补里，虽编户尚德里，环居皆康邑沙溪堡，不接尚德里也。"③除了"大挖补地"之外，王阳明还在南康内地内潮划割了一小块土地归崇义县管辖，此地即"小挖补地"。"小挖补地"四周被南康县包围，与"大挖补地"也没有连在一起，距离崇义县治约二百里。

"大挖补地"和"小挖补地"同属崇义县尚德里。"崇自文成公奏立县治后即定疆域，国朝因之，未有增改。为地颇小，纵横不满四百里。然划疆而治，封域以内皆吾赤子，邑中乡里田塘，每纷错互异，如上犹村头插入崇仁，南康欧田间乎尚德，文英以西桂阳有籍，义安东南大庾是隶，诸如此类，难以枚举。或当时析充新县，凑泊而成；或因路通三省，盗贼出没不常，犬牙相错，得以彼此互察，相沿已久，不可考也。"④"大小挖补地"使崇义县乡里"纷错互异""犬牙相错"，出现本境、"大挖补地"和"小挖补地"一县

---

① 《地理·沿革》，《南康县志》卷一，民国二十五年刊本。
② 罗洪钰纂：《考》，《崇义县志》卷十二，清乾隆三十二年刊本。
③ 吴宗慈、辛际周编：《江西省八十三县沿革考略》，江西省文献委员会1947年版，第54页。
④ 罗洪钰纂：《疆域》，《崇义县志》卷一，清乾隆三十二年刊本。

三地的奇特现象。

"大挖补地位于上犹之北,边缘(南)康遂(川)两县;小挖补地位于南康县境内,均与崇义县本境不相连属,于行政管理上,实感不便。"①考虑到崇义县本境远离"大小挖补地",难以管治,1933年陆军第一军司令部函告(务字第47号)江西省政府,拟将"大小挖补地"划归上犹、南康两县管治。同年12月28日,江西省政府根据民政厅、财政厅的核议情形及划割意见,同意将"大小挖补地"分别划归上犹、南康管治,并函告陆军第一军司令部。1934年1月17日,陆军第一军司令部分别给上犹、南康两县县长下达训令(务字第72号):"函令仰该县长遵照办理,即将该大小挖补地分别划割接收管治,妥办具报毋延。"然而,因种种原因,陆军第一军司令部和江西省政府民政厅、财政厅的训令并没有得到立即执行。两年后的1936年9月15日,崇义、上犹两县才完成"大挖补地"交割事宜。至1937年2月,王阳明设立崇义县留下的历史问题正式得以解决,"大小挖补地"存续400多年后终于消失,"一县三地""县中之县"之奇特现象不复存在,上犹、崇义、南康成为齐整的行政区域。

王阳明这种以肥腴之地助力新县建设的治县方略,对于崇义县弭乱安民、走上治道产生了极为深远的影响。

五、南野之奠与阳明生祠②

嘉靖七年十一月(1529年1月),平定广西思、田叛乱后的王阳明,拖着病体急匆匆地往家乡赶。不幸的是,地处岭北道要冲的南康南野驿,竟成了他的殒身地。

南野驿,位于南康县城东南角,离赣州城水西驿40里,是南赣地区非常重要的一处驿站。南康历修县志中,均有南野(水马)驿位置、规模、驿丞(丁)、变迁及马匹数量等文字记录,在所绘制的图例中,也清楚标明了南野驿的具体位置和人员编制:

---

① 《崇义县属之大小挖补两地分别划归上犹南康管治》,《江西省政府公报》1934年第73期。
② 本节内容参见朱思维:《章水挽歌:王阳明先生的最后日子》,赣州市南康区政协教科卫体文化文史学习委员会主编:《良知行南埜,光明照章水——王阳明与南康》,内部资料2020年版,第175—185页;邓思喜:《旭日松德——南康王文成公生祠变迁考略》,赣州市南康区政协教科卫体文化文史学习委员会主编:《良知行南埜,光明照章水——王阳明与南康》,第186—200页。

南野水马驿,旧在儒学右傍。成化三十年,参政秦民悦易其地……建于儒学左傍。正德十四年,巡按御史唐龙檄委经历魏伦重修……(旧址)南至河岸,东至横巷,西至民房,北至钟家巷。①

南野、九牛二驿,驿丞各一人,品职与(大庾)小溪驿同,驿史各一人。②

而综合《南康地名志》及历修县志图例的记载可知,南野驿旧址应在现南康县城临章江河畔的老赣南卷烟厂临河家属房处。

据《阳明年谱》记载:

十一月乙卯,先生卒于南安。是月廿五日,逾梅岭至南安。登舟时,南安推官门人周积来见。先生起坐,咳喘不已。徐言曰:"近来进学如何?"积以政对。遂问道体无恙。先生曰:"病势危亟,所未死者,元气耳。"积退而迎医诊药。廿八日晚泊,问:"何地?"侍者曰:"青龙铺。"明日,先生召积入。久之,开目视曰:"吾去矣!"积泣下,问:"何遗言?"先生微哂曰:"此心光明,亦复何言?"顷之,瞑目而逝,二十九日辰时也。赣州兵备门人张思聪追至南安,迎入南野驿,就中堂沐浴衾敛如礼。先是先生出广,布政使门人王大用备美材随舟。思聪亲敦匠事,铺梱设褥,表里裼袭。门人刘邦采来奔丧事。十二月三日,思聪与官属师生设祭入棺。明日,舆梓登舟。士民远近遮道,哭声振地,如丧考妣。至赣,提督都御史汪鋐迎祭于道,士民沿途拥哭如南安。③

另据钱德洪《遇丧于贵溪书哀感》载:"(十一月)二十九日疾将革,问侍者曰:'至南康几何?'对曰:'距三邮。'曰:'恐不及

---

① 刘昭文纂修:《属廨·南野水马驿》,嘉靖《南康县志》卷三,《天一阁藏明代方志选刊续编》(第44册),第820—821页。
② 刘节纂修:《职制·南康县》,嘉靖《南安府志》卷十三,《天一阁藏明代方志选刊续编》(第50册),第584—585页。
③ 钱德洪:《年谱三》,王守仁:《王阳明全集》卷三十五,吴光等编校,第1463页。

矣。'"①阳明在弥留之际仍记着南康，这或许是他当年指挥平"横左桶"之战后，班师至南康县城，受到沿途百姓的"顶香迎拜"，此情此景仍历历在目的缘故吧！

据考证，大庾县青龙铺至小溪驿约30里，小溪驿至南野水马驿约60里，按常规顺水日行150里航速测算，王阳明所乘之船约在申时（下午3点至5点）抵达南野水马驿。此时，赣州兵备张思聪、赣州知府王世芳等官员已经到达南野驿，他们在南康县城章江河边候船靠岸，亲自将阳明遗体迎入南野水马驿，同时立即驿报朝廷。次日，张思聪即敦请南康木匠将王大用随船带来的上等寿材制作成棺，还与周积等人一起布置奠堂，并按古代礼服之制，袒外衣、露褐衣，为阳明沐浴擦身，周积亲自将玉（古人视玉为瑞，认为玉可护体）放入阳明口中。十二月一日，南赣巡抚汪鋐专门从赣州城赶到南野水马驿吊唁。十二月二日，张思聪、周积及赣州府推官陆府等率官属、师生一起设置奠堂，为阳明入殓铺棺。安福县弟子刘邦采昼夜兼行，赶来南野驿奔丧，与官属、师生一同设奠入殓，并协助周积、王大用等人处理后事。十二月三日，张思聪率属吏赣州知府王世芳，南安府同知何瑶，推官周积，大庾知县叶章，南安府学训导杨登玉、王圭、陈守道，南安府学廪生张绂、李节、王辂、王辅、刘爵等为阳明入殓哭奠。入殓完毕，署上犹县事、南安府经历许同朝，崇义知县祝澍，南康教谕管辅，训导刘森，南安守御千户所千户刘环，副千户俞春、周祥，阳明门人知府王銮、阳克慎②，南康乡约王秉言，各就位哭奠，以示缅怀。十二月四日，张思聪等身披麻衣，亲扶灵柩登舟，舆榇从南野水马驿运往赣州水西驿，沿途士民远近遮道，哭声振天溃地，舟所过之处，士民无不伏地哭拜。舆榇抵达赣州府水西驿时，人潮涌动，哭声一片，各家设路祭凭吊，立像祀之，如丧考妣。南赣巡抚汪鋐亲扶灵柩进入中堂，主持祭奠，并撰写祭文，以表哀思。汪鋐在祭文中称赞阳明为一代英杰，用兵具有韩信、

---

① 钱德洪：《遇丧于贵溪书哀感》，王守仁：《王阳明全集》卷三十八，吴光等编校，第1601页。按：古代邮传，一般来说20里为一邮递铺，要路则是10里一铺（亦称急递铺），60里或80里设置一所驿站。青龙铺离南康县界赤石径约60里，距"三邮"路程。
② 据《南康大门阳氏家乘》（清光绪十三年刊）载："克慎，庠生，贤北（公）下，生殁葬失考。子一：茂满。"《王阳明全集》卷三十七《世德纪·门人祭文》中录有阳克慎写的祭文，称赞阳明"有濂溪之学而能自强，有武侯之忠而能自将，有子仪之功而能自忘，有良、平之智而能自藏，真所谓文武兼资，乾坤间气，领袖后学，柱石明堂者也"。

范雎之谋略,学术兼有朱熹、程颢之教旨,并称自己继任南赣巡抚之职后,依然效法阳明治理地方之策。

南康百姓对阳明的感念,还反映在最早在南安地区修建阳明生祠这件事上。南康县"都宪阳明王公生祠",初建于正德十三年(1518)春,位于城内县学明伦堂左侧,有堂有廊,内祀阳明肖像。赖骢的《阳明王公生祠记》(又名《感恩祠集序》)对此有详细记载:

> 像成,卜地于学官之旁祠焉,拜祝有堂,牲庖有所,笾豆涤濯之具,备于民者有常。规模鼎立,当与学官相悠久矣。虽然公之勋名在天下,德业在朝廷,天子嘉之,史官书之,铭鼎彝被,声歌光昭百世,又岂系于祠之立与不立哉?盖民罔常怀,怀于有仁,吾民幸而同时者,得拜公于道次而慰所怀。后吾生者,乐乐利利于百世之下,食公之赐不识公之面,宁不致憾于我乎?是祠之立,所以系吾辈之思,亦将以慰后世之思也。祠成而士民歌咏之声汹汹洋洋,汇集成编。骢谨序以弁其端云。①

赖骢是南康本籍人,明弘治十一年(1498)举人,曾任河南开封府通判和广东都司等职。尽管赖骢在《感恩祠集序》中没有注明具体的写作年代,集本如今也已轶失,无法考证,但序言清楚记录了兴建生祠的由来以及绘挂阳明肖像于祠中的过程。在南康为阳明兴建生祠之后,南安府各县也纷纷效仿。

嘉靖十年(1531),南康知县郑衷将"都宪阳明王公生祠"迁移至城北的旭山亭旁,而将生祠原址改建为启圣公祠(文庙)。迁建后的阳明生祠,规模更宽大、宏伟。据嘉靖三十四年《南康县志》记载:"都宪阳明王公生祠"迁建旭山后,知县彭汉便代表官方开始在祠内举行正式的祭祀仪式,直到嘉靖二十五年(1546)。嘉靖二十九年(1550),教谕张缄请求在每年春秋之季为阳明举行正式的祭祀仪式,并撰《祀阳明王公礼》曰:

> 旧以祭名宦乡贤之日,县掌印官率僚属师生诣祠行礼,其

---

① 赖骢:《感恩祠集序》,刘昭文纂修:《艺文志》,嘉靖《南康县志》卷十一,《天一阁藏明代方志选刊续编》(第44册),第1111页。

礼与名宦同。今既申明当道，正其祭礼，则有常典，祭当专日，恐不可举于名宦乡贤之后，以失景仰崇报之意。祝文曰：维公建节开府，劳昭定国，武戡乱略，文开后觉，粹学崇勋，景星华岳，敬修裸献，钦哉昭卓。尚飨。①

这是南康人给予王阳明的最高礼遇，而祝文的评语也相当之高。

正是由于王阳明与南康有着较为特殊的关系，所以南康民间至今还流传着一些有关阳明的美好传说。比如据当地人说，流经唐江之犹水江底暗礁密布，船毁人亡的事故时常发生，泛滥的洪水也时常冲蚀江岸的土地，加上时常出没于犹水之上的河贼的袭扰，远近百姓不堪其扰的同时都以为有水妖作怪。当地著名的宝台寺②住持方丈遂恳请王阳明留下墨宝，以借其威名神力保一方百姓平安。嘉靖七年十一月初八这天深夜，前来求字的宝台寺住持见不能入睡的王阳明还独立庭中仰察天象，就请阳明挥毫题字，阳明于是欣然挥就"中流砥柱"四个大字，匾于殿门之上。自此以后触礁事故与泛滥洪水竟奇迹般地大为减少了，唐江百姓对此深为感怀，所以这个传说也在当地经久不衰。该地匾额今仍在，但据专家辨识，并非阳明真迹。尽管如此，这一传说也至少能够证明当地百姓对王阳明的崇敬和怀念并未因时光的流逝而消失。

六、谭邦建城

谭邦村又叫谭邦城，位于今南康区北部坪市乡，是一座非常奇特的村城。它依山拥水，面临田畴，整个村落条石围城，东南西北四大门楼高筑，极像赣州古城格局。村内街巷幽深，祠堂齐整，古井清澈，老塘碧透，又有庭院学堂，家庙义仓，鳞次栉比，处处俨然。

据谭氏后人说：王阳明平定南赣"贼寇"时，自小武功卓绝的谭邦族人谭乔彻曾积极参战。他遵照阳明密令，到桶冈蓝天凤部卧

---

① 刘昭文纂修：《礼制志》，嘉靖《南康县志》卷四，《天一阁藏明代方志选刊续编》（第44册），第843—844页。
② 原名宝台山寺，因曾供奉康王、天后故又名康王庙、天后宫，亦曾名沙（石）角庵、石阁庵，位于南康唐江镇上犹江畔的石板头街，相传始建于隋唐时期，明清盛极一时，2010年重建。

底，在桶冈战斗中里应外合，协助官军一举剿平蓝天凤，故而得到阳明的大力举荐并封许功名。但谭乔彻不愿做官，回到山野故乡，被特许按当时赣州城形制，建成面积达0.5平方公里的谭邦城。这就是谭邦代代相传的村城之来历。民间还传闻，谭邦城由王阳明亲自勘定风水，并派南康县丞舒富亲自督造。

民间传说往往是根据一定史实，经过演绎加工而成的。对于民间传说，不必从学术的角度去作严密考证，以免失去民间传奇之意趣。但透过民间传说和历史遗存，我们还是可以部分还原历史、推测往事的，谭邦城的故事也不外乎如此。

王阳明于正德十二年（1517）正月十五日到达赣州，行使南赣巡抚职权。随后，他发布《巡抚南赣等处通行各属》，其中第二条即是"案行各兵备官选拣民兵"。在这条公文中他要求兵备官拣选民兵，并将突出者委任为将领。谭乔彻等人很有可能就是在这次招募中被选中的"骁勇绝群，胆力出众"之士。

关于谭乔彻其人，谭邦村五修《谭氏族谱·乔彻公传》是这样记载的：

> 明正德十三年，江西上流溪壑中曰桶冈洞，叛逆盘踞，出没莫测，大庾、上犹、南康三邑民物受害。虔院王守仁奉命征讨。当是时也，主之者王公，而佐之者其惟我祖乔彻。

笔者未能在《南康县志》《南安府志》等相关史料中查证到谭乔彻的事迹，只在黄绾序刊本《阳明先生文集》别录卷八《巡抚南赣征剿横水桶冈等巢贼始末》（共44条）的第18条，即正德十二年（1517）十月初十发布的《分委赣州府知府邢珣等统哨》中可以找到有关谭乔植的记载。文中记录了主要来自金坑、思顺、过步、童子里、北乡、石塘等10个地方的震字营官兵之组成，其中即有"北乡刘叔斐、钟闰珠、谭乔植等三百名"这样的记载。

从上述记载看，震字营中的官兵，主要来自十个地方。金坑、思顺、过步在今天崇义县北部，童子里在上犹县，北乡、石塘在南康县。其中有"北乡刘叔斐、钟闰珠、谭乔植等三百名"。南康北部区域常被称为"北乡"，坪市及其所属的谭邦就在北乡范围内。刘、钟、谭是坪市定居当地较早的宗族，迄今也是该乡人口最多的三大姓氏。刘叔斐、钟闰珠、谭乔植三人很可能是从地方上招募的将领。记录中的"石塘弩手严均显等五十名",与现在唐江镇新建村(当地叫石塘)大姓严氏也相符。关于南康乡民参加王阳明平乱的记载还有多处,如:

> 王溥霖,南康人。正德间王文成征拳,溥霖杖策谒见,纠合族里愿从军者,奋击贼,斩获二十余级,恃胜不虞。次日遇伏,陷没,文成书匾旌之。
>
> 蓝成鹏,南康人。有智勇才略。充义士,在王文成幕下,剿信丰战死于阵,文成亲书"忠义"二字为额,遣官祭之。妻邓氏,守节终其身。①

至于谭邦建城之事,《南康县志》《南安府志》等史志中并未见到相关记录,但在《南安府志》中有大庾峰山城、杨梅城、凤凰城及上犹营前城等多处村城之记载,比如:

> 新田城,在大庾县北四十里。嘉靖四十四年建,周围一百一十七丈,东、西二门内有官铺。
>
> 凤凰城,在新田城五里,近凤凰山,故名。嘉靖四十四年乡民建。
>
> 杨梅城,在凤凰城西十里。嘉靖四十四年乡民建。
>
> 小溪城,在杨梅城北十里,小溪驿在焉。嘉靖三十五年乡民建。
>
> 九所城,在小溪东五里。原有屯军耕种其中,嘉靖四十四年屯军筑,今废。
>
> 峰山城,在小溪北十五里峰山里。民素善弩,明正德十一年,都御史王守仁选为弩手,从征猺寇,事宁,民恐报复,诉恳筑城。

---

① 黄鸣珂修,石景芬纂:《宦迹志》,同治《南安府志》卷十六,清同治七年刊本。

这些村城修建的时间,都是王阳明南赣平乱之后的嘉靖年间修筑的。它们的共同特点是:民建或屯军筑,宜军宜屯,具有防御贼寇报复的功能。关于战后谭邦建城,族谱上是这样记录的:

> (谭乔彻)公不以倖进为荣,与其有荣于身,孰若无忧于其心,弟念我先人世居所在,邻境接壤,保无遗子姓忧幸甚。于是还令于王公。王公复命于天子,奏请敕建谭邦城,为一姓保境。①

因此,谭邦城虽然是由谭氏村民自发建造,但理应得到了王阳明的批准、肯定甚至支持,而且是符合王阳明维护南赣山区特别是维护崇义县一带社会秩序稳定的政治和军事目的的。

从整个构造来看,谭邦古城的军事防御功能特别明显,角楼箭垛,城门高墙,城墙高达一丈八,厚达丈余,城内面积约一万平方米,城内挖有池塘,以防敌人久围和火攻,各种战术配置基本具备。城中建有"中和堂""孔发堂"等几处大型祠堂,从建筑装饰上看,极类明代简洁实用的风格。这些祠堂,平时供族人祭祖聚会,战时可为军事会议和召集族丁的场所。

王阳明在南赣地区推行的《十家牌法》规定:从保甲中"拣选民兵","将所属各县捕快,通行拣选,委官统领操练"。谭乔彻作为一个有过作战经验、武艺高强又有军功在身的"退役军官",让他来做民间保甲首领,在谭邦村或者附近村寨中挑选村丁作民兵,闲时"维稳",战时上阵,这是保乡安民的最合适人选。谭邦城作为一个功能突出的军事据点,具备了防御的各项功能,自然是作战指挥点的不二选择,如果在崇义地区再度发生"贼寇"死灰复燃的局面,他们可以迅速增兵,驰援官军。另外从地理上看,南康县呈狭长地带,县城远在南部,北部最远处的隆木乡离县城有100多里,谭邦城作为一个准军事设施,维持以谭氏族丁为主的团练保丁的存在,对维护南康北部山区诸乡村的安全稳定,也具有重要的军事价值。所

---

① 五修《谭氏家谱》之《乔彻公传》,赣州市南康区坪市乡谭邦村藏。按:该传记系谭乔彻族侄曾孙谭培家于乾隆十一年所作。

以谭邦城的修筑,不单单是回报谭乔彻军功的设施,还有更多维稳与军事威慑的考量。这就是谭邦城的真正价值。

(吴荣康撰稿)

第二编 阳明学与赣中及赣东北地域文化

阳明学在吉安

黄宗羲所谓的"阳明一生精神，俱在江右"①，实尤以吉安地区为重。王阳明本人在吉安任职和停留的时间并不长，但吉安地区的追随者众多——吉安府的阳明亲传弟子数量居全国首位，著名的江右王门学者主要来自吉安府。另外，泰州学派代表人物颜钧、何心隐分别为吉安府永新县和永丰县人。正是众多阳明学者的努力，使阳明精神在吉安影响广泛，深入人心。本书已设专章介绍安福、泰和两县的阳明学，所以本章主要叙述阳明学在庐陵、吉水、永丰、永新四县的传播、发展情况。

一、王阳明与庐陵

阳明精神在吉安地区能够广泛传播、深入人心，首先是因为这里有着阳明学的传播和发展的肥沃土壤。自宋代以来，吉安地区的文化教育事业发达，理学繁荣，素有"文章节义之邦"之美誉；其次是因为宗族势力强大，宗法关系严密，为阳明学创造了聚集人气的有利条件。万历《吉安府志》称：

> 自唐颜真卿从事吉州，铿訇大节，诵慕无穷。至欧阳修一代大儒，开宋三百年文章之盛，士相继起者必以通经学古为高，以救时行道为贤，以犯颜敢谏为忠。家诵诗书，人怀慷慨，文章节义遂甲天下。故家世胄，族有谱，家有祠，岁时祭祀必以礼。长幼之节，疏不间亲，贵必下贱，苍头臧获，长子孙数十世，名义相续属不绝。家范肃于刑律，乡评严于斧钺。②

正德五年（1510），王阳明结束了贵州龙场的贬谪生活，赴任

---

① 黄宗羲：《江右王门学案一》，《明儒学案》卷十六，沈芝盈点校，第331页。
② 余之祯总修，王时槐纂修：《风土志》，万历《吉安府志》卷十一，汪泰荣校点，中华书局2018年版，第196—197页。

庐陵知县。自以为已找到成圣门径的他,对此次上任可谓踌躇满志。不过,要治理好庐陵,也绝非易事。庐陵县驻地在吉安府城。吉安虽然是著名的文章节义之邦,但当时的庐陵与全国一样,政治腐败黑暗,民众负担沉重,社会矛盾重重,且有其自己的表现特征,显得尤为复杂。面对严峻的形势,王阳明亲民爱民,励精图治,勇于担当,虽然任职仅七个月,却成效卓著。据《阳明年谱》记载:

> 先生三月至庐陵。为政不事威刑,惟以开导人心为本。莅任初,首询里役,察各乡贫富奸良之实而低昂之。狱牒盈庭,不即断射,稽国初旧制,慎选里正三老,坐申明亭,使之委曲劝谕。民胥悔胜气嚣讼,至有涕泣而归者。由是囹圄日清。在县七阅月,遗告示十有六,大抵谆谆慰父老,使教子弟,毋令荡僻。城中失火,身祷返风,以血禳火,而火即灭。因使城中辟火巷,定水次兑运,绝镇守横征,杜神会之借办,立保甲以弭盗,清驿递以延宾旅。至今数十年犹踵行之。①

"为政不事威刑,惟以开导人心为本"是儒家的一贯理想追求,但理想与现实的距离可不是一星半点。悟道之后的王阳明励精图治,努力将理想落到实处,虽然任职只有七个多月,却也取得了巨大成功,获得庐陵士民的广泛尊敬和爱戴。

庐陵民风中的一个非常严重而棘手的问题是"好讼"。庐陵人崇尚气节,同时也就意味着要求在任何事情上都必须明确地区分出是非曲直,在任何情况下都必须坚守立场,决不妥协。人世间的各种利益关系本来就错综复杂,加上宗族势力发达,宗法组织严密,使得各种矛盾更加复杂。作为"文章节义之邦",人们更愿意通过诉讼而不是武装械斗解决问题,这是庐陵"好讼"之风形成的重要原因。

"好讼"既为国家政府所不容,也与儒家理想相悖,严重侵蚀和破坏着社会秩序的稳定,甚至会威胁到地方官员的政治生命。王阳明到任后,很快收到成百上千的诉状,他不得不面对这一棘手问题。经过调查研究,王阳明发布了他到任庐陵知县后的第一份告谕:

---

① 钱德洪:《年谱一》,王守仁:《王阳明全集》卷三十三,吴光等编校,第1356页。

庐陵文献之地，而以健讼称，甚为吾民羞之。县令不明，不能听断，且气弱多疾。今与吾民约，自今非有迫于躯命、大不得已事，不得辄兴词。兴词但诉一事，不得牵连，不得过两行，每行不得过三十字。过是者不听，故违者有罚。县中父老谨厚知礼法者，其以吾言归告子弟，务在息争兴让。呜呼！一朝之忿，忘其身以及其亲，破败其家，遗祸于其子孙。孰与和巽自处，以良善称于乡族，为人之所敬爱者乎？吾民其思之。①

这份告谕入情入理，且恩威并用，有相当的感召力。但移风易俗显然不是一个告谕所能实现的，既需要有一套行之有效的制度措施，更需要有一系列亲民爱民、感化人心的行为举措。

第一，王阳明恢复了明初建立但此时业已名存实亡的"申明亭"和"旌善亭"制度。他要求里老、家长和宗族首领负起教化乡民的责任，加强对子弟的管束和教育，形成良好的舆论氛围和强大的社会舆论力量。第二，王阳明健全强化了里甲制度的治安功能，要求居民平时要与邻里和睦相处，如遇贼盗，则相互救援。第三，王阳明基于本地传统，颁行了新乡约，要求民众严格遵守。

这些制度措施取得了良好效果，但真正使民众信服，并获得广泛尊重和爱戴的，是王阳明的以下三项亲民爱民、感化人心的行为举措。

一是防火。当年庐陵大旱，火灾频发，城内大量房屋被焚毁。王阳明调查后发现，庐陵城民居建筑的材料、结构和布局不合理是火灾频发且损失惨重的重要原因。经与地方士绅讨论，王阳明决定进行大规模的城市改造，拓宽街道，建立火巷，临巷居民建筑砖墙，城中大量打井，作为消防水源。王阳明的这些政策措施，收到显著效果，对此后吉安城的建设影响深远。

二是赈灾救民。当年庐陵疫病流行，人人唯恐躲避不及，病人往往病死饿死而得不到及时处理救治，形成恶性循环。王阳明一方面按地方传统习俗，举行仪式，祈求上苍和四方鬼神保佑民众，同时送医送药下乡，动员各方面力量赈济灾民。他还发布告谕，教育

---

① 王守仁：《告庐陵父老子弟》，《王阳明全集》卷二十八，吴光等编校，第1130页。

民众父慈子孝，相互扶持。

三是要求免除本地民众的不合理负担。王阳明到任后，发现庐陵民众负担沉重，各种不合理的摊派非常多，民众负担是赋税原额的三倍多。尤其是葛纱上贡一项更令民众苦不堪言。庐陵本地不产葛纱，政府却要求民众收买葛纱上贡，地方官只能根据田赋原额加派买布银两。王阳明得知详情后，不计个人得失，向吉安府和江西布政使司呈交《庐陵县为乞蠲免以苏民困事》，要求免除一切不合理的负担。在他的努力下，庐陵县的加派银两一概蠲免，城乡一片欢腾。

王阳明在庐陵，虽励精图治，但也并非忙忙碌碌，而是举重若轻，湛若水甚至说他是"卧治六月"。闲暇之余，王阳明会前往风景秀丽的青原山。

青原山位于吉安城东南，山上静居寺是禅宗七祖行思的道场。王阳明常与净居寺僧人谈经论道，与地方士子一起在寺中静坐，以体悟心体和圣人之道。从此，青原山和净居寺在王阳明心目中成为一种圣洁般的存在，更成为阳明后学者举办讲学讲会活动的重要场所。

王阳明任职庐陵知县近五个月后，刘瑾伏诛，结束了其罪恶的一生。王阳明决定提前前往北京"朝觐"，寻求平反。临行之前，王阳明发布了情真意切的告谕：

> 县令到任且七月，以多病之故，未能为尔民兴利去弊。中间局于时势，且复未免催科之扰，德泽无及于民，负尔父老子多矣。今兹又当北觐，私计往返，与父老且有半年之别。兼亦行藏靡定，父老其各训诫子弟，息忿罢争，讲信修睦，各安尔室家，保尔产业，务为善良，使人爱乐，勿作凶顽，下取怨恶于乡里，上招刑戮于有司……县令且行矣，吾民其听之。①

庐陵知县的生涯虽然不长，但对王阳明的政治生涯和思想发展的影响巨大而深远。庐陵知县是王阳明"龙场悟道"后出任的第一个职务，也是王阳明一生担任的唯一一个地方行政主官。他励精图

---

① 王守仁：《告庐陵父老子弟》，《王阳明全集》卷二十八，吴光等编校，第1134—1135页。

治，充分显示了亲民爱民的情怀，获得了庐陵士民的尊敬和爱戴，不仅为他以后治理南赣积累了富贵的经验，更为他后来平定宁王之乱奠定了重要基础，同时也为吉安后来成为阳明学的传播中心奠定了基础。

王阳明离开庐陵前往北京"朝觐"，很快获得平反，职务不断升迁，直到正德十二年（1517），才再次来到庐陵。这一年，王阳明奉命以都察院左佥都御史巡抚南赣汀漳等处，途经吉安。军旅匆匆，他没有在吉安停留，但船行至吉安府万安县时，发生了一桩意外事件，据《年谱》记载说：

> 先生过万安，遇流贼数百，沿途肆劫，商舟不敢进。先生乃联商舟，结为阵势，扬旗鸣鼓，如趋战状。贼乃罗拜于岸，呼曰："饥荒流民，乞求赈济！"先生泊岸，令人谕之曰："至赣后，即差官抚插，各安生理，毋作非为，自取戮灭。"贼惧散归。①

后来王阳明仅用一年多的时间，就平定了盘踞南赣地区多年、为害一方的"山贼""匪乱"，这为他赢得了巨大的声誉，更向世人证明了其心学的价值。王阳明在南赣大力"破山中贼"的同时，致力于"破心中贼"，即使在紧张的军事活动中，也把讲学视为首务。大批吉安士子奔赴赣州，拜他为师，后来人数众多，影响巨大而深远的江右王门便是由此逐步形成的。

正德十四年（1519）六月，宁王朱宸濠在南昌起兵发动叛乱。王阳明是在前往福建平定士兵哗变的途中，即行进到丰城时获悉宁王叛乱的消息的。王阳明毅然置"九族之祸"于不顾，立即决定举兵平叛。他折回吉安，以吉安为根据地组织平叛。

王阳明在吉安士民心目中的地位崇高，他到达吉安后，"入城抚慰军民，督同知府等官伍文定等调集兵粮，号召义勇。又约会致仕乡官右副都御史王懋中、养病评事罗侨等，与之定谋设策，收合涣散之心，作起忠义之气"②。吉安士民纷纷从四处奔赴王阳明麾下，为平叛出谋划策，并成为反叛的先锋队和主力军。

---

① 钱德洪：《年谱一》，王守仁：《王阳明全集》卷三十三，吴光等编校，第1366页。
② 王守仁：《飞报宁王谋反书》，《王阳明全集》卷十二，吴光等编校，第435页。

王阳明迅速平定了宸濠之乱，避免了明王朝的一场巨大的政治动荡，有安定社稷之功，却也因此招致了许泰、张忠等宵小的忌恨，从而陷入了巨大的政治漩涡之中，遭遇到各种明枪暗箭，历经磨难。除了宵小的忌恨和陷害外，与王阳明较为友好的南昌同僚如唐龙等人也恪守程朱，反感他的标新立异。王阳明决定以处理全省事务的名义，离开南昌，前往赣州。中途于正德十五年（1520）六月十八日，再次抵达吉安。

　　王阳明一抵达吉安，吉安府城各级官员和士绅民众纷纷前来拜见。他们在纪念以正气闻名天下的文天祥的祠庙——文山祠举行大规模宴会，隆重欢迎王阳明的到来。第二天，在吉安地方官员和邹守益等人的陪同下，王阳明又一次来到青原山。在众人陪同下，他兴致勃勃地欣赏完青原山的美景后来到静居寺。众人一同欣赏黄庭坚游青原山时的诗作，王阳明应吉安推官王暐之请，赋诗和黄庭坚，并刻于石碑，留下了著名的《青原山次黄山谷韵》诗碑。①

　　王阳明赋诗后，众人随即唱和。阳明叮嘱邹守益等人，应当把青原山建设成为研究和传播其良知学的基地。邹氏等人不负重托，后来创办了青原讲会，成为全国研究和传播阳明学的中心。

　　王阳明最后一次来到吉安是嘉靖六年（1527）十月，那是他奉命总督两广，前往平定广西之乱的途中。由于军务在身，王阳明只能在吉安城外的螺川驿稍作休息。因提前几天已获悉王阳明即将抵达吉安的消息，当地的阳明学者彭簪、王钊、刘阳、欧阳瑜等人即率三百多人在螺川驿等候。王阳明见面后教导他们说，致良知说并不玄妙，关键在于面对自己的本心，切不可文过饰非，刻舟求剑。并且反复叮嘱："工夫只是简易真切。愈真切，愈简易；愈简易，愈真切。"②

　　王阳明与庐陵县关系如此密切，地方上自然有大批追随者。不过，庐陵县并没有产生全国很著名的阳明学者。据地方史志文献记载，庐陵县的阳明亲传弟子有刘冕、周禄、梁廉三人。

　　刘冕（勉），字文中，府学生，博览群书，淹贯百家，后觉得读书的目的应当是追求崇高的精神境界，而不是博取利禄，于是放

---

① 诗见王守仁：《青原山次黄山谷韵》，《王阳明全集》卷二十，吴光等编校，第858页。
② 钱德洪：《年谱三》，王守仁：《王阳明全集》卷三十五，吴光等编校，第1445页。

弃科举考试，转而服膺阳明学。他和兄长刘铬卖掉田产，筹措资金，一起前往余姚拜师王阳明。王阳明对他很是器重，并帮他改名字为"勉"。王阳明去世后，刘冕服心丧三年。刘冕和聂豹关系密切，聂豹遭遇牢狱之灾时，刘冕陪聂豹前往北京，照顾聂豹三年。聂豹平反并官升兵部尚书，推荐刘冕为官，刘冕坚决拒绝。刘冕尝曰："忧贫，则忧道之心亦贫；忧道，则为贫之心亦道。"认为道德理想和人生境界的追求具有至关重要的意义。问题的关键，在于务实践履，身体力行，而不是在学理上深究。①

周禄，字以道，为王阳明亲传弟子，以"见过"为宗。以贡士历青阳训导、黄冈教谕。笃志精修，尝静坐一室，或数月不出，人莫窥其际入。聂豹任兵部尚书，聘任周禄任教职。晚年回乡积极参与组织阳明学讲会活动，著有《〈大学〉约言》。②

梁廉，号定斋，以道自任，主讲会稽时，与余姚、徐珊等人一起师从王阳明。后出任辰州府通判。徐珊以先一年到任同知，建修道堂于虎溪。梁廉到任后，谒阳明祠，又据王阳明诗句"林疏地底见江流"在祠侧构一轩，名"见江轩"，益会士人相与讲论，由是阳明之学大昌于辰州。③

庐陵县的阳明亲传弟子不多，但再传与私淑弟子不少，其中以陈嘉谟最为著名。

陈嘉谟（1521—1603），字世显，号蒙山，早年与王时槐一起拜师安福刘文敏。嘉靖二十六年（1547）进士。历官泸州推官、户科给事中等。因不愿依附严嵩，出任四川按察司副使。后起用湖广布政司左参政，不赴任而请求致仕。回乡后，致力于传播和弘扬阳明学，积极参与组织青原讲会，并与王时槐等人一起创办西原讲会。他尤其推崇同门同年的王时槐，凡来向他问学者，均建议拜师王时槐，其谦虚精神，时人甚为敬佩。著有《初堂稿》四卷、续集二卷。④

---

① 定祥等主修，刘绎等纂修：《人物志·儒林》，光绪《吉安府志》卷三十一，汪泰荣校点，中华书局2014年版，第1203页。
② 定祥等主修，刘绎等纂修：《人物志·儒林》，光绪《吉安府志》卷三十一，汪泰荣校点，第1203—1204页。
③ 参见王兴国：《王阳明及其弟子在湖南的活动情况略考》，《浙江学刊》1997年第6期。
④ 定祥等主修，刘绎等纂修：《人物志·儒林》，光绪《吉安府志》卷三十一，汪泰荣校点，第1205页。

彭炳文，字一蔚，以贡生授沔阳训导。既宗良知，更为躬行之学。其行曰："学，悦事也。自学以悦，此独知之慊也。"著有《正学编》《洗心亭集》《礼经会要》等。①

郭育显，字笔峰，弱冠补诸生，两中副榜，感叹道："举予家言，仕宦梯航耳，尧舜可为先贤，岂欺我哉？"遂开始研究圣贤之学。在研读王阳明《传习录》时，很有感悟，与王时槐、陈嘉谟等人一起组织西原讲会，共同探究良知学。尝曰："一坐之顷，妄念递起，无风而浪，无枝而蔓，所谓'人心惟危'，急需一觉。""今人每认情为性，认任情为率性，狂澜倾矣。"②

需要强调的是，王阳明再传弟子，安福人王时槐曾为庐陵县培养了大批阳明学人才，其中以陈锺、贺泹、刘叔鳌、萧甲登等最为著名，兹不一一介绍。这些人都为阳明学在庐陵大地的广泛传播并深入人心做出了不可替代的贡献。

二、青原讲会

中晚明的王学讲会，是传播和弘扬阳明学的组织形式和重要平台。最早的阳明学讲会是嘉靖四年（1525）由浙中阳明学者在余姚发起的中天阁讲会。次年，安福县的阳明学者刘晓、刘文敏、刘邦采等人便参照中天阁的讲会模式而组织了惜阴会。这是吉安地区最早的阳明学讲会。在安福惜阴会的影响下，吉安府其他各县的阳明学者又陆续创办了许多阳明学讲会。吉安的阳明学讲会，无论是规模和影响，在全国都是首屈一指。王畿称：

先师倡明此学，精神命脉，半在江右。故江右同志诸兄传法者众，兴起聚会，在在有之，虽未能尽保必为圣贤，风声鼓舞，比之他省气象，自别，不可诬也。③

---

① 定祥等主修，刘绎等纂修：《人物志·儒林》，光绪《吉安府志》卷三十一，汪泰荣校点，第1205页。
② 定祥等主修，刘绎等纂修：《人物志·儒林》，光绪《吉安府志》卷三十一，汪泰荣校点，第1205页。
③ 王畿：《与三峰刘子问答》，《王畿集》卷四，吴震编校整理，凤凰出版社2007年版，第80页。

庐陵县影响最大的是西原惜阴会,由王时槐和陈嘉谟共同主持创办。王时槐虽然是安福人,但他长期住吉安府城。隆庆元年(1567),王时槐和陈嘉谟等人商定,"以每月偕郡城同志诸友举会于能仁寺,以十一至十三为期,特请周罗山公,刘见川公枉教"。至万历十四年(1586),"门人贺汝定、刘文光、曾中甫等,始议倡集九邑诸友,每年九月为西原大会,以十七至二十一日为期"。次年,王时槐"始倡诸友敛金,共建体仁堂于能仁寺法堂之左,扁其门曰西原会馆……置田供会"。① 西原惜阴会有较为严密的组织性,参加者必须加入"会籍",时槐等人还制定了十七条会规,规定每年举行小会八次,每次三天左右,主要由庐陵本地学者和士绅参加;每年九月举行一次大会,集吉安府九个县的阳明学者参加,规模常达千人之多,在当地产生了很大的影响力。

除西原惜阴会外,庐陵其他地方也建立了不少小型的家族式讲会。王时槐本人在万历元年(1573)"始立家会,每月以望日,集家庭兄弟子弟子侄会于家,一以孝悌慈祥勤勉"。② 油田彭氏家族的惜阴会,聚会往往并不限于家族成员,如嘉靖十三年(1534)八月在广法寺举办的讲会,"其族之长幼预者四十有四人,其姻邻预者十有四人,吉水二人,安福十有三人,会五日而毕"。③ 在地方上颇有影响。

吉安最重要、最著名的阳明学讲会是青原讲会。它不仅是江右王门的大本营,也会聚了江西各府和省外的阳明学者,成为规模最大、持续时间最长的阳明学讲会。

嘉靖十二年(1533),邹守益辞官回安福后,立即和刘邦采等人一起联络吉安府各县的王门领袖,倡导各县的阳明学讲会联合起来,组织全府性质的大型讲会。经过各方共同努力,同年七月,第一次全吉安府规模的阳明学讲会在青原山净居寺隆重举行。

邹守益等人将讲会地点定在青原山净居寺,主要原因有三:第一,王阳明与风景秀丽的青原山和净居寺有着不解之缘。早在正德十五年(1520),王阳明就叮嘱邹守益等人,希望把青原山建设成为

---

① 王时槐:《王塘南先生自考录》,《王时槐集》,钱明、程海霞编校,上海古籍出版社2016年版,第657、663—664页。
② 王时槐:《王塘南先生自考录》,《王时槐集》,钱明、程海霞编校,第660页。
③ 邹守益:《书广法文会题名》,《邹守益集》卷十七,董平编校整理,第823页。

传播良知心学的基地。嘉靖八年（1529）阳明去世后，在青原山净居寺举办阳明学讲会，既能高举王阳明的旗帜，实现王阳明的遗愿，又有利于传播阳明学，提高本地乃至省内外王门学者的凝聚力和影响力。邹守益称："嘉靖癸巳七月既望，同志咸集于青原，以从事于君子之学。东廓子守益喟然叹曰：'兹会也，先师尝命之矣，乃今十有四年，始克成之。'"①第二，青原山位于当地政治、文化中心的吉安府城旁和赣江之滨，有相当的号召力，各地参会者从陆路和水路前往也都比较方便。第三，作为著名的禅宗道场，这里房舍较多，能够为众多的参会者提供食宿保障条件，非常有利于人们专心致志地切磋学问，养心修性。

第一次青原阳明学讲会的成功举行，给了人们把青原讲会办成全府乃至全国传播和弘扬阳明学之基地的信心。邹守益等决定每年春季和秋季各举办一次。第二年规模更大的青原讲会如期举行，不仅江右王门的代表性人物如邹守益、聂豹、罗洪先等人积极参与，几乎所有的地方上稍有名望的士绅也都参加了，"凡乡大夫在郡邑者皆与会焉"；"同志再会于青原，二百余人"。②极大地提升了江右王门的凝聚力和影响力。欧阳德曾评论说：

> 闻欲与东廓为青原之会，甚善甚善。道之不明，大率朋友离索之故，二公会于青原，四方同志必闻风而来矣，岂惟自成自道，将其所及其亦广矣。③

青原阳明学讲会最初只有与吉安府治相邻的五个县的王门学者、士绅及部分宗族领袖参加，后来很快扩大到吉安府所辖的全部九个县。随着阳明学讲会的持续举办，影响迅速扩大，后来该讲会又得到了江西其他州县（主要是赣州和抚州）王门学者的大力支持和积极参与。据邹守益说："敝邑惜阴之会举于各乡，而春秋胜日，复合九邑及赣、抚之士会于青原，交砥互砺，甚有警发，乃知吾辈工夫，须有必为圣人之志，则精神命脉纯真不杂，而穿衣吃饭步步皆

---

① 邹守益：《青原嘉会语》，《邹守益集》卷八，董平编校整理，第441页。
② 邹守益：《录青原再会语》，《邹守益集》卷八，董平编校整理，第444页。
③ 欧阳德：《答聂双江》，《欧阳德集》卷一，陈永革编校整理，第30页。

实学。"①不仅如此，江浙地区的王门学者也不远千里踊跃赴会，比如当时浙中王门的领袖人物钱德洪、王畿即几次率领他们的弟子不远千里前来赴会。钱德洪说："戊申（嘉靖二十七年，1548年）与龙溪赴青原复古会，今九年而再至。穷乡邃谷，田夫野老，皆知有会，莫不敬业而安之。"②钱德洪、王畿等人不但热衷参加青原讲会，还对青原讲会的维持和发展十分关注。

关于青原阳明学讲会的具体内容，留下来的记载很少。据邹守益说，讲会主要是探讨"君子之学"。现有文献资料表明，青原讲会通常先由某一名师宿儒发表演讲，就儒学经典上某一章节或某论断，用阳明学理论进行解释，然后对照日常工作和生活中所遇到的实际问题，提出相应的解决方法。主旨演讲后，大家再讨论交流，或提出某些学问上的疑难问题供与会者讨论；或就日常工作和生活中的惩恶扬善、致良知功夫等问题进行交流，并展开批评与自我批评，找出自己的不足，汲取他人的经验，以求提高自己的道德修养水平和对家庭、家族及乡村民众的教化和管理能力。罗洪先说："（青原讲会）每日升堂，诸君发明良知与意见之害，退则各就寝所商榷，俱夜分乃罢。"③总之，青原阳明学讲会强调的是生活体验和道德实践，可以争鸣讨论，但拒绝空谈，拒绝以讲词言说争胜，以期真正起到"诱掖奖劝，砥砺切磋"的作用。

随着邹守益、欧阳德、聂豹和罗洪先等第一代江右王门的领袖人物的相继谢世，吉安地区的阳明学讲会活动受到了不小影响，尤其是张居正于万历七年（1579）下令禁毁私人书院，禁止私人讲学，更对吉安地区的阳明学讲会造成了严重打击，青原阳明学讲会陷于停顿。但此时阳明精神业已深入人心，即便在青原阳明学讲会陷于停顿期间，吉安各地的阳明学讲会也并未完全停止，往往是换一种形式而继续存在。张居正失败后，邹元标上书恢复书院讲学，得到认可。在本地阳明学者尤其是邹守益的两个孙子——邹德涵、邹德溥的努力下，吉安的阳明学讲会活动重新开展起来，青原阳明学讲

---

① 邹守益：《简方时勉》，《邹守益集》卷十，董平编校整理，第504页。
② 钱德洪：《惜阴会语》，《徐爱 钱德洪 董沄集》，钱明编校整理，凤凰出版社2007年版，第177页。
③ 罗洪先：《夏游记》，《罗洪先集》卷三，徐儒宗编校整理，凤凰出版社2007年版，第67页。

会亦迅速得到恢复。

青原讲会一直借用净居寺和相邻的祠堂、民居作为场所，经费主要依靠组织者和参与者的捐献。但这并不是长久之计，成百上千号人汇聚一堂，讨论切磋，与佛门的清静要求存在着显著矛盾，有可能与寺庙的佛事活动发生冲突。净居寺的住持通常会因为讲会组织者的巨大社会威望和权势，愿意接受讲会在本寺举行，但如果住持强势，也有可能和理由予以拒绝。另外，依靠组织者和参与者的临时捐献也确实难以长期有效地保障青原讲会的顺利进行。于是，为讲会建设一个固定的场所、开辟稳定的经费来源，便成为后继者们一个必须解决的问题。此事其实邹守益等人早有计划，只是因为各种原因才停止了筹建工作。青原讲会恢复后，在吉安府地方官员的大力支持下，不久便建成了青原会馆，使讲会从此有了固定场所。

青原会馆就建在净居寺的僧舍旁边。作为传承和弘扬阳明学的基地，青原会馆由五贤祠和传心堂两部分构成。五贤祠祀王阳明，配享邹守益、聂豹、欧阳德、罗洪先。为使会馆能够顺利运行，确保讲会活动的持续开展，青原会馆还购置了400亩良田，以田租作为会馆运行和开展王学讲会的经费来源和保障。尽管如此，青原会馆依然不能满足举办讲会之需要，还得要借用净居寺的僧舍。万历四十三年（1615）入主净居寺的真元禅师坚持"佛不可湮，祖庭不可荒"的原则，要求青原会馆迁出。当时主持讲会的邹元标和郭子章等人也认为讲会长期依附于佛教寺庙确实不妥，又鉴于寺庙有所损毁，现有会馆规模已不能满足讲会需要，遂决定修缮净居寺，重建青原会馆。后在各方的共同努力下，在净居寺外入山口、翠屏山之南、待月桥旁顺利建成了新馆。

不过，此时阳明学在全国范围已走向衰微，青原阳明学讲会活动自然难以为继，会馆也因疏于管理而逐步遭到损毁。但由于阳明精神在吉安深入人心，使得阳明学即使在社会动荡、走向衰微之际，依然能够薪火相传。比如张贞生（1623—1675），字韩臣，号篑山，庐陵县人，清顺治十五年（1658）进士。从小接受阳明学的熏陶，后虽转向程朱，但依然坚持用阳明精神管理家族和乡村社会，并且效法邹守益，坚持在家乡举办小型的阳明学讲会，还辟出自家宅院建立了讲会式书院——诚意书院。面对青原阳明学讲会陷于停顿、青原会馆遭到损毁的局面，张贞生忧心如焚，多次往返于家乡王山与青原山之间,联络净居寺僧人和各地士绅,为青原会馆的修复和阳明学讲会的恢复而努力。彭举,生卒年月不详,吉安人。崇祯九年(1636)中举,未入仕途,明亡后避世不出。从小接受阳明学熏陶,热衷于乡村治理,颇受乡里敬重。后隐居青原山,筹集资金修复了净居寺部分建筑,并悉心照料九邑会馆,希望修复会馆,重启讲会。李元鼎,字吉甫,号梅公,吉水人,天启二年(1622)进士,为修复青原会馆、重启青原讲会做出过重要贡献。

尤其需要指出的是,清顺治十八年(1661)至康熙六年(1667),安徽宣城人施闰章(1618—1683)出任江西布政司参议,分守湖西道,常驻吉安。施闰章的祖父施宏猷也是一位当地著名的阳明学者,曾主持宣城的同仁会。施闰章到吉安后,在游青原山时了解到当年青原阳明学讲会之盛况。他在《游青原山记》中写道:

> 寺外荒祠别馆数十间。问之,皆先儒讲堂也。盖自王文成官吉州,数过青原讲学。邹东廓诸公翕然景从。吉州九邑各有馆,缙绅百余人又总萃于一堂。岁会以春秋,留三日。从游者甚众,至假榻满僧舍,弦诵洋洋振林谷,而西江之学名天下。①

为此,他建议修缮净居寺,修复青原会馆,再兴青原讲会。后在广大士民的大力支持下,会馆的修复工作迅速展开,除了修复原有之建筑,还在五贤祠左右分别建了两座藏书楼。为了给修缮一新的会馆和讲会活动提供经费保障,青原会馆在原有的基础上增置了会田。会田收租事宜交由净居寺,由净居寺收取田租,然后按比例拨付给会馆使用。

在大力修复青原会馆的同时,青原讲会也得以重启。施闰章亲自主讲重启后的首次讲会。青原会馆和青原讲会由此浴火重生。与此同时,净居寺也得到了修缮,并再次获得兴盛。

然而,就当时全国的形势而言,阳明学的衰落已不可避免。清廷推崇程朱理学,贬抑陆王心学,文人的结社活动也遭到禁止。在这种大背景下,吉安各地的阳明学讲会活动最终走向了消亡。

---

① 笑峰大然编撰:《青原志略》,段晓华、宋三平校注,江西人民出版社1999年版,第138页。

三、吉水与永丰

吉水县与庐陵县毗邻,吉水县城距吉安府城仅40里。王阳明往返南昌、吉安、赣州,必经吉水,但王阳明几乎没有在吉水留住过,仅是平定宁王之乱时在吉水有过短暂停留。据族谱资料记载,王阳明在丰城获悉宁王叛乱的消息后,立即折回吉安,在赶赴吉安的途中,微服私访了李中,并与李中一起在谷村的南禅寺彻夜探讨平叛事宜。后来王阳明在吉安举兵平叛时,吉水的墨潭是其最重要的营地,平叛大军正是从墨潭出发的。

尽管王阳明在吉水的停留时间很短,但他在吉水的追随者和信奉者众多。这主要有两个方面的原因:一是吉水具有阳明学传播和发展的肥沃土壤;二是吉水涌现出了罗洪先、邹元标这样王学大家,他们为传播和发展阳明学付出了巨大的努力,取得了丰硕的成果。

吉水的文化教育事业历来发达,宗族宗法组织严密。有明一代,吉水共考取进士219人。[①]据地方志记载:"(吉水)百里之疆多业儒,吾乡远近之间多世族。儒业多……故诗书之习盛。""吉水之俗,其君子率重诗书而敦礼节,其细民多务耕稼而事末作。"[②]除了罗洪先、邹元标两位王学大家,尚有不少阳明亲传弟子和再传弟子或私淑弟子。

吉水的王阳明亲传弟子有龙光父子、罗琛、周汝员等4人,其中以龙光最为著名。龙光(1470—1554),字冲虚,号北山。八岁为诸生,十二岁入贡国子生,三十岁为大足丞。正德十二年(1517),王阳明在赣州开府讲学,龙光之子龙履祥前往赣州拜师问学,几个月后回到家乡,龙光发现儿子"循循有法度",甚为感慨,于是亲自前往赣州拜师王阳明,被阳明留下当了参谋。宁王叛乱时,龙光正跟随王阳明前往福建平定兵变,行至丰城时获悉叛乱的消息,于是建议王阳明折回吉安,组织平叛。而他自己也随即回到家乡,组织起田僮百十人参加的平叛队伍。同时积极为王阳明平叛出谋划策,而深得王阳明的信任。平叛胜利后,嘉靖帝论功行赏,龙光被遥授滁州判官,不必赴任而在家闲住。王阳明晚年赴广

---

① 据光绪《吉安府志》卷二十一《选举志·进士》统计。
② 定祥等主修,刘绎等纂修:《地理志·风土》,光绪《吉安府志》卷一,汪泰荣校点,第102页。

西平定思、田之乱，龙光跟随其后。王阳明去世后，龙光与刘镗、杨基、武栾等人护送其遗体至家乡。后回乡颐养天年，积极以良知学教化乡里，享年85岁。①

吉水县最著名的阳明学者非罗洪先莫属。他是公认的江右王门的领袖人物之一。罗洪先（1504—1564），字达夫，号念庵。其父罗循曾任山东按察副使。正德十三年（1518），十五岁的洪先听说阳明在赣州讲学，想前往赣州问学，被罗循制止。后来罗洪先设法读到了薛侃编印的《传习录》，"奔假手抄，玩读忘寝"，立志成为圣贤，而开始对科举考试产生了鄙视之意。1525年，罗洪先中乡举，但因父亲生病而没有参加次年的会试。1526年，他拜同县的李中为师，"得其根柢"。②1529年，他考中状元，被任命为翰林院修撰。在此过程中，罗洪先遇到并结交了何廷仁和黄弘纲，"自是学求近里，日究阳明致知者"。③1530年，罗洪先以父亲生病为由请假告归。1532年起"补原职"，后又被任命为左春坊左赞善。次年因父亲去世而离职回乡奔丧，1539年起复原职。同年冬，被黜为民，三十七岁的罗洪先从此再未出仕。回乡后，罗洪先没有放弃对圣贤理想的追求，继续致力于阳明学研究，黄宗羲指出："先生（洪先）之学，始致力于践履，中归摄于寂静，晚彻悟于仁体。"④他特别强调致良知工夫的重要性，严厉批判王畿的良知现成说。他不仅是位大思想家，还是一位大学问家。《明史》称：

> 洪先归，益寻求守仁学。甘淡泊，炼寒暑，跃马挽强，考图观史，自天文、地志、礼乐、典章、河渠、边塞、战阵攻守，下逮阴阳、算数、靡不精究。至人才、吏事、国计、民情，悉加意咨访。曰："苟当其任，皆吾事也。"⑤

---

① 参见定祥等主修，刘绎等纂修：《人物志·庶官三》，光绪《吉安府志》卷二十一，第1138页。
② 罗洪先：《明故直隶州滁州判官北山龙君墓志铭》，《罗洪先集》卷二十一，徐儒宗编校整理，第862—864页。
③ 刘元卿：《念庵罗先生要语》，《诸儒学案》卷七，《刘元卿集》，彭树欣编校，上海古籍出版社2014年版，第1016页。
④ 黄宗羲：《江右王门学案三》，《明儒学案》卷十八，沈芝盈点校，第386页。
⑤ 张廷玉等：《罗洪先传》，《明史》卷二百八十三，中华书局1974年版，第7279页。

罗洪先重视讲学,是青原讲会的积极组织者和参与者,培养了大批人才,其中吉水本县的著名弟子有赵弼、尹辙、王安器、王暹、罗文祥、王天球、杨以伦等人。遗憾的是,除了王天球、杨以伦,其他人更多的是注重个人的生命体验,在学术上的成就并不多。黄宗羲尝曰:"天下学者,亦遂因先生(洪先)之言,而后得阳明之真。"①对罗洪先所做的贡献评价极高。

罗洪先最重视的是用阳明精神指导社会实践,教化民众。他曾通过各种手段,如发布《谕俗文》、刊印通俗读物、推行乡约、教育和引导民众严格遵守名教纲常、加强宗族和家族的建设管理等,以切实维护现存的政治社会秩序,共创和谐稳定的乡村社会。其中所颁发的《谕俗文》,曾对吉水地方的社会文化产生了巨大而深远的影响。

同为吉水人的邹元标(1551—1624),字尔瞻,号南皋,可谓江右王门的殿军。据记载,邹元标九岁即"通《五经》","弱冠从(胡)直游,即有志为学"。②尽管他出生成长的吉水县阳明学氛围浓厚,王阳明的名字和良知一词几乎妇孺皆知,但邹元标并没有因此对阳明学产生好感,而是心存疑虑:"吾乡学问极能缠缚英豪,三尺竖儿口能谈阳明,问其所以为阳明,白头不知,也言及此,令人厌甚。"③"管窥良知之说,递相口传失真,予实厌闻。"④1577年,邹元标因弹劾张居正"夺情"一事而遭到残酷迫害,被贬贵州都匀卫。与王阳明相类,邹元标也在贵州感悟到了良知说的真谛,而"收王氏龙场之益"。⑤张居正失势后,邹元标获平反,官至左都御史。他在政坛上以刚直著称,备受士人敬仰,被视为东林党的重要领袖人物。关于邹元标的学术思想,黄宗羲概述道:

先生之学,以识心体为入手,以行恕于人伦事物之间、与愚夫愚妇同体为功夫,以不起意、空空为极致。离达道无所谓大本,离和无所谓中。故先生于禅学亦所不讳。求见本体,即

---

① 黄宗羲:《江右王门学案三》,《明儒学案》卷十八,沈芝盈点校,第387页。
② 张廷玉等:《邹元标传》,《明史》卷二百四十三,第6301页。
③ 邹元标:《柬友人》,《愿学集》卷二,明刻本。
④ 邹元标:《白鹭会答问复》,《愿学集》卷八,明刻本。
⑤ 刘元卿:《简邹南皋丈》,《内编》卷二,《刘元卿集》,彭树欣编校,第31页。

是佛氏之本来面目也。其所谓恕，亦非孔门之恕，乃佛氏之事事无碍也。佛氏之作用是性，则离达道无大本之谓矣。然先生即摧刚为柔，融严毅方正之气而与世推移，其一规一矩必合当然之天则而介然有所不可者，仍是儒家本色，不从佛氏来也。①

邹元标的为官时间实际上并不长，他长期谪居家乡，以极大的热情投入家乡吉水的书院建设和讲会活动。他主持或参与建设了吉水的仁文书院、归仁书院和泷江书院，并不辞辛劳讲学其中。他还与泰和人郭子章等一起，主持重建青原会馆和复兴青原讲会，试图通过讲学讲会，传播和弘扬阳明学说，以挽回人心，教化一方。

永丰县的情况比较特别。永丰是吉安府重要的"文章节义之邦"，备受吉安人敬仰的欧阳修正是永丰人。阳明没有到过永丰，但阳明学却在永丰广泛传播，并涌现出聂豹等一批杰出的阳明后学领袖人物。但正如《明史》所言，聂豹的归寂说"于王守仁说颇有异同"，②而这在相当程度上是由永丰特殊的文化背景所决定的。

阳明学传入之前，由于罗伦的关系，以陈献章为代表的岭南江门心学已传入永丰。罗伦（1431—1478）是十五世纪中叶永丰知识界的领袖人物。他学宗程朱，但并无门户之见，与陈献章彼此仰慕。江门心学主张在静中涵养心体，与后起的阳明学有相当程度的契合。王阳明与湛若水于弘治十八年（1504）定交，相约共同倡明圣学。黄宗羲说："王、湛两家，各立宗旨，湛氏门人，虽不及王氏之盛，然当时学于湛者，或卒业于王，学于王者，或卒业于湛，亦犹朱、陆之门下，递相出入也。"③罗伦的弟子、永丰人杨敷后来拜师陈献章，白沙心学因此传入永丰，并且在永丰拥有不少追随者。阳明学传入永丰的关键性人物是刘霖。据《吉安府志》记载：

> 刘霖，字济之，一字中山，年十二从父宦程乡，即欲往师陈白沙，父止之。归，师杨敷，补弟子员。然厌薄举业。已，复省父程乡，遂往谒陈白沙门，受业数月……霖由此笃志圣学。

---

① 黄宗羲：《江右王门学案八》，《明儒学案》卷二十三，沈芝盈点校，第534页。
② 张廷玉等：《聂豹传》，《明史》卷二百〇二，第5337页。
③ 黄宗羲：《甘泉学案一》，《明儒学案》卷三十七，沈芝盈点校，第875页。

尝为崇正会，与诸士讲求古人所学何事？及身心理欲之微。晚信会稽良知之说，多默坐澄心，造诣精邃，志行大孚于乡。①

聂豹从小即非常敬慕罗伦，并通过刘霖而接触到江门心学，最后接受阳明学并成为江右王门的领袖。但他一直推崇陈献章。他说："予尝与士友谭学，言必称白沙先生，并歌咏其诗以自娱。"② "周程以后，白沙得其精，阳明得其大。"③聂豹和刘霖交情很深，他说："予择友束发，而得先生，忘年之交。同心之德，道义骨肉，质鬼神而无疑也。故先生之视予兄弟也，犹弟也；视予父也，犹父也；视予之子侄也，犹己之子侄也。而予兄弟之视先生之父兄子侄也，犹先生也。休戚相挛，梦寐相通，人哗然率以为疑者，不之疑，而人之所不能信者，乃信之。"④所以我们有理由认为，陈献章的江门心学对聂豹的影响颇大，聂豹的归寂说是在结合了自身的生命体验的基础上，对阳明心学和江门心学的综合的结果。

聂豹于嘉靖五年（1526）前往越中拜访王阳明，尽管他赞赏王阳明的良知说，王阳明对他的评价也较高，但直到王阳明去世后的第四年，他才在钱德洪等人的见证下补办了拜师仪式，从此对传播和发展阳明学可谓不遗余力。宋仪望称："先生（聂豹）自闻阳明王公之教，终其身未尝一日不与人论学，其在同辈，如同郡东廓邹公守益、南野欧阳公德、念庵罗公洪先、两峰、师泉两刘君文敏邦采、临川明水陈公九川、虔州洛村黄君弘纲、余姚绪山钱君德洪、龙溪王君畿、武进荆川唐君顺之，皆尝与之往反辩究。"居家期间，聂豹"每接引同志，惓惓以躬行孝弟为致良知下手切实功夫"。⑤他不仅自己在家乡授徒讲学，还延请刘文敏到永丰讲学，为永丰培养出一批阳明学的信奉者。在此期间，聂豹积极与各地阳明学者切磋交流，特别是与邹守益等人共同努力，推进青原阳明学讲会的开展和繁荣。经过他的努力，

---

① 定祥等主修，刘绎等纂修：《人物志·儒林》，光绪《吉安府志》卷三十一，汪泰荣校点，第1205页。
② 聂豹：《白沙先生绪言序》，《聂豹集》卷三，吴可为编校整理，凤凰出版社2007年版，第53页。
③ 聂豹：《留别殿学少湖徐公序》，《聂豹集》卷四，吴可为编校整理，第98页。
④ 聂豹：《祭中山刘先生文》，《聂豹集》卷七，吴可为编校整理，第227页。
⑤ 宋仪望：《明荣禄大夫太子太保兵部尚书赠少保谥贞襄双江聂公行状》，聂豹：《聂豹集》，吴可为编校整理，第648页。

永丰县此前流行的江门心学逐渐被阳明心学所取代。

除了聂豹，永丰的阳明弟子还有邹祺和汤克宽。邹祺（1493—1556），字兆贤，号龙井。阳明讲学赣州时，邹祺前往拜师问学。后又试图前往绍兴学从阳明，因母亲生病而中途折返。历任永平郡判、沧州知府。致仕回乡后，致力于传播和弘扬阳明心学。他在家乡建龙冈书院，并积极参加邹守益、聂豹、罗洪先等人组织和主持的青原讲会、玄潭讲会。① 汤克宽，字希皋，拜阳明为师。举正德乡荐，官广东崖州守、云南佥事等。致仕回乡后，经常与聂豹等人一起探究良知学。②

聂豹的弟子宋仪望（1514—1578），字望之，嘉靖二十六年（1547）进士。曾为推动阳明从祀孔庙做出了关键性贡献。他的《阳明先生从祀或问》是阳明学发展史上的重要文献。尽管他对阳明学在永丰的传播和发展很热心，但因其居家时间不多，贡献并不是特别大。

永丰的另一位重要的阳明学者是郭汝霖（1510—1580），字时望，号一厓，嘉靖三十二年（1553）进士。曾师从邹守益、欧阳德、聂豹，与王时槐交往密切。曾积极参加吉安府的阳明学讲会活动，倡导兴建永丰太极书院，以作为举办讲会和教化民众的场所，并为复兴青原讲会做出过贡献。另外还创办过属于小型讲会的敦复会，参加者限于本地士人，在当地有较大的影响力。

此外，永丰重要的阳明学者还有谢经、邹梦麟等人，他们追随聂豹和罗洪先，积极参加各地的阳明学讲会，为阳明学在永丰的传播和发展做出了重要贡献。

四、承续泰州学派

除了江右王门学者，江西还产生了一批属于泰州王门（学派）的学者，其中以颜钧、何心隐、罗汝芳等最为著名。颜钧、何心隐

---

① 参见宋仪望：《龙井曾刺史公行状》，《华阳馆文集》卷十一，《四库全书存目丛书·集部》（第116册），齐鲁书社1997年版，第754—757页。
② 定祥等主修，刘绎等纂修：《人物志·庶官三》，光绪《吉安府志》卷三十一，汪泰荣校点，第1139页。

分别为吉安府永新县和永丰县人。黄宗羲认为泰州学派是阳明学异端，严重背离了阳明真精神。他说：

> 阳明先生之学，有泰州、龙溪而风行天下，亦因泰州、龙溪而渐失其传。泰州、龙溪时时不满其师说，益启瞿昙之秘而归之师，盖跻阳明而为禅矣。然龙溪之后，力量无过于龙溪者，又得江右为之救正，故不至十分决裂。泰州之后，其人多能以赤手搏龙蛇，传至颜山农、何心隐一派，遂复非名教所能羁络矣。①

黄宗羲的判断自有其道理，但未必没有偏见。无论如何，泰州学派是阳明学传播和发展的产物。颜钧和何心隐的本意其实是要践行阳明精神。

颜钧（1504—1596），字子和，号山农、樵夫，晚年为避明神宗朱翊钧之讳而改名铎。颜钧的家乡永新县虽不算山区，但离吉安府城较远，又不在交通要道上，文化教育相对落后，有明一代仅考取进士60人，不及邻县安福县的四分之一。"其君子好义而尚文，其小人力耕而喜斗，而其俗信巫鬼，悲歌激烈，呜呜鸣鼓角。"与此同时，宗族势力强大，宗法关系严密，"故家世胄，族有谱，家有祠，岁时祭祀必以礼。长幼之节，疏不间亲，贵必下贱，苍头臧获，长子孙数十世，名义相续属不绝。家范肃于刑律，乡评严于斧钺"。②颜钧即生长在这样的社会文化环境当中。他出生于耕读世家，父亲颜应时和二兄颜钥（1498—1572）做过小官。颜钥虽不算阳明学者，但也在吉安的白鹭洲书院听过阳明学者讲课，并抄录过《传习录》。颜钧年轻时并不聪明，甚至可谓愚钝。嘉靖七年（1528），颜钥以其抄录的《传习录》教示颜钧。颜钧对其中的"精神心思，凝聚融结，如猫捕鼠，如鸡覆卵"四句"触目激心"，遂决定亲自体验，"自为七日之闭关，自囚神思之无适，竟获天机先启，孔昭焕发，巧力有

---

① 黄宗羲：《泰州学案一》，《明儒学案》卷三十二，沈芝盈点校，第703页。
② 《永新县志》校点委员会校点：《地理志·风俗》，同治《永新县志》卷四，江西科学技术出版社2018年版，第114—115页。

决沛江河之势，形气遂左右逢源之口"。①"七日闭关法"类似于宗旨为"明心见性"的禅修："敦敦打坐，默默无语，缚目不开，两手擒拿，两足盘旋，回思内省，肫肫凝结，自己精神，融成一片，胸次抑郁，若醉懵愁苦，不可自解以放松。"②在自觉"明心见性"，找到了成圣得道的窍门之后，颜钧回到家中，向村民宣传自己的神秘体验，并"与兄论伦理道义"。由于民间"俗信巫鬼"，人们对颜钧的神秘体验极感兴趣，"邻族争听"。于是颜钧决定趁热打铁，由其母亲牵头，把民众组织起来，"兴起联会，人皆躬行实践，无不改旧从新，遂名'三都萃和会'"。③

"三都萃和会"由颜钧的母亲领衔，她把当地"众儿媳、群孙、奴隶、家族、乡间老壮男妇，凡七百余人"组织起来，"日出而作业，晚皆聚宿会堂，联榻究竟"；由颜钧"讲耕读正好作人，讲作人先要孝弟，讲起俗急修诱善，急回良心"；"如此日新又新，如此五日十日，果见人人亲悦，家家协和"。④"三都萃和会"显然是一个以教化地方为宗旨的具有浓厚巫术宗教特色的民间组织，与本地的"俗信巫鬼"传统密切相关。

由于颜钧的母亲很快去世，"三都萃和会"仅坚持了三个月便告解体。但颜钧对它的价值和意义却评价极高，他从此将教化社会、感化人心作为自己的终身追求。颜钧在服完母丧后便离开家乡，出游四方。他先是在吉安拜访名士宿儒，参加阳明学讲会，并师从刘邦采，但觉得没有收获，于是又外出寻师访道。1536年和1539年，颜钧先后拜徐樾、王艮为师，学得所谓的"大成之道"。1840年，颜钧返回江西，在南昌同仁寺揭榜讲学，传播其思想主张；"榜曰急救名利心火，沸谈神格，得千五百友"⑤，其中包括后来成为泰州学派中坚的罗汝芳。王艮去世，颜钧立即赶赴泰州，拜祭王艮祠墓。随后辗转江苏、北京等地讲学布道。1566年，颜钧在太平府被捕，出

---

① 颜钧：《引发九条之旨》，《颜钧集》卷五，黄宣民点校，中国社会科学出版社1996年版，第37页。
② 颜钧：《七日闭关法》，《颜钧集》卷六，黄宣民点校，第54页。
③ 罗汝芳：《柬当道诸老》，《罗汝芳集》卷二，方祖猷等编校整理，第677页。
④ 颜钧：《自传》，《颜钧集》卷三，黄宣民点校，第24页。
⑤ 颜钧：《自传》，《颜钧集》卷三，黄宣民点校，第25页。

狱后被发配到广西。1571年放归永新。此后，颜钧一直在家乡讲学著述，教化乡里，直至1596年去世，享年93岁。

颜钧称阳明为祖师或道祖，称王艮为师，自认为是王艮的亲传弟子。关于颜钧的学术思想特点，黄宗羲认为：

> 其学以人心妙万物而不测者也。性如明珠，原无尘染，有何睹闻？著何戒惧？平时只是率性所行，纯任自然，便谓之道。及时有放逸，然后戒慎恐惧以修之。①

不过，颜钧的文化程度并不高，不擅长于思辨或著书立说，而是热衷于以自己的生命体验和王艮的"大成之道"为基础来挽救世道人心。

永丰人何心隐（1517—1579）曾师从过颜钧，本姓梁，名汝元，字柱乾，号夫山，后改名何心隐，嘉靖二十五年（1546）举乡试第一，但其一生并未步入仕途为官。当他从颜钧处学得王艮的"大成之道"后，即非常自负，并不把吉安的著名阳明学者放在眼里。与颜钧一样，何心隐也认为，在社会矛盾尖锐复杂，民众生活痛苦不堪的形势下，践行"大学之道"的关键在于"齐家"，以建设好地方社会的道德秩序。为此，1552年，何心隐在家乡永丰瑶田梁坊创建了"聚和会"。与颜钧的"三都萃和会"不同的是，"聚和会"完全是一个宗法宗族自治组织，具有全盘的计划和制度规定，而不仅仅是一个一般的社会教化组织，更没有明显的巫术宗教氛围。该会"身理一族之政，冠婚丧祭赋役，一切通其有无，行之有成"②，邹元标称：聚和会建立后，当地社会"彬彬然礼教信义之风，数年之间，几一方之三代矣"③。不过，如此严密的宗法宗族自治组织与当时现存的政治社会体制其实并不相容。这样的自治组织能够抵制地方政府临时的合理或不合理之摊派，也就是说，地方官员无法直接管理居民，这就为体制所不容。果然，聚和会建立六年多后，1559年，"会邑令有赋外之征，心隐贻书以诮之。令怒，诬之当道，下狱

---

① 黄宗羲：《泰州学案一》，《明儒学案》卷三十二，沈芝盈点校，第703页。
② 黄宗羲：《泰州学案一》，《明儒学案》卷三十二，沈芝盈点校，第704页。
③ 邹元标：《梁夫山传》，《何心隐集》，容肇祖整理，中华书局1960年版，第120页。

中"①。何心隐被诬"侵欺""拒捕""杀伤"，判处绞刑，后改为充军贵州卫。聚和会随即解散。

1560年，何心隐从充军地贵州逃脱，开始了自己的讲学生涯。在泰州学派著名学者的罗汝芳、耿定向等人的帮助下，"心隐在京师，辟各门会馆，招来四方之士，方技杂流，无不从之"，②名气大增，耿定向甚至准备拜他为师。正是经由耿定向的介绍，何心隐会见了张居正。何心隐断言张居正日后必定独揽大权，且必定拿他开刀。果然，万历七年（1579），何心隐被指控为"大盗犯""逆犯""妖犯"，被湖广巡抚王之垣逮捕并死于狱中。人们普遍认为这是张居正授意的，王之垣至少是为了取媚张居正。

尽管何心隐曾拜师颜钧，但实际上可能只是一种名义上的师徒关系，后来还被颜钧逐出师门。所以何心隐既不以研究和传播阳明学为己任，也不以研究和传播王艮的"大成之道"自任，而是主张"原学原讲"，直接承继和效法孔孟，试图用孔孟之学挽救世道人心。黄宗羲指出：

> 心隐之学，不堕影响，有是理则实有是事，无声无臭，事藏于理，有象有形，理显于事。故曰："无极者，流之无君父者也，必皇建其有极，乃有君而有父也。必会极，必归极，乃有敬敬以君君也，乃有亲亲以父父也。又必《易》有太极，乃不堕于弑君弑父，乃不流于无君无父，乃乾坤其君臣也，乃乾坤其父子也。"③

不过泰州学派学者非常敬重何心隐，引为同道，且何心隐确曾拜师颜钧，所以黄宗羲将颜钧、何心隐并列，称之为"颜山农、何心隐一派"，认定何心隐是泰州学派的重要学者，尽管后来"复非名教之所能羁络"，但确实属于阳明学自身发展和衍变的产物。

（李伏明撰稿）

---

① 黄宗羲：《泰州学案一》，《明儒学案》卷三十二，沈芝盈点校，第704页。
② 黄宗羲：《泰州学案一》，《明儒学案》卷三十二，沈芝盈点校，第704页。
③ 黄宗羲：《泰州学案一》，《明儒学案》卷三十二，沈芝盈点校，第705页。

阳明学在安福

安福是阳明学的核心区域,其地涌现了一大批阳明学者。黄宗羲《明儒学案》共六十二卷,其中江右王门占九卷(浙中王门占五卷),共三十三人,其中安福学人占十三人。其实,安福阳明学者远不止这些,至少有七八十人之众。王门高足如王畿、聂豹等均曾称赞安福阳明学之盛。王畿曰:"阳明夫子生平德业著于江右最盛,讲学之风亦莫盛于江右,而尤盛于吉之安成(即安福)。"① 聂豹曰:"阳明先生悼俗学之涂生民也,毅然以身犯不韪,倡道东南,而以良知为宗……有志之士,闻风而兴者,时惟江西为盛。江西之盛,惟吉安。吉安之盛,惟安福。"② 欧洲著名阳明学研究专家耿宁也认为,阳明发起的这场哲学运动的真正中心,是在浙江省的绍兴府、江西省的吉安府及其安福县、直隶都城南京的宁国府。③ 如果以县为考察单位,那么在一个县出现人数如此多、成就如此高的阳明学人群,在全国实属罕见。总之,安福不仅是江右王学的重镇,而且也是全国阳明学的中心之一。

一、阳明与安福弟子的交往

正德四年(1509)十二月,王阳明离开贵阳龙场赴江西庐陵任知县,经湖南进入江西境内,于正德五年(1510)三月过萍乡,再过安福、泰和,然后到达庐陵。阳明经过安福,写下《过安福》诗:"归兴长时切,淹留直到今。含羞还屈膝,直道愧初心。世事应无补,遗经尚可寻。清风彭泽令,千载是知音。"④ 此诗表达的是阳明经过安福即将赴任时的心情。这是阳明与安福结缘的开始,但此时还未有安福学人向阳明纳贽拜师。⑤ 王阳明与安福弟子的交往大致

---

① 王畿:《漫语赠韩天叙分教安成》,《王畿集》卷十六,吴震编校整理,第467页。
② 聂豹:《聂豹集》,吴可为编校整理,第133—134页。
③ 耿宁:《人生第一等事——王阳明及其后学论"致良知"》,倪梁康译,商务印书馆2014年版,第24页。
④ 束景南:《阳明佚文辑考编年》,第300页。
⑤ 按:束景南先生认为,王阳明此时结交了刘养正,且刘为阳明弟子(见束景南:《王阳明年谱长编》,第1100页)。但无史料证明,只是推测。

可分为三个时期，即在京城与南都时期、在江西时期和在越及征思田时期。

（一）在京城与南都时期

正德六年（1511）二月，在京城举行会试，王阳明任会试同考试官，亲自录取者有安福人邹守益、张鳌山。两人是阳明安福弟子中最早认识阳明者，为科举上之门生，但从学术思想上说，两人此时还未正式受学。安福县乃至吉安府第一个正式向阳明拜师者为刘晓。正德九年（1514）五月，阳明至南京任鸿胪寺卿，门人学子来聚，日夕讲学。刘晓此时来受学，与徐爱、黄宗明、薛侃等结交。《刘梅源先生列传》载："初，阳明先生为南鸿胪寺卿，吉郡士未有及门者，惟公（即刘晓）最先受学，一闻格物致知、博文约礼、明善诚身之说，乃师事先生讲圣学，先生授以立志，授以去人欲、存天理，公心领焉。"①

（二）在江西时期

正德十一年（1516）九月，阳明升都察院左佥都御史，巡抚南、赣、汀、漳。十三年四月，阳明在赣州，四方学子来学，其中有安福人王学益、欧阳瑜、郭治、刘肇衮、张崧、刘秉监等。②王学益归，阳明为其蒙冈书屋作《铭》赠别。十二月底，刘阳、刘敬夫、刘肇衮、刘独秀、易宽等安福学子来赣州受学。次年正月初一，正式纳贽拜师。对于刘阳，阳明尤为器重，谓此子"是享清福者"。四月，邹守益来赣州，向阳明求父墓志铭，阳明日夕与其谈学，守益闻"致良知"之说，遂执弟子礼。守益始疑朱熹解格物与慎独异，质之阳明，阳明告之曰："致知者，致吾之良知也。格物者，不离伦物，应感以致其知也，与慎独一也。"③此为阳明首揭"致良知"说，此年（正德十四年，1519）是阳明"良知之悟"之年。④两年后（即正德十六年，1521），阳明致书邹守益再论"致良知"之学，曰："近来信得'致良知'三字，真圣门正法眼藏。往年尚疑未尽，

---

① 王吉编：《安成复真书院志》卷三，清康熙刻本。
② 束景南：《王阳明年谱长编》，第1031、1033、1040、1042页。
③ 邹德涵：《文庄府君传》，《邹聚所先生文集》卷三，明万历刻本。
④ 按：此说法出自束景南：《王阳明年谱长编》，第1110、1111页。

今自多事以来,只此良知无不具足。譬之操舟得舵,平澜浅濑,无不如意,虽遇颠风逆浪,舵柄在手,可免没溺之患矣。"①可以说,邹守益是接受阳明"致良知"说的第一人。正德十四年(1519)六月,宁王宸濠反,阳明闻变,于吉安起集义兵,守益率昆季群赴吉安,从阳明起兵。张鳌山丁内艰,闻宸濠反,往从阳明勤王,凡阳明檄奏文移,多所草创。九月,阳明过彭泽,安福郭弘化来问学。正德十五年(1520),王仰、王钊至赣州,从阳明以学。

(三)在越及征思田时期

嘉靖元年至六年(1522—1527),阳明在越,期间安福学人来受学者也较多,其中最称盛举者为三舍刘氏家族。初,刘邦采偕刘文敏入越谒阳明称弟子②,阳明曰:"君亮(即刘邦采)会得容易。"③后刘文敏率其弟文快、从弟文协、文恺、文悌,族弟子和、继汉,族子爋、祐入越受学,"一门九刘,雅为文成推许"。④而前已受学者刘晓、刘秉监也为三舍刘氏。此外,初次来受学者还有尹一仁、张崧;再来或多次来越问学者有邹守益、张鳌山、刘敬夫、刘肇衮等,后张鳌山将其在越问学语及往来书信汇为《会稽师训卷》(一卷)。嘉靖六年(1527)四月,邹守益来信请刻《阳明文录》,阳明取近稿,命钱德洪编次,由邹氏刻于安徽广德。五月,阳明起征广西思、田之乱,十月至吉安,彭簪⑤、王钊、刘阳、欧阳瑜等三百余人大会于螺川驿,阳明再揭"良知"之教。嘉靖七年十一月二十九日(1529年1月9日),阳明卒于江西南安,当时处理后事者有刘邦采等3人。嘉靖八年(1529)十一月十一日,参与阳明会葬者数千人,其中有安福弟子邹守益等。⑥

---

① 钱德洪:《年谱二》,王守仁:《王阳明全集》,吴光等编校,第1411—1412页。
② 按:据《阳明年谱》载,嘉靖三年(1524)正月,刘邦采、刘文敏参与了王阳明在稽山书院的讲学(钱德洪:《年谱三》,王守仁:《王阳明全集》,吴光等编校,第1423—1424页)。二刘应是在此年赴越拜阳明为师。
③《家传八·刘邦采》,《三舍刘氏七续族谱》卷三十四。
④《家传八·刘文敏》,《三舍刘氏七续族谱》卷三十四。
⑤ 按:彭簪,安福人,与邹守益、罗洪先等交,也是阳明学者,但是否正式向阳明拜师,因史料缺乏无考。
⑥ 程辉《丧纪》所列会葬者170人,其中有邹守益。因人数太多,所列仅为有功名者,参与会葬者应还有其他安福弟子。

二、安福阳明学者所办书院及讲会

明代安福书院的兴起、发展，几乎与安福阳明学的兴起、发展同步。从安福书院的历史看，明中后期最为繁荣、辉煌，几乎所有重要的书院都诞生于这一时期。可以说，阳明学的传播带动了书院的兴盛，同时书院的兴盛又推进了阳明学的深入。安福阳明学者所办书院（包括会馆①）有复古、复真、复礼、识仁、道东、连山、宗孔、同善、中道、一德、天香等十多所。这些书院几乎都是讲会式书院，代表性的有县中心复古，东乡道东，南乡复真，北乡连山、宗孔，西乡复礼、识仁，其中影响最大的是三"复"，尤其是复古书院。此外，还有许多个人或家族所办的书屋，如刘晓的梅源书屋、邹守益的东廓山房和东阳行窝、彭簪的石屋山房、张鳌山的兼山书屋、朱叔相的近圣会馆、尹一仁的南林书屋、周儒的松云窝、邹善的任仁精舍等。下面依创建时间，略述复古、连山（含宗孔）、复真、复礼、识仁、道东等几家重要书院。

（一）复古书院

嘉靖十五年（1536），邹守益力倡，县令程文德（阳明金华弟子）主建书院，历时三个月落成。书院依县治所东一里许儒学旧址而建，前临双峰，背负北华，两水环绕，前为道德门，中为文明堂，左右两斋（一曰忠信、一曰笃敬），后为茂对堂，堂后为尊经阁。书院建成后，即于当年十二月举办大会，邹守益作《惜阴说》，发挥阳明"惜阴说"以警同志，曰："天道无停机，故元亨利贞以时行而万物生；良知无停机，故仁义中正以时出而万化成……方共申先师惜阴之约，以图不虚此生。"②每会，四方人士翕然而至，常不下二三百人。著名阳明学者罗洪先、刘邦采、刘阳、胡经、聂豹、甘仕可、董燧等均来复古讲过学。复古书院之建大大推进了阳明学在安福乃至吉安甚至江西的传播。短短二三十年间，复古书院成为"阳明学在江右的象征地标"③，"作为江右王门的活动场所似

---

① 按：有些会馆，相当于书院，如安福西乡的中道会馆、一德会馆就是讲会式书院。
② 邹守益：《惜阴说》，《邹守益集》卷十五，董平编校整理，第735页。
③ 吕妙芬：《阳明学士人社群：历史、思想与实践》，新星出版社2006年版，第100页。

乎尤在白鹿洞、白鹭洲之上"①。万历七年（1579）张居正毁天下书院，九年复古书院易名为三贤祠。后知县闵世翔奉诏兴复，增置田租。十二年建二贤祠于茂对堂左。三十一年知县潘溶修葺院宇，增置田租，又建过化祠于尊经阁东，徙建二贤祠于尊经阁东西，并易名同德祠。天启五年（1625），奉诏毁书院，改为勋贤祠。明末毁于战火，清代又重新修建，民国时改为新式学堂。可以说，嘉靖年间，在阳明安福第一代弟子邹守益、刘邦采、刘阳等主持院务时，复古书院最为辉煌；万历时期，在第二、三代弟子手中，复古书院虽有起落，但仍是阳明学讲学的重要阵地。书院现已不存，旧址在安福中学所在地，唯存古樟树数棵而已。

（二）连山书院（含宗孔书院）

嘉靖三十二年（1553），邹守益、刘阳等联合同志在安福县北乡桑田建连山书院（亦称书屋），堂有二，曰自强、曰玩易。刘阳曰："讲学邑北，得连山书屋，东廓先生以疏属阳，阳乃疏诸同志，既而不两旬而赞集，不两月而书屋成。"②于是北乡同志有了讲学场所，每年会讲于此。此外，北乡影响较大的还有宗孔书院，大约万历二十年（1592）③，为邹善联合北乡学者及大家族所共建，后来邹德博、德泳偕北乡士民重修。

（三）复真书院

嘉靖三十七年（1558），邹守益、刘邦采、刘阳、刘晓、尹一仁、周儒等联合安福南乡士民，在县治所南50里北贞观旧址建书院。书院中为砥德砺材堂，堂前为萃胜楼（藏书楼），堂后为聚奎楼，楼后复为堂，左为飞巾阁，右后建专祠。门匾"复真"，邹守益笔；堂匾"砥德砺材"，刘阳笔。邹守益释"复真"之义曰："圣门慎独之旨，从心从真，即此是本体，即此是工夫。自真之严毅曰恂慄，自真之流贯曰威仪……南里同志协建书院，以复真为的。"④

---

① 吴宣德：《江右王学与明中后期江西教育发展》，江西教育出版社1996年版，第283页。
② 转引自李才栋：《江西古代书院研究》，江西教育出版社1993年版，第327页。
③ 张艺曦：《阳明学的乡里实践：以明中晚期江西吉水、安福两县为例》，北京师范大学出版社2013年版，第143页。
④ 邹守益：《教言》，王吉编：《安成复真书院志》卷四，清康熙刻本。

刘阳释"砥德砺材"之义曰:"中也者,为君子之德之至者也。夫施之中,无有乎弗受者。盖性之原,刚柔善恶,其有所弗齐者,盖当有易之之功也,人一能知,或十百而后能。是故言砥言砺,其言乎修之不已,以竭其才也哉!……约之曰慎独,慎其独知,夫是之谓中,夫是之谓发而中节,夫是之谓尽性而至命。"①两人皆强调慎独工夫,可谓复真书院的教学宗旨。书院建成后,其中聚奎楼为惜阴会同志聚讲之所。每年还举办了大小两种讲会,其中三小会、一大会,大会中经常有来自四方的学者参与,有时达几百人之众。万历间王时槐制订会规17条,使讲会日益规范化、严格化。嘉靖、万历间,复真书院成为安福县影响力仅次于复古书院的阳明学重要阵地。万历时刘元卿尝说:"今天下谈学,动推安成,而安成宿学,半在复真。"②在书院的发展过程,关键性人物前为邹守益、刘文敏、刘邦采、刘阳等,中为朱叔相、朱调、王时槐等,后为朱世守、王绩灿等。明末书院颓圮,康熙间王吉等重建,并纂成《安成复真书院志》(现存),民国时改为学堂,现仅存萃胜楼,在安福洲湖中学内。

(四)复礼书院

隆庆六年(1572)十月,刘元卿倡安福西乡二十四姓于书林村建书院,次年三月落成。书院面禾山,背武功,中为明德堂,前为院门,院外西边和西北分别为三一庵、东林观。后为藏镇院之宝——唐代书法家李怀琳《绝交帖》,增建留帖阁。万历七年(1579),张居正毁天下书院,门额暂改署为五谷神祠。刘元卿释"复礼"曰:"斯道也,非有玄奇也。夫性周法界,在人则为礼。性也者,不可得致力者也;礼也者,可得而致力者也。然性虽不可得而致力,而经礼三百,曲礼三千,皆性也。故视听言动一归于礼,虽谓之致力于性可矣。圣人罕言性而雅言礼,所谓中道而立,超乎二氏,而为万世之宗者也。"③其意在通过"复礼"来"复性"。故书院除讲学外,还特重演礼,刘元卿以书院为平台在安福西乡推广"四礼"(冠婚丧祭)之学。书院定时举办各种讲会,五月有同门会,

---

① 刘阳:《刘三五集》,彭树欣编校,(台湾)花木兰文化出版社2016年版,第34页。
② 刘元卿:《简朱玉槎文》,《刘元卿集》卷三,彭树欣编校,第71页。
③ 刘元卿:《复礼书院记》,《刘元卿集》卷七,彭树欣编校,第218页。

十月有大会，其余各月有月会。举大会时，有时规模达八九百人之多。著名阳明学者王时槐、邹元标、罗大纮、邹德溥等都来此讲过学。书院的创办，渐渐改变了西乡一带彪悍的民风，使此地时闻弦歌之声。书院后来多次修复、重建。清同治七年（1868）重修时，书院结构有所改变，前为明德堂，左为留帖阁，右为集贤馆，后为崇德堂。民国时改为新式学堂，新中国成立后改为小学、中学。书院主体建筑一直作为教学场所在使用，直至1989年被整体拆除。现旧址在莲花县复礼中学内，校内立有刘元卿塑像。

（五）识仁书院

万历十九年（1591），知县吴应明倡建，刘元卿、刘孔当、周惟中主持，利用义士王师仁捐建桥梁而转作书院创建之用的百金，加上西乡五十八姓士民所捐款，于安福县西乡九都东江建书院。书院中为志学堂，左为养性斋，右为传心堂；前为复初堂，左为依仁堂，右为辅仁堂，后又增建三先生祠于复初堂后。刘元卿释"识仁"曰："天也，人也，仁也，一也。人莫不仁也，而鲜能识之也。……默识此心，本通天下，本贯万世，直欲与天下万世之人同归于善则已矣。以此学，即以其学为教；以此教，即以其教为学。"①书院之宗旨在弘扬生生不已之仁，学之根本在于识仁。书院每岁举办大小讲会，小会三日，大会五日。讲会有会规、会训、会籍等。刘元卿、刘孔当还分别为西乡民众制定了"乡俗十二戒"与"名门四训"。万历二十六年（1598）和三十四年（1606）两次大会，刘元卿分别作《戊戌识仁冬会记》《丙午识仁问答记》。清乾隆十九年（1754）书院重修，民国时改为新式学堂，1949年后废，现唯存残垣断壁。有孤本文献《识仁讲院志》十二卷存民间。

（六）道东书院

万历二十一年（1593），刘叔唐联合乡士绅、耆旧、文学之士捐资，于县城东20里处东乡梅田建书院。中为愿学堂，后为丽泽堂。二十九年（1601）修《书院志》，王时槐作《道东书院志序》。

---

① 刘元卿：《识仁书院记》，《刘元卿集》卷七，彭树欣编校，第220页。

三十二年（1604）周懋相将书院迁至半里许更为开阔的江边沙园。中为讲堂，后为会馔堂，前为门庑，左右协厅各五间，规制宏备。王时槐为之作《道东书院记》，认为孔孟之道在求仁，而仁即"孝弟慈"三者。书院每年均有讲会，集四方贤士讲学其中，相与砥切正心修身、笃伦厚俗之学。清康熙、乾隆年间，书院多次重修。

以上介绍安福书院时，已稍涉及讲会，此再专述之。安福阳明学者讲会之兴起，几乎与书院之兴建相并行。可以说，书院提供了讲会的固定场所，讲会则是阳明学展开、传播的重要方式。但安福县的讲会并不仅仅限于书院，而是深入到民间社会的各种场所，如私人书屋、宗祠、家庭等；有各种各样的讲会，如县大会、乡大会、同门会、同道会、祠会、家会等。从地域性来看，全国各地的阳明学讲会，以江西为最盛，江西又以吉安府为最盛，吉安府则以安福为最盛。从安福本县的地理分布来看，县城以及东乡、北乡以邹守益家族为代表，南乡以三舍刘氏（刘晓、刘文敏、刘邦采等）、刘阳、王时槐等为代表，西乡以刘元卿、刘孔当等为代表。不过这些阳明学者并不局限于本乡，而是互相往来、互相带动讲会的发展。下面略述安福两大重要讲会——惜阴会和东山会。

（七）惜阴会

该讲会是王门最大的讲会[1]，也是安福（乃至吉安府）最早的讲会。嘉靖五年（1526），刘晓在梅源书屋创惜阴会[2]，参与者主要为南乡的阳明学者，有刘文敏、刘邦采、刘阳、刘肇衮、尹一仁、王钊等。约定双月为会五日。阳明为之作《惜阴说》，解释致良知与惜阴的关系，其曰："呜呼！天道之运，无一息之或停；吾心良知之运，亦无一息之或停。良知即天道，谓之'亦'，则犹二之矣。知良知之运无一息之或停者，则知惜阴矣；知惜阴者，则知致其良知矣。"[3]次年，惜阴大会，阳明又寄书惜阴会诸同志以相勖励。阳明《惜阴说》及其良知学成为惜阴会的学术宗旨，"惜阴"渐渐成为吉安府

---

[1] 参见李才栋：《江西古代书院研究》，第321页。
[2] 按：钱德洪《阳明年谱》认为惜阴会为刘邦采所创，误。据《三舍刘氏七续族谱》《明儒学案》等资料，惜阴会实为刘晓所创。参见陈时龙：《〈三舍刘氏七续族谱〉的史料价值》，《文献》2008年第1期。
[3] 王守仁：《惜阴说》，《王阳明全集》卷七，吴光等编校，第298页。

讲会的文化符号,直至清代,仍有以"惜阴"为名举办讲会的现象(如识仁书院惜阴会)。嘉靖十三年(1534),邹守益遭革职回到安福,在南乡惜阴会的基础上作进一步推进,将讲会中心从南乡移至县城。随着复古书院的创办,此书院遂成为惜阴会的中心,并将该讲会推向高潮。在南乡、复古惜阴会的带动下,安福四乡乃至吉安府城(后来府城青原山成为惜阴会的另一个中心)和各县均有惜阴会,"大大小小的讲会如雨后春笋般冒出来,而且这些讲会或者仿照惜阴会的模式,或者即以惜阴为名","沿至后来,惜阴会再不是指一个具体的讲会,而成了吉安府境内讲会的通称"。[1]安福惜阴会首创了一套完整的讲会制度,有会期、会址、会员、会题、会规、会约、会田、会仓、会馆、会费等,有主盟的大儒,有经理会务的士绅。[2]如邹守益的《惜阴申约》(1549年),强调惜阴会目的在于"考德问业,将稽师门传习之绪",并要求会员严格遵守规约:"自今已往,共订除旧布新之策,人立一簿,用以自考;家立一会,与家考之;乡立一会,与乡考之。凡乡会之日,设先师位于堂,焚香而拜,以次列坐,相与虚心稽切,居处果能恭否?执事果能敬否?与人果能忠否?尽此者为德业,悖此者为过失。德业则直书于册,以示劝;过失则婉书于策,以示戒。"[3]可以说,惜阴会的举办使阳明学在安福县(乃至吉安府)各阶层中得以广泛渗透,从而安顿了民间社会秩序,促进了地方社会教化。

(八)东山会

嘉靖二十一年(1542),邹守益聚合同志,在安福县城东山塔院举办讲会。东山塔院为禅院,院中高耸12丈的文塔,后在塔院后特建讲堂。东山会月举两会,轮直具膳,岁以为常。此为地方性小会的代表。邹守益殁后,其子邹善及孙德涵、德溥、德泳相继主持该讲会。万历三十二年(1604),德涵之子邹袞,有感于嘉会频举,而供膳未备,未可垂久远,乃捐田租四百桶以供会事,并延四乡士友

---

[1] 陈时龙:《明代中晚期讲学运动(1522—1626)》,复旦大学出版社2007年版,第56、57页。
[2] 参见邓惠兰:《明代江右王门惜阴会研究》,《老区建设》2018年第2期。
[3] 邹守益:《惜阴申约》,王谦言纂,黄宽修:《词翰·杂著》,康熙《安福县志》卷八,康熙五十二年刊本。

聚集讲学。王时槐为此作《东山会田记》曰："公（即邹守益）之学，以求仁为宗，以子臣弟友愬愬相顾为实地，以戒慎恐惧为密功，以全生全归为究竟，此其大指也。"① 同年又编《东山会志》，刘元卿作《题东山会志》，为讲会约法三章："一者毋剿说陈言，名实相悖，是谓不芸苗者也，不芸苗者不得食。二者毋揉情塞性，自灭天机，是谓揠苗者也，揠苗者不得食。三者毋耽无溺妙，破除名检，是谓田甫田也，田甫田者不得食。"② 至此时，东山会已持续了60余年，后一直延续至明亡，差不多有近百年的历史。塔院、讲堂民国时犹在，今俱不存，唯文塔保存至今。

三、安福亲传弟子及其主要思想

王阳明安福亲传弟子，在黄宗羲《明儒学案》中有学案者7人，即邹守益、刘文敏、刘邦采、刘阳、刘秉监、王钊、刘晓。其实，阳明安福亲传弟子可考者有三四十之多，除上述7人外，还有张鳌山、刘文快、刘文恺、刘文协、刘文悌、刘懋、刘祐、刘继汉、刘子和、欧阳瑜、刘肇衮、王学益、尹一仁、王皥、黄旦、刘独秀、张崧、刘宾朝、王铸、郭弘化、刘敬夫、彭一之、易宽、王梅、王仰、刘爕、郭治、彭勉愉、刘醮、刘琼治、李俨等。③ 这里主要介绍刘晓、邹守益、刘文敏、刘邦采、刘阳五个代表性人物。

1.刘晓（1481—1562），字伯光，号梅源，安福三舍人。正德八年（1513）举人，官广东新宁县知县。不事著述，现仅存3000余字的讲学语录。刘晓是安福县（乃至吉安府）的阳明第一个弟子，也是惜阴会的首倡者。正德九年（1514），刘晓在南京拜阳明为师后归，与刘邦采、刘文敏、刘阳等相继从游，并在家乡举办讲会，于是阳明学开始在安福县及吉安府一带传播。刘晓之学主要包括三个方面：一是绍述阳明"立志说"，主张为学在立志，立志在立为圣人之志，即以圣人为的，学以至圣人，而学为圣人的关键在于透得

---

① 王时槐：《东山会田记》，《友庆堂合稿》卷三，《王时槐集》，钱明、程海霞编校，第471页。
② 刘元卿：《题东山会志》，《刘元卿集》卷十二，彭树欣编校，第491页。
③ 按：此处所列人物，参考了邹建锋《阳明夫子亲传弟子考》（中国社会科学出版社2017年版）、束景南《王阳明年谱长编》二书。

名利关，如颜子箪瓢陋巷，不改其乐，如曾子敝衣而耕，安于贫贱。二是重本体上之工夫。刘晓精究无思无为之体，对其有独到之体会，其曰："盖人心本体之动，无方无体，明目而视，不可得而见，倾耳而听，不可得而闻，所谓道心惟微者也，粹然至善，无一毫人伪之杂。"①又曰："吾心天然之本体炯然昭明，无方所，无形象，无声臭，无动静。"②若在本体上实用其功，则已发未发皆在著察中，大本立而达道行，而颜渊学问正在于此，如用兵讨贼，不动声色，把截要路，扫除廓清。而所谓本体上用功关键在于慎独，独即本体也。三是内外交修、寂感交致。刘晓虽重本体之功，但并未专内而遗外，而是主张内外交修、寂感交致，本体与工夫浑然一体。在刘晓看来，本体之功，含未发与已发，"未发是心之体，自主宰而言；已发是心之用，自感应而言"③，并非专内而涉于枯寂，即使外在的威仪动作也不可忽视。他说："孔子之教，知及仁守，莅之以庄，动之以礼，方为尽善。内而存养心性，外而检束威仪动作，肆习之久，动容周旋中礼，可以驯至。"④

2. 邹守益（1491—1562），字谦之，号东廓，谥文庄，安福濊源人，江右王门的领军人物。正德六年（1511），会试第一，廷试第三，授翰林院编修，官至南京国子监祭酒。邹守益得阳明正传，黄宗羲称："姚江之学，惟江右为得其传，东廓、念庵、两峰、双江其选也。"又说："阳明之没，不失其传者，不得不以先生（即东廓）为宗子也。"⑤虽学界对于黄氏视念庵、双江等得阳明之正传有异议，但对于东廓为阳明正传，几为近年学界的一致看法。邹守益之学直承阳明之良知学，在义理上于师门无所走作，但其为学重点主要落在工夫上（即如何"致"良知），从而丰富了阳明的"致"字工夫。所谓其学"得力于敬"⑥，"以'戒惧'为宗旨"⑦，主要是指以主敬、戒惧作为"致"良知的工夫。从积极面说，是通过主敬、戒惧工夫

---

① 王吉编：《安成复真书院志》卷四，清康熙刻本。
② 王吉编：《安成复真书院志》卷四，清康熙刻本。
③ 王吉编：《安成复真书院志》卷四，清康熙刻本。
④ 王吉编：《安成复真书院志》卷四，清康熙刻本。
⑤ 黄宗羲：《江右王门学案一》，《明儒学案》卷十六，沈芝盈点校，第331、332页。
⑥ 黄宗羲：《江右王门学案一》，《明儒学案》卷十六，沈芝盈点校，第332页。
⑦ 张学智：《明代哲学史》，中国人民大学出版社2012年版，第156页。

使良知时时保持精明之状态："圣门要旨，只在修己以敬。敬也者，良知之精明而不杂以尘俗也。戒慎恐惧，常精常明，则出门如宾，承事如祭，故道千乘之国，直以敬事为纲领。"① 从消极面说，是通过主敬、戒惧工夫恢复良知本体之明（即复性）："吾心本体，精明灵觉，浩浩乎日月之常照，渊渊乎江河之常流。其有所障蔽，有所滞碍，扫而决之，复见本体。古人所以造次于是、颠沛于是，正欲完此常照常明之体耳。"② 所谓"扫而决之"，"造次于是、颠沛于是"，即是指用主敬、戒惧工夫。邹守益属于阳明后学的修证派，强调的是由工夫去证本体，"但令无往非戒惧之流行，即是性体之流行矣。离却戒慎恐惧，无从觅性"③。

3. 刘文敏（1490—1572），字宜充，号两峰，安福三舍人。弱冠补诸生，一闻正学，即弃去，不复应试。与刘邦采共学，思所以自立于天地间，或至夜分不能即枕。读阳明《传习录》所论"格物致知"之旨，辗转研思，恍若有悟，躬践默证。久之觉动静未能融贯，于是赴越拜阳明为师。一生优游林下，一意圣贤之学。聂豹称："海内真布衣，惟两峰一人而已。"④ 文敏不喜著述，仅著有《论学要语》一百余条，现存九十六条，约九千字。其学"以虚为宗"，他对弟子的最后遗言说："知体本虚，虚乃生生，虚者天地万物之原也。吾道以虚为宗，汝曹念哉！"⑤ 其所谓"虚"，即良知本体之虚明、真明，就是良知本体毫无情识、意念之杂染，具绝对纯一性。此良知真体本虚，常止常寂，万古一日，万变一致，虽千酬万应，纷纭变化无已而其体不动。虚才能生生，虚体生生，就是集义，就是致良知。故虚体常生常止，"往来起伏，非常生也；专寂凝固，非常止也。生而不逐，是谓常止；止而不住，是谓常生。主宰即流行之主宰，流行即主宰之流行"。⑥ 从工夫顺序上说，乃是虚、止在前，而生生在后，其工夫乃重虚（与聂豹之"归寂"思想接近）。其曰："默坐澄心，反观内照，庶几外好日少，知慧日著，生理亦生

---

① 邹守益：《简胡鹿崖巨卿》，《邹守益集》卷十，董平编校整理，第507页。
② 邹守益：《简君亮伯光诸友》，《邹守益集》卷十，董平编校整理，第493页。
③ 黄宗羲：《江右王门学案一》，《明儒学案》卷十六，沈芝盈点校，第第332页。
④ 王谦言纂，黄宽修：《人物·理学》，康熙《安福县志》卷三，康熙五十二年刊本。
⑤ 黄宗羲：《江右王门学案四》，《明儒学案》卷十九，沈芝盈点校，第431页。
⑥ 黄宗羲：《江右王门学案四》，《明儒学案》卷十九，沈芝盈点校，第431页。

生不已。"①本体之虚之体证，乃是通过"默坐澄心，反观内照"而入，证悟良知本体之虚后方有现象世界中良知之生生不已。从工夫上说，乃是"超越（或隔离）之体证"。

4. 刘邦采（1492—1577），字君亮，号狮泉（又写作"师泉"），安福三舍人，刘文敏族弟。初为诸生，即以希圣为志。居父丧后，即不复应试。嘉靖七年（1528），在当道促迫下，才参与乡试，并中举，御史储良材批其卷曰"江右人望"。授寿宁教谕，升嘉兴同知，不久弃官归。与同志聚讲于复古、复真、青原、五云、楚越之间。著有《易蕴》（内外篇）《紧语存人录》，已佚，现存佚文约16000字。其学主"悟性修命"，尝曰："夫学何为者也？悟性修命，知天地之化育者也……惟悟也，故能成天地之大；惟修也，故能体天地之塞。"②又曰："夫人之生，有性有命，性妙于无为，命杂于有质，故必兼修而后可以为学。盖吾心主宰谓之性，性无为者也，故须首出庶物，以立其体；吾心流行谓之命，命有质者也，故须随时运化，以致其用。常知不落念，是吾立体之功；常过不成念，是吾致用之功，二者不可相杂。"③心之主宰是性，性是形而上者，妙于无为，首出庶物，是天下万物或道德实践之大本、大体。悟性，即是立体。如何立体？"常知不落念，是吾立体之功。"就是说，良知常常呈现而不落于意念中，就是立体之工夫。心之流行是命，命是形而下者，故命有杂质，须随时运化。修命，即是致用。如何致用？"常过不成念，是吾致用之功。"就是说，常常过化命，化除其杂质，不使命成为意念，就是致用之工夫。所谓"悟性修命"，也即性命兼修，是从本体界和现象界双向用功，有割裂二者之嫌。而阳明"致良知"，以良知打通二者，良知即是本体，又流行于现象界，即主宰（本体），即流行（现象）。故刘邦采有偏离良知学之倾向。

5. 刘阳（1496—1574），字一舒，初号三峰，后又号三五，安福福车人。嘉靖四年（1525）中举。二十年拜砀山县令。二十四年升任福建道监察御史。次年辞官归隐，后未再出仕。与邹守益、

---

① 黄宗羲:《江右王门学案四》,《明儒学案》卷十九, 沈芝盈点校, 第430页。
② 邓元锡:《刘邦采列传》, 周骏富辑:《明代传记丛刊》（第73册）,（台湾）明文书局1991年版, 第1790页。
③ 黄宗羲:《江右王门学案四》,《明儒学案》卷十九, 沈芝盈点校, 第437页。

刘文敏、刘邦采等一起讲学弘道，教化乡里。刘阳学说的主体是其"良知说"。他将阳明的良知学与《易经》之精蕴贯通起来，从而突显良知本体的乾元之性。其曰："良知如日中天"，"易，心之体也"，①"刚健中正，纯粹精，无一毫发歉，而后无一毫发非乾体"②。就是说，心体即良知本体，也即易体、乾体，为道德创生实体。虽然良知本体具有乾元之性、不断突奔之创生性，但人有后天感性、欲望之杂，本体有受蒙蔽之时，有遏其生生之几之时，故刘阳又强调"致"之功。其所谓"致"，主要是指在良知本体上"致"，即阳明所谓以良知为舵、为把柄，抓住之，不断用力，这就是本体工夫。刘阳对良知本体内涵的阐释，丰富了阳明的良知学，而其"致"良知之功，亦得阳明真传。其主良知本体之乾元性、阳刚性、创生性，与王畿强调良知本体的虚无、空灵和聂豹、罗洪先等强调良知本体的虚寂、静谧，有明显的区别。其"良知说"，既避免了以王畿为代表的"超洁者荡之以玄虚，而夷良于贼"③之弊，又无聂豹、罗洪先等归寂派偏"静寂"之病，从而在某种程度上纠正了阳明后学的弊端。

四、安福后传弟子及其主要思想

王阳明的安福再传、三四传弟子，统称后传弟子，在黄宗羲《明儒学案》中有学案者六人，即邹善、邹德涵、邹德溥、邹德泳、王时槐、刘元卿。其实，阳明安福再传三四传弟子比亲传弟子还多，难以全部考证，目前可知者除上述六人外，还有朱叔相、朱调、王瞰、傅应祯、夏梦夔、朱意、周采、王子应、刘孔当、周惟中、朱世守、朱世宾、刘以身、王安民、王世构、王必彰、欧阳鸣凤、王樨、刘复明、彭侨、刘名卿、周一濂、颜德寅、李挺、邹匡明、邹衮、颜欲章、康元穗、赵希文、赵师孔、赵师世、赵师参、赵思庵、甘则禹、周梦麟、贺安国、吴邦栋、刘人龙等。这里主要介绍王时

---

① 刘邦采：《三五刘先生行状》，刘阳：《刘三五集》，彭树欣编校，第147、148页。按：此二引文为刘邦采所引刘阳之文。
② 刘阳：《晚程记》，《刘三五集》，彭树欣编校，第129页。
③ 刘宗周：《证学杂解》，吴光主编：《刘宗周全集》，浙江古籍出版社2012年版，第278页。

槐、刘元卿、邹德涵、邹德溥、邹德泳5位代表性人物。

1. 王时槐（1522—1605），字子植，号塘南，安福金田人，刘文敏弟子。嘉靖二十六年（1547）进士，授南京兵部主事。历官南京吏部郎中、四川按察司佥事、尚宝少卿、光禄寺少卿、陕西布政司右参政、南京太常寺卿等。年五十挂冠归后，屏居静存三年，反躬密体，若有见于空寂之体。又十年，渐悟生生真机，无有停息，不从念虑起灭。如此其学问、工夫才真正成熟。晚年常讲学于吉安西原会馆，并时往吉安府各地书院讲学，如青原、白鹭洲、复真、复古、复礼、道东、龙华、玄潭、萃和、明新、明学等。其学"以透性为宗，研几为要"。"性"在王时槐处是指心之生生之理，又体现于万事万物中。在本体层上，性是先天之理，位于良知之上，而良知乃性之发窍，是先天之子，后天之母。透性，即直透本性、直悟本性，是对性的本体论的体认、彻悟。几者，生生之几，所谓"动之微，吉之先见者"，不属有无，不分体用，处于体用、有无之间。良知即几，所谓"先天之子，后天之母"，即在体用、有无之间，故致良知就是研几；意是生几之动而未形、有无之间，故诚意就是研几。独即意之入微，所谓人所不知，已所独知，慎独就是研几。研几是从本体（先天）向现象（后天）呈现的过程中下工夫，本质上仍是后天工夫。依牟宗三的说法，王时槐以性为首出（先天），以良知为已发（后天）①，使心性为二，已走向性宗，而失良知教之本旨，故而近朱子。实际上，王时槐融合了朱子与阳明，从而有了新的理论创造。

2. 刘元卿（1544—1609），字调父（甫），号泸潇，安福南溪（今属莲花县）人，明代"江右四君子"之一。相继拜刘阳、徐用检、耿定向为师，其中受耿的影响最大。隆庆四年（1570），乡试第五名。次年参与会试，其五策多忤时忌，忤权相张居正，主试者不敢录。后因朝廷征召，任国子监博士、礼部主客司主事。在朝不到五年，辞归。一生主要以办学、讲学为志业，先后与同道一起创办复礼书院、识仁书院、一德会馆、中道会馆等，并举办、参与各种讲会。刘元卿著述甚丰，有近百万字。其哲学思想的总纲是"体用合

---

① 按：良知是先天之子，后天之母，本质上仍是属后天。

一论",具体表现于其思想的方方面面,如"一气说""求仁之学""四端充达说""理欲论""格物说"等均渗透、贯穿着"体用合一论"。"一气说"认为,气为万物之本体,不仅天地万物之运动,而且人之视听言动、心性意知都是气之用,故气与天地人物为一体;同时心性亦为气,精神与物质为一体。"求仁之学"认为,仁既是体(天地人之生生者),又是用(自生生而无所不生),是体用一体,详言之如天人一体、有无一体、道器一体、形性一体、费隐一体等皆是仁之体用论的表现。"四端充达说"认为,四端之心即性即体,将此充达之工夫即用,心性(体)与工夫(用)一体。"理欲论"认为,性(理)为欲之体,欲为性(理)之用,然欲有偏离性(理)之一面,如果将小欲转化为大欲,欲即性(理),如此欲与性(理)一体。"格物说"认为,格物之"本"为诚体或独体,格物即格此,也即诚意或慎独(即用),此为体用一体;自《大学》修、齐、治、平而言,格物即修身,此是本(体),而齐家、治国、平天下是末(用),此又为体用一体。

3.邹德涵(1538—1581),字汝海,号聚所,邹守益之孙。生而俊爽,为祖父守益所钟爱。嘉靖三十七年(1558)中举。四十五年从耿定向学,又与耿定理、杨希淳、焦竑等交游,学问大成于此年。隆庆五年(1571)进士及第。授刑部山西司主事,外迁为员外郎,又迁为河南按察司佥事,最后罢官归。曾主持青原山讲会,吉安学风、民风为之一变。居京城,与周思敬、耿定力等倡率为讲会。其著述有《邹聚所先生文集》《邹聚所先生语录》《易教》等。其学"以悟(即悟本体)为宗"。[1]他在泰州学派耿定向、焦竑等的影响、启发下,参究、证悟良知本体"不假凑泊,不烦矫揉,即显即微,即夷即玄"[2],由此开启了自己的学问、工夫之路,总体上由邹氏家学走向了泰州学派,正如黄宗羲所说:"于家学又一转手矣。"[3]但在具体工夫上,仍保留了不少家风,如重忠敬、重用功之切要,秉承了乃祖"戒惧勿离,时时操存,时时呈露"[4]的主敬之功。实则融

---

[1] 黄宗羲:《江右王门学案一》,《明儒学案》卷十六,沈芝盈点校,第332页。
[2] 耿天台:《明故奉议大夫河南按察司佥事邹伯子墓志铭》,《邹聚所先生外集》,明万历刻本。
[3] 黄宗羲:《江右王门学案一》,《明儒学案》卷十六,沈芝盈点校,第333页。
[4] 邹守益:《文庄府君书》,《邹聚所先生外集》,明万历刻本。

合二者，形成了自家独特的风格，即一方面强调良知现成说，一方面又重视工夫之紧切，从而克服了泰州学派后期出现的轻工夫、情识而荡之弊。同时，又促进了邹氏家学由重工夫向重本体的转移。其思想走向，是明后期江右王学与泰州学派两种学风融合的结果。

4.邹德溥（1549—1619），字汝光，初号完璞，后号泗山，德涵之弟，也是耿定向弟子。为王夫之父王朝聘之师，与船山学有学脉上的关联。万历十一年（1583），会试第二名，廷试第二十二名。初授翰林院编修，后历经筵讲官、司经局洗马、翰林院修撰、太子讲官等。德溥著述宏富，有100多卷，其中存世文献60多卷，包括《邹太史文集》《易会》《春秋匡解》《麟经真传》等。其于学无所不窥，自星历、舆图及国家营屯、盐铁、茶马诸大政皆有考，而内典、道经等书尤极钻研。工古文，善诗词，文法欧、曾，诗近陶、孟；深研制举义，时人以为教父；传家学《春秋》经，为《春秋》学大家。其学集邹氏《春秋》学、《易》学、文学之大成，还是八股文大家，甚至还著有1部音韵学著作。尤其是《春秋》学，安福邹氏为当时全国三大中心之一，而德溥又是其家之最高成就者。在哲学思想上，德溥在朝儒释道三家融合的方向发展，体现了明后期三教合一的思想趋势，也改变了其祖纯正儒家的学风。如他一方面承继其祖邹守益、父邹善及师耿定向之仁学思想，"谆谆于一体万物之旨"；另一方面"得大乘密谛，奉若师保"①，以为"别有究竟法门，有一人能窥最上乘者"②，且"于长生无生之说，亦若有所默证，以为其精者不悖吾儒"③，故而直探心体之奥，发挥佛老玄微之旨。

5.邹德泳（1556—1633），字汝圣，号泸水，德涵、德溥从弟。万历十四年（1586），会试第五名，成进士。历官监察御史、尚宝少卿、太常少卿、通政使司左通政、太常卿等，以刑部右侍郎致仕。乡居30余年，修明家学，羽翼圣经，以讲学传道为业。其著述有《湛源集》《湛源续集》《邹德泳杂著》等，其中《湛源集》佚，现存文献20多万字。其学与从兄德涵、德溥有较大的不同，二兄于祖上多所"走作"，而德泳总体上在向乃祖"回归"，与诸同志商究性

---

① 邹德泳：《先兄官洗泗山老师行状》，《澉源邹氏七修族谱》卷八。
② 邹元标：《官洗泗山公墓表》，《澉源邹氏七修族谱》卷八。
③ 叶向高：《官洗泗山公墓志铭》，《澉源邹氏七修族谱》卷八。

命精微，皆推行其祖之遗教。其思想价值主要体现在对明后期王学末流狂禅之风和俗学的批评以及对纯正王学的维护上，如对"无善无恶为至善"说的严厉批评，与东林学派顾宪成大抵接近。故其思想风格较为平实，所谓"笃实光辉，不尚口耳，不希玄妙，一本于心所自得。其言以为吾侪既有志圣学，必求识心"[①]，而其所谓"识心"，乃识孟子所云"四端之心"，而非佛老玄奥之心。不过，其思想仍有所融合和发展，如"格致说"和"尽心说"。前者，把致知与格物、心知与外物合而为一，有将朱子之重外和阳明之重内弥合的趋势。后者，发挥孟子的"尽心说"，将修养工夫置于"尽心"上，并将形上的天和性收归于心，形上与形下合一，本体与工夫合一，又有将朱学和陆学融合的意味。

总之，安福阳明学人物众多，思想丰富，代表了江右王学的最高水平。之所以取得如此高的成就，与安福的地域文化、阳明思想本身的吸引力、书院和讲会的兴起、学派内相互影响和传承等密切相关。

（彭树欣撰稿）

---

① 蔡懋德：《明正议大夫刑部右侍郎泸水邹公墓志铭》，《澈源邹氏七修族谱》卷八。

阳明学与泰和

江西是王阳明建立三不朽伟业的基地，拥有众多的追随者，使得"阳明一生精神，俱在江右"，其中吉安地区尤为重要。在吉安地区中，泰和县的情形又最有意味。王阳明本人并没有在泰和县任过职，充其量路过而稍作停留，但泰和的阳明学者众多，阳明学对泰和地方社会文化的发展变迁影响深远；同时，王阳明的好友罗钦顺被公认为朱子学后劲，是著名的"江右大儒"，晚年长期乡居泰和，对王阳明的学术思想展开了严厉而深刻的批评，对阳明学在泰和的传播和发展产生了重大而复杂的影响。

一、泰和王门的形成及其主要代表

之所以"阳明一生精神，俱在江右"，尤盛于吉安地区，固然首先是因为江西是王阳明建立"三不朽"伟业的基地。王阳明龙场悟道后任职庐陵知县，他励精图治，亲民爱民，取得了不俗治绩，赢得地方士绅的衷心爱戴。后来王阳明又以吉安为根据地平定了宁王朱宸濠之乱，随后悟出致良知说。尤为重要的是，包括泰和县在内的吉安地区有着阳明学的传播和发展的肥沃土壤。宋代以来，这里的教育文化事业发达，理学繁荣，素有"文章节义之邦"之美誉，同时，宗族势力强大，宗法关系严密，这是阳明学在吉安的传播和发展的重要基础。万历《吉安府志》称：

> 自唐颜真卿从事吉州，铿訇大节，诵慕无穷。至欧阳修一代大儒，开宋三百年文章之盛，士相继起者必以通经学古为高，以救时行道为贤，以犯颜敢谏为忠。家诵诗书，人怀慷慨，文章节义遂甲天下。故家世胄，族有谱，家有祠，岁时祭祀必以礼。长幼之节，疏不间亲，贵必下贱，苍头臧获，长子孙数十世，名义相续属不绝。家范肃于刑律，乡评严于斧钺。①

---

① 余之祯总修，王时槐纂修：《风土志》，万历《吉安府志》卷十一，汪泰荣校点，第196—197页。

同治《泰和县志》引述了不少文献描述本县的风土人情：

> 男女重于敦本，忠义本乎性成，不为势屈利诱，君子习诗书而笃忠贞，细民力生业而务俭朴，尤谨婚姻而重氏族。①
> 邑素称文献之邦，其君子则守礼而畏法，闲居族处，相与讲先王之道，少者亦诵经史，学文章以举进士为业，故弦诵之声相接。其细民则尽力于南亩，或转货于江湖，贸鬻于市区，营什一之利养父母，育妻孥，而有自得之乐，是以贤者皆明乎理谊，果于为善，其余既安于所业而无外慕，亦易与为善而难与为恶。县令之贤，则敬之如神明，爱之如父母。凡其所令，争劝趋之惟恐后。其政事之良，设施之善，必记忆传诵，至于久而弥新。及其后也，往往有庙祀之者。②

文化教育的发达，意味着地方上有大量的读书人存在和科举的成就：有明一代泰和县考取进士的人数达到二百零四人。这些人从小接受的教育不仅仅是获取功名，建功立业，更要追求成为儒家圣贤。阳明心学作为一种新的"圣学"，王阳明本人又用其卓越的政治军事成就证明了其理论的真理性价值，且其政治军事成就就是在离本地不远的地方取得的，这对他们无疑有着巨大的吸引力。这些在地方上通常很高的威望和很大的话语权，加上强大的宗法和宗族势力，使这些人的言行举动通常有很大的示范效应。他们一旦接受并试图传播阳明学，影响自然不同一般。

泰和县在南昌—吉安—赣州的赣江水路交通线上，从泰和往北到庐陵县和吉安府城不到百里，往南到赣州三百余里。也就是说，泰和与王阳明曾任知县的庐陵县相邻，与王阳明任南赣汀漳巡抚时的驻地赣州也不远。正德五年（1510）王阳明任庐陵知县的治绩必然为泰和士绅所知晓。从正德十二年（1517）正月至十六年（1521）六月，王阳明先后担任南赣汀漳巡抚和江西巡抚，分别驻赣州和南

---

① 宋瑛等修，彭启瑞等纂：《舆地·风俗》，同治《泰和县志》卷二，《中国地方志集成·江西府县志辑》（第64册），江苏古籍出版社1996年版，第57页。
② 王直：《送郑知县之泰和序》，宋瑛等修，彭启瑞等纂：《舆地·风俗》，同治《泰和县志》卷二，《中国地方志集成·江西府县志辑》（第64册），第57页。

昌，南来北往，必经泰和。正因为如此，尽管阳明本人没有在泰和任过职，但泰和拥有众多的阳明学研究者和传播者。据考证，泰和的阳明亲传弟子有九人，位列全国各县前列，再传弟子及其他没有正式拜师的阳明学研究者、传播者和践行者就更多了，其中以欧阳德、刘魁、胡直等人最为重要。通过他们的努力，阳明学说在泰和得到了广泛传播并深入人心。

刘魁（1486—1552），字焕吾，号晴川，出身于泰和县的一个官宦家庭。父刘敔，举人出身，担任过县令，这也使得刘魁从小接受到良好的教育。刘魁于正德二年（1507）中举，历任湖南宝庆府（今邵阳市）通判、钧州知州，广东潮州府同知等职，官至员外郎。

刘魁早年在父亲的指导下接触的是陈献章的江门心学，父亲去世后，拜师王阳明，后又向邹守益问学，从此便以传播阳明学，践行良知说为使命。任钧州知州、潮州府同知期间，刘魁大力兴办教育，在钧州创建社学九十五所、书院五处，在潮州也是扶植风教，助修府学明伦堂、尊经阁、"昌黎旧治坊"，在传播阳明学方面卓有成效，培养出一批阳明学人才，其中以郭学书最为知名。任工部员外郎时，因上疏触怒嘉靖皇帝，被廷杖四十，并逮捕入狱。遇赦回乡后，刘魁致力于研究和传播阳明学，积极参加阳明学讲会，每年都会与罗洪先等人相聚于青原，举办青原讲会，共同探究良知真谛。

对刘魁来说，全部问题的关键在于切实地致良知，以阳明精神指导日常生活实践，使自己达到圣人的精神境界。他对理论研究兴趣不大，其学术思想以阳明学为主，吸收融合了江门心学，谈不上有特别的创见。罗洪先是这样盖棺论定刘魁的思想和实践的：

> 其后受学于王阳明先生，闻良知之说，于是坚志反观，动有依据。盖自良知之说兴，学者皆指此心知觉以为本体，直任其发用流行，不复存察，谓之致知。公兢兢自考，每一动念，求毋自欺，是非由中，然后敢发。否则禁抑节忍，久令自消。其出入诏狱，静定详审，无少疏怠，则其功力之验也。①

---

① 罗洪先：《明故工部虞衡清吏司员外郎晴川刘公墓表》，《罗洪先集》卷十九，徐儒宗编校整理，第792页。

欧阳德（1496—1554），字崇一，号南野，出身于泰和的一个知名大宗族，是江右王门公认的重要领袖人物之一。欧阳德从小"神颖不群，读书数行俱下，九岁，以奇童称"①，十三岁中秀才，二十一岁中举人。当时巡抚南赣的王阳明在繁忙军政事务之余，在赣州开坛讲学，欧阳德获悉其讲学内容后，确信阳明心学乃圣学无疑，便放弃参加会试的机会，与其胞弟欧阳昱，族人欧阳瑜（安福人）一起前往赣州拜师王阳明，得到阳明的特别赏识和器。阳明称欧阳德为"小秀才"，与来访者论学，往往会先和欧阳德讨论。为了追随阳明，欧阳德甚至放弃两次参加会试的机会，据徐阶记载：

> 初，公领乡荐，阳明先生倡道于虔之行台。其说以为人心虚灵，万理毕具，惟不蔽于欲，使常廓然以公，湛然以寂，则顺应感通之妙，自出乎其中。而世儒往往索诸口耳，其力愈艰，其于用愈窒，非《大学》致知之本旨。于是举孟子所谓良知者，合之《大学》，曰致良知，盖明明德之别名耳。而士溺于旧闻，讹以为禅。公独曰："此正学也。"走受业于先生，凡再不赴春官。精思践日，有所自得。比入官，则遂以其学施诸政事。②

欧阳德于嘉靖二年（1523）考取进士，步入仕途。此后，他一方面"以其学施诸政事"，同时把讲学视为圣学教化的有益途径。仕途顺畅的欧阳德利用一切机会和资源，大力传播阳明学。阳明学由一家而成一国之学，欧阳德居功至伟。他"不务虚远，而充然有当于人心，一时学士为之靡然归向。于是，向之疑者解，信者坚，而阳明之学益以大振于时，南野先生之力也。"③黄宗羲指出："先生以讲学为事。当是时，士咸知诵'致良知'之说，而称南野门人者半天下。癸丑甲寅间，京师灵济宫之会，先生与徐少湖、聂双江、程松溪为主盟，学徒云集至千人，其盛为数百年所未有。"④

---

① 聂豹：《资善大夫礼部尚书兼翰林院学士赠太子少保谥文庄南野欧阳公墓志铭》，欧阳德：《欧阳德集》，陈永革编校整理，第848页。
② 徐阶：《明故太子少保礼部尚书兼翰林院学士文庄欧阳公神道碑铭》，欧阳德：《欧阳德集》，陈永革编校整理，第844—845页。
③ 徐南金：《欧阳南野先生文集序》，欧阳德：《欧阳德集》，陈永革编校整理，第842页。
④ 黄宗羲：《江右王门学案二》，《明儒学案》卷十七，沈芝盈点校，第358页。

欧阳德本人对阳明学在其家乡泰和的传播和发展的贡献不小，却也有明显局限。欧阳德仕途比较顺畅，从六安知州做起，官至礼部尚书兼翰林院学士，于59岁时卒于任上，期间只有父亲去世时回乡丁忧居丧四年（1542—1546），因此，他不能像安福的邹守益、吉水的罗洪先那样，在家乡有效组织起大规模的阳明学研究和传播活动；另一方面，由于欧阳德出身于一个在地方上颇有声望的大宗族，且拥有崇高的政治社会地位和声望，令本地士绅对他敬仰有加，他的学术思想必然在地方产生重大影响。就在欧阳德回乡丁忧居丧期间，本地士子纷纷登门拜师求教，欧阳德都给予了认真的指教提携，因此为本地培养出不少阳明学人才。在这些人中，有后来成为江右王门代表性人物的胡直。这一时期，欧阳德还尽可能利用机会和当时在家的邹守益、罗洪先等江右王门领袖人物一起探讨交流阳明学理论，积极参加青原讲会，为阳明学在吉安的传播和发展做出了重要贡献。

为了捍卫阳明学，欧阳德还与罗钦顺进行了论辩。这一论辩意义重大，下一节专论。

欧阳德不仅在传播阳明学厥功至伟，在学术理论上也颇有建树。他在思想理论上的最大贡献，是对良知与知识的关系进行了细致分析和研究，明确区分了两者之间的本质不同，也指出了两者之间的联系。欧阳德认为："良知"是一种超越性的存在，它首先是一种独知，并不需要借助任何外在的知识而纯粹是出自人的内心。换言之，人的所有的道德观念、道德情感和道德行为都是由人的内在的良知自然或者说自动提供的，不依赖于任何外在的对象和经验意识。人之所以会违背内在的良知，是因为受到了私意或私欲的干扰，因此，人要努力排除私意或私欲的干扰，也就是"致良知"，按照自己固有的内在良知行事，"循其良知"。

泰和县的阳明亲传弟子除了刘魁、欧阳德外，还有王思、胡尧时、欧阳阅、王贞善、曾才汉、曾忭等人。王思（1481—1524），字宜学，号改斋，正德六年（1511）进士。王阳明在赣州讲学时，王思前往赣州拜师求学，并协助阳明平定宁王朱宸濠之乱。胡尧时（1499—1588），字子中，嘉靖五年（1526）进士，官至贵州按察使。拜师阳明后，大力传播阳明学；任贵州按察使期间，刊行阳明著作，并修建阳明书院；致仕回乡后，依然以传播阳明学为己任。他的儿子胡舜举后来从学欧阳德，为阳明学在泰和的进一步传播做出了重要贡献。欧阳阅，字崇勋，欧阳德的族兄，也曾前往赣州拜师王阳明。他发现朱宸濠可能会叛乱，便提请阳明做好应对之策。阳明没有正面回答，而是要求欧阳阅读《易》洗心。王贞善（1491—1558），字如性，号自斋，举人出身，曾任海阳知县。王贞善接触到阳明心学时，即与之产生共鸣，遂前往赣州拜阳明为师，后来又拜师湛甘泉，试图融合阳明心学与甘泉心学。他的儿子王一俞和王一视后来求学于邹守益、罗洪先，为阳明学在泰和的传播以及江右王门的发展做出了重要贡献。曾才汉，阳明门人。他曾在湖北江陵刊行了著名的《阳明先生遗言录》。曾忭（1498—1568），字汝诚，号前川，嘉靖五年（1526）进士。王阳明晚年在绍兴讲学时，曾忭前往拜师求学。致仕回家后，积极参加组织青原讲会，并与湛甘泉的弟子郭应奎共同创建了萃和书院。萃和书院是泰和传播和研究阳明学的基地，在地方民众中名声颇高。曾忭为阳明学在家乡的传播做出了重大贡献。

经过王阳明弟子的努力，阳明学在泰和得到广泛传播，人才辈出，其中尤以胡直最为著名。胡直（1517—1585），字正甫，号庐山，嘉靖三十五年（1556）进士，历任吏部主事、胡广督学、广东、福建按察使等职，并在福建按察使任上去世。胡直先是问学于欧阳德，后又拜师罗洪先，系江右王门第二代传人的重要领袖人物。他把王阳明的"心外无物"说发挥到极端，强调"心造天地万物"，"理在心，不在天地万物"，这颇近似于佛学的"三界惟心"论，受到不少质疑和批评，但胡直对此不以为然且并不讳言。在他看来，儒家和释家有着本质的不同，儒者"尽心"，以天下国家为己任，而释者"不尽心""逃伦弃物"；儒者可以而且应当积极汲取禅学的智慧。必须指出的是，胡直一方面强调"心造天地万物"，同时又特别强调人心中自有"天则"，所以人绝对不能随心所欲、为所欲为、"穷索臆度"，而应该"诵书考古、博物洽闻"，这样才能在日常生活中自然而然地做到非礼勿视、非礼勿听、非礼勿言、非礼勿动。

除了以上人士外，泰和的其他阳明学者也甚多，最著名的如郭子章，虽然并不以阳明学者著称，但师从过胡直，与邹元标等阳明学领袖人物关系非常密切，并且热衷于阳明学的传播，积极参加青原讲会，为青原会馆的建设做出了重要贡献。泰和这类人士甚多，限于篇幅，兹不一一介绍。

二、罗、王之争对泰和王门的影响

讨论阳明学在泰和的传播和发展，王阳明的好友兼学术上的严厉批评者罗钦顺是一个绕不开的人物。

罗钦顺（1465—1547）出身于泰和的一个书香门第和官宦世家，祖父罗铎和父亲罗用俊均中乡试而步入仕途，罗钦顺为弘治六年（1493）的探花，他的两个弟弟罗钦德和罗钦忠均为进士。这样的一个家族在地方上必然拥有崇高的威望，罗钦顺及其家族的学术倾向和言谈举止必然在地方上产生很大影响。况且，罗钦顺官至吏部尚书，不仅政治社会地位高，而且学识渊博，是公认的"江右大儒"。罗钦顺在学术上坚守朱子学，对王阳明的心学理论不以为然，并进行了严厉批评。

王阳明和罗钦顺的私交其实非常不错。罗比王大七岁，比王早六年考取进士，他们都曾遭受过刘瑾的迫害。王于正德元年（1506）遭刘瑾迫害而被廷杖四十，贬为贵州龙场驿丞；罗于正德三年（1508）被刘瑾削职为民，回到泰和，直到刘瑾被诛后，也就是正德五年（1510）才重新被起用。共同的经历使得他们惺惺相惜。也正是在这一年三月，王阳明结束了龙场生涯，来到庐陵县担任知县。阳明赴任途中经过泰和，拜会了罢归家居的罗用俊、罗钦顺父子，罗用俊赋诗送别。后来两人又有一段时期同在南京为官，经常与朋友们一起游山玩水，饮酒赋诗，相互唱和。但谨守朱子学的罗钦顺无法接受和认可王阳明的思想理论，只不过当时并没有进行公开批评。罗钦顺后来回忆说："往在南都，尝蒙诲益，第苦多病，怯于话言，未克倾吐所怀，以求归于一是，恒用为歉。"[①] 正德十五年（1520），王阳明把自己所撰的《大学古本》和《朱子晚年定论》送给罗钦顺。罗钦顺一方面表示感谢，同时致信王阳明，严厉批判其学术理论，王阳明也立即回信答辩。嘉靖六年（1527），罗钦顺致仕回到家乡泰和，从此脚不入城市，潜心学术研究二十余年。也就是在这一年，

---

① 罗钦顺：《与王阳明书》，《困知记》，阎韬点校，中华书局2013年版，第141页。

王阳明奉命前往两广平定思、田之乱，途经泰和时，希望和罗钦顺会面，罗钦顺因病不能来见，而王阳明军备匆匆，也无法前往探看，于是致信罗钦顺，相约来年相见，共同商究学术。罗钦顺收到来信后，经过一段时间的思考研究，给王阳明回了信。遗憾的是，王阳明此去不复返，病逝于凯旋途中，他来不及读到罗钦顺的回信，也来不及读到罗钦顺于嘉靖七年（1528）编撰成的《困知记》。

在致王阳明的信中，罗钦顺指责阳明的格物致知学其实是禅学，"局于内而遗其外"。他认为：王阳明以良知为天理，并不能做到内与外相统一；"今以良知为天理，乃欲致吾心之良知于事事物物，则是道理全在人安排出，事物无复本然之则矣"。①然而事物本身并不以良知为转移，山河大地如此，金石草木同样如此。因此，阳明学说既不符合事实，从理论上也根本说不通，在实践上则是有害的。

在《困知记》中，罗钦顺对王阳明的"致良知"说进行了全面批判。罗认为："良"和"知"是两回事。"良"是人的本性或者说是人的道德属性，"知"则是人性的发挥。王阳明称"吾心之良知，即所谓天理"，说到底是一种禅学理论。他说：

> 孟子曰："孩提之童，无不知爱其亲也，及其长也，无不知敬其兄也。"以此实良知良能之说，其义甚明。盖知能乃人心之妙用，爱敬乃人心之天理也，以其不待思虑而自知此，故谓之良。近时有以良知为天理者，然则爱敬果何物乎？程子尝释"知觉"二字之义云："知是知此事，觉是觉此理。"又言："佛氏之云觉，甚底是觉斯道，甚底是觉斯民？"正斥其认知觉为性之谬尔。夫以二子之言明白精切如此，而近时异说之兴，听者曾莫之能辨，则亦何以讲学为哉？②

由于王阳明于嘉靖七年十一月二十九日（1529年1月9日）病逝，罗钦顺没有能够将《困知记》送给王阳明，但送给了欧阳德。以欧阳德在阳明学界的地位，罗钦顺此举无疑是对阳明学的直面挑战。欧阳德历来对罗钦顺这位前辈非常敬重，称赞罗钦顺"学足以弼主

---

① 罗钦顺：《答欧阳少司成崇一》，《困知记》，阎韬点校，第157页。
② 罗钦顺：《困知记》，阎韬点校，第92页。

违，文足以纬邦，典议足以定国是，节足以镇浮竞"①。但作为阳明弟子和江右王门的领军人物，面对罗钦顺的责难和挑战，欧阳德自然不能沉默以对。在收到书稿后，欧阳德立即致信罗钦顺，为阳明学说进行解释和辩护，对罗钦顺的思想观点进行反驳。罗钦顺自然不会接受，立即复信严厉批评。通过书信往来，两人展开了激烈的论辩。罗钦顺强烈反对"心外无理"说，认为良知说与禅学无异。关于欧阳德和罗钦顺之间的论辩，黄宗羲有较为详细的叙述：

> 罗整庵不契良知之旨，谓"佛氏有见于心，无见于性，故以知觉为性，今言吾心之良知即是天理，亦是以知觉为性矣"。先生申之曰："知觉与良知，名同而实异。凡知视、知听、知言、知动皆知觉也，而未必其皆善。良知者，知恻隐、知羞恶、知恭敬、知是非，所谓本然之善也。本然之善，以知为体，不能离知而别有体。盖天性之真，明觉自然，随感而通，自有条理，是以谓之良知，亦谓之天理。天理者，良知之条理；良知者，天理之灵明，知觉不足以言之也。"整庵难曰："人之知识不容有二，孟子但以不虑而知者，名之曰良，非谓别有一知也。今以知恻隐、羞恶、恭敬、是非为良知，知视、听、言、动为知觉，殆如《楞伽》所谓真识及分别事识者。"先生申之曰："非谓知识有二也，恻隐、羞恶、恭敬、是非之知，不离乎视、听、言、动，而视、听、言、动未必皆得其恻隐、羞恶之本然者。故就视、听、言、动而言，统谓之知觉，就其恻隐、羞恶而言，乃见其所谓良者。知觉未可谓之性，未可谓之理，知之良者，乃所谓天之理也，犹之道心人心非有二心，天命气质非有二性也。"整庵难曰："误认良知为天理，则于天地万物之理，一切置之度外，更不复讲，无以达夫一贯之妙。"先生申之曰："良知必发于视听、思虑，视听、思虑必交于天地、人物，天地、人物无穷，视听、思虑亦无穷，故良知亦无穷。离却天地、人物，亦无所谓良知矣。"②

---

① 欧阳德：《冢宰整庵罗公八十寿序》，《欧阳德集》卷二十，陈永革编校整理，第507页。
② 黄宗羲：《江右王门学案二》，《明儒学案》卷十七，沈芝盈点校，第358—359页。

经过两轮书信往来后,欧阳德没有再作进一步申辩。实际上,程朱理学和阳明心学之间的差异和矛盾很难说是"真理越辨越明"。毕竟在阳明学说中,"良知"是一种形而上的本体存在,日常生活实践中只要让良知本体发用流行即可;而在程朱理学中,"天理"是一种客观存在,所谓"知"无非是人们认识和遵守天理的现实能力。理论的基本假定和前提不同,不可能取得一致意见。再说,欧阳德也不能对这位德高望重的前辈学者不依不饶。

三、泰和王门的讲学讲会活动

尽管罗钦顺和欧阳德都拥有很高的政治社会地位和学术声望,而且欧阳德在传播阳明学方面厥功至伟,但欧阳德居乡时间很短,未及致仕即病逝于任上,无法像安福的邹守益等人那样长期居住家乡,广泛团结起本地阳明学者开展活动。罗钦顺致仕后居住家乡泰和几十年,在泰和的威望远高于欧阳德和本地的其他阳明学者,正因为如此,泰和县的阳明学者尽管人数不少,但无力与罗钦顺抗衡。这也是泰和的阳明学领袖人物在本县组织有影响的活动不多,更多的是前往府城吉安,与邹守益、罗洪先等人一起组织青原讲会,青原成为他们最重要的学术活动基地,或者与万安的阳明学者联合起来,不定期地在庐陵、泰和、万安等地书院举办讲会的主要原因,从而也成为泰和阳明学者的一个传统。① 实际上,泰和本地一直没有组织起有影响的阳明学讲会,值得一提的只有"五人会"和求仁书社。五人会由胡直、曾于乾、王托、欧阳昌等当时泰和的知名阳明学者于嘉靖二十八年(1549)组建,得到邹守益和欧阳德的支持并寄予厚望:"邹文庄公引其会籍,欧文庄居宫端闻之,示以知方立志。"② 但五人会很快就解体了,在地方上和学界的影响不大。求仁书社则是胡直在门人胡舜举的大力支持下于万历五年(1577)创建而成。胡直称:

---

① 参见邹守益:《泰和万安会语》,《邹守益集》卷十六,董平编校整理,第755页。
② 胡直:《亡友月塘曾君墓志铭》,《衡庐序稿》卷八,《胡直集》,张昭炜编校,上海古籍出版社2015年版,第767页。

> 予以嘉靖丁卯蜀归，而乡缙绅、青衿、耆旧、英髦敦为学会，动至数百，迄无息憩所。又创社祭乡约……隆庆己巳，予起畎亩，至癸酉冬，复以乞养返于旧社。友人康宗望暨诸耆宿复申前议。至万历丁丑，遽起崇构，危堂奥室，杰阁嵘嵘，邑侯唐君题曰"求仁书社"。①

同治《泰和县志》记载说：

> 万历初里人为胡直建。求仁书社者，邑前明隆庆间高行信实尔雅士耆为胡庐山先生建也。先生博古嗜道，渊源伊洛，学以仁为宗，凡历官所至，辄以风雅学者。既请告退，居两乡之间，社建而来学者益众。先生乃于讲学外立为条约，岁之期会，无贤不肖胥纳于教焉。噫！此先生之学深于仁也。……先生以为教，无所弃，则人自为教，学以为己，则士自为学而无往不学。②

胡直作为江右王门的领袖级人物，求仁书社自然是以阳明学为指导思想。该书社的基本宗旨是教化地方，而以阳明学教化地方正是江右王门的最大特点之一，所以求仁书社遂通过乡约等形式，把阳明学说进一步深入地根植于广大群众心中。明末清初求仁书社受到损毁，胡直的后人对其进行了修复，不过此时阳明学已受到官方压制，求仁书社后来的活动就基本上与阳明学没有多大关系了。

与此同时，书院也成为泰和人士研究和传播阳明学的重要阵地，其中最重要的是云津书院和萃和书院。云津书院由刘逢元创建于南宋嘉定年间，明正德年间由刘逢元的后裔重修。刘魁回乡后，把云津书院建设成为泰和、万安两县研习阳明学的重要基地，经常在这里举办讲会活动。萃和书院是由王阳明弟子曾忭和湛若水弟子郭应奎在嘉靖年间共同创办的："萃和书院始事者乡大夫，而平川郭公任其劳。主议者台使监司，而柏泉胡公考其成，襄谋者郡邑守长……既而学有约，会有期，岁入有租，所为教养者，亦云备矣。"该书

---

① 胡直：《仁社三逸图赞序》，《衡庐序稿》卷五，《胡直集》，张昭炜编校，第767页。
② 宋瑛等修，彭启瑞等纂：《政典·书院》，同治《泰和县志》卷八，《中国地方志集成·江西府县志辑》（第64册），第163页。

院在地方上颇有威望,地方史志称:"时阳明先生良知之学方倡,诸先生因佃以为萃和书院。月朔望,讲学其中。切磋之余,民间有难申之隐,则就是告理。豪强为之敛手,亦治化之一助也。"① 这就是说,萃和书院在阳明学的传播以及用阳明精神进行社会教化方面成效卓著。

由于罗钦顺的巨大威望和影响,泰和的书院虽然也是研究和传播阳明学的重要阵地,但与安福等地的讲会式书院不同。泰和的书院,即便是云津书院和萃和书院,也并不特别突出王阳明,也没有祭祀王阳明。阳明学者在书院中研究和传播阳明学,程朱学者也在书院中研究和传播朱子学;阳明学者受到尊重,程朱学者也同样受到尊重,尤其是罗钦顺,人们对其更是敬重有加。而无论阳明学者还是朱子学者,都有着同样的目标宗旨,即教育和引导人们自觉遵守儒家名教纲常,建设和谐稳定的地方社会秩序。在这方面,阳明学者与程朱学者既然宗旨相同,自然也就能和谐相处,而不会发生公开冲突。

万历十二年(1584),明政府下令王阳明从祀孔庙,泰和才开始正式祭祀王阳明,遂使阳明学在泰和士绅民众中的影响力进一步提升,阳明精神也广泛传播于民间社会。从此,王阳明的"正心术"成为各个宗族家训家规的第一要义,影响深远。

(李伏明撰稿)

---

① 宋瑛等修、彭启瑞等纂:《政典·书院》,同治《泰和县志》卷八,《中国地方志集成·江西府县志辑》(第64册),第165页。

阳明学与南昌

王阳明的乡人、明末清初大儒黄宗羲说:"姚江之学,惟江右为得其传。"[1] 不仅如此,王阳明一生立德、立功、立言,与江西有着非常密切的关系。他娶亲于南昌、问学于上饶、起复于庐陵、建功于南赣、平叛于鄱湖、讲学于庐山、陨落于大庾,正可谓"阳明一生精神,俱在江右"。而作为江西的省会南昌,是一座与王阳明结下不解之缘的城市。

南昌古称洪都或豫章,初唐四杰王勃在《滕王阁序》中称其为"物华天宝、人杰地灵"之地。南昌地处江西中部,赣江、抚河下游,鄱阳湖西南岸,自古就有"粤户闽庭,吴头楚尾"之称,是"控蛮荆而引瓯越"的交通要冲。明代江西,共有四位藩王,封地南昌的宁王朱宸濠被封最早,地位也最为显赫。正德十四年(1519),宸濠借口武宗荒淫无道,起兵反叛,略九江,破南康,出江西,率舟师顺江而下,攻安庆,威胁南京,举朝震动。王阳明就是果敢平定了宸濠叛乱后,才登上了自己的事功巅峰。

一、洪都岁月

王阳明与南昌的关系非常复杂。他曾在南昌迎娶夫人诸氏,又曾经行南昌远赴贵州谪所。等他重返南昌时,已是南赣巡抚。当然,再度与南昌产生交集,却是平定"宁王之乱",继而临危受命,担任江西巡抚,并接受一年多"莫须有"的指控与调查。他先后两次在南昌讲学,揭出"良知"一义,都曾引起了非常轰动的效果。在他众多弟子中,不乏南昌府属县的门人,虽无庐陵一郡那么多巨擘,却也有不少以绍述阳明学的传人阐明其学。

弘治元年(1488)春,在南昌任江西布政司参议的浙江余姚同乡诸让(养和),给自己的好友王华写了一封信,敦促王华让儿子王阳明来江西与女儿完婚。接到婚约后,王阳明从余姚出发,七月到

---

[1] 黄宗羲:《江右王门学案一》,《明儒学案》卷十六,沈芝盈点校,中第331页。

达南昌章江门内其岳父官舍，与诸氏结秦晋之好，时年十七岁。据说新婚之日，王阳明走入南昌铁柱宫内，与道士谈起自己一直很热衷的养生之道，坐而忘归，直到诸让遣人四处寻觅方返。这座铁柱宫又叫铁柱万寿宫，系晋代净明道祖师、"江西福主"擒缚孽龙之所，为净明道的祖庭和重要道场。后来，另一位才子唐寅应宁王朱宸濠之邀客居南昌，曾游此地，作记一篇，竟在日后为自己洗刷与宁王的关系提供铁证。而真正像许逊一样擒住孽龙的，恰恰就是王阳明。

王阳明在南昌停留一年有余，平素只在布政司内诸让的私第"茶铛书斋"内练习书法为乐，他利用江西盛产的楮纸，反复临摹怀素《自叙帖》等法书，手摹心追之下，使自己的书法功底追溯古人，与时贤相较，也不遑多让。[1] 到次年十二月，王阳明离开南昌返浙，才有了向上饶娄谅问学，顿悟"圣贤必可学而至"的经历。

王阳明重经洪都，已是二十年之后的正德三年（1508）。他在弘治十二年中了二甲进士，先后在工部、兵部任职，正德元年（1506）以疏为御史戴铣求情，得罪权阉刘瑾，被廷杖远戍龙场。迁延经岁后，王阳明于正德三年（1508）正月正式出发，一路西行，元宵经过上饶，正月下旬到达南昌，舟泊石亭寺，写诗遣怀，然后继续溯袁河，经宜春、萍乡，入湘黔而去。

正德五年（1510），从贵州谪所东归的王阳明获得了庐陵知县的任命，时年三十九岁。已经在龙场悟道的王阳明以"知行合一"为己任，与其他视簿领为畏途的庸碌之吏判若霄壤。"古之贤臣多起郡县"，他在吉安虽视事不足一年，却有廉能之誉，政绩颇丰。八月刘瑾伏诛，受到王阳明牵连的父亲王华恢复了南京吏部尚书的官职，王阳明也被召回北京等候新的任命，此行北上经过南昌，因王阳明没有留下诗文记载，是否勾留时日，则不得而知。

正德十一年（1516）八月十九日，正在南京任鸿胪寺卿的王阳明，受到兵部尚书王琼的大力举荐，明廷授其都察院左佥都御史，巡抚南、赣、汀、漳等处地方。九月十四日，王阳明在南京拜命，在月底过完父亲和自己的生日（王华九月二十九，王阳明九月三十）

---

[1] 钱德洪《阳明先生年谱》："官署中蓄纸数箧，先生日取学书，比归，数箧皆空，书法大进。"［转引自束景南：《王阳明年谱长编》（第1册），第64页，第64页］。

后返浙，旋即入赣履新。

王阳明此次进入南昌时正逢年底，封国南昌的宁王朱宸濠闻讯，将王阳明迎进王府，例行举行春节宴会。因王阳明的问学之师是娄谅，娄谅之子娄性与父亲王华又是同科进士，两家关系密切；而娄性的弟弟娄忱又是王阳明志同道合的理学同道，娄谅的孙女娄妃恰恰又嫁给了宁王朱宸濠。加上娄性另一个女儿嫁给铅山籍状元、后来官至首辅大学士的费宏堂弟费寀，所以王阳明与宁王、铅山费氏都有着千丝万缕的瓜葛，这些都为他在日后受到质疑埋下了伏笔。

王阳明在宁王府的宴席之上，气氛并不融洽。王阳明与宁王及其谋士李士实、刘养正有过一次正面交锋，反迹已露的宁王各人对王阳明不断进行暗示与挑逗，均被他一一化解，但彼此已存有戒心。三年之后，宁王终于举兵叛乱，早有预感的王阳明尽管事先就奏请提督军务并提前作了一些布置，但宁王利用五十岁生日的宴会为掩护，提前发动叛乱，令所有的人感到措手不及，江西巡抚孙燧、副使许逵遇难。所幸王阳明事先让弟子冀元亨赴南昌，代替自己在宁王府阳春书院，以讲学为名搜集信息，才使自己掌握主动，脱险丰城，幸免于难。在经历吉安勤王、樟树会师、丰城定计、市汊誓师后，于七月二十一日一举攻克南昌，又与从安庆回师的宁王展开搏杀，擒宁王于新建樵舍。①

八月十六日，王阳明奉敕就任江西巡抚。在此后的时间里，王阳明先后经历权奸索俘邀功、禁军驻省滋扰、宁王反噬诬告、应召面圣遭拒、科道交章攻讦等事。王阳明公忠体国，克敌制胜，却得到功成不受封赏，反而要接受问难质疑的结果。换成一般人势必难以应付，王阳明却在此时立定脚跟，"越是困难处，越是修心时"。他先后在本年于赣州和南昌与邹守益、陈九川反复推理心学之时，终于悟到"致良知"之学。阳明学在经历"心即理""知行合一"之后，从理论到实践都达到了一个炉火纯青的境界。

1519年的南昌，问学者日众，论辩聚讲，终月不散，"是时陈九川、夏良胜、万潮、欧阳德、魏良弼、李遂、舒芬及裘衍日侍讲席"，这段时期是王阳明在南昌大力倡明良知之学的关键节点。嘉靖六年（1527）十月，阔别八年的王阳明回到南昌，受到了极其隆重

---

① 王守仁：《江西捷音疏》，《王阳明全集》卷十二，吴光等编校，第397页。

礼遇，他在南昌的两次讲学可以说是盛况空前，不仅邹守益、陈九川、欧阳德等三百多名阳明弟子大会于南浦驿①，听他开讲"阳明八句教"；"父老军民俱顶香林立，填途塞巷，至不能行。父老顶舆传递入都司，先生命父老军民就谒，东入西出，有不舍者，出且复入，自辰至未而散"，而他在南昌孔庙明伦堂讲《大学》时，"诸生屏拥，多不得闻。"由于观礼人数太多，人们并不能听清王阳明具体讲了些什么，南昌人民以迎接圣人的方式，给了这位有功江西的名臣最高的礼遇。②

嘉靖七年（1528）十一月二十九日，从广西前线回返的王阳明逝于南安府大庾县。十二月二十日，丧至南昌。"巡按御史储良材、提学副使门人赵渊等请改岁行，士民昕夕哭奠。"王阳明停灵南昌十日，"士民皆哭，声载于道。"到次年正月初一，南昌军民才在哭声中送别王阳明归葬浙江。

二、豫章弟子

王阳明事功主要在江西完成，所以在此拥有众多信徒，并促使阳明学说大行其道就是顺理成章的事情。除了安福邹守益、泰和欧阳德、永丰聂豹、吉水罗洪先、临川陈九川、南城夏良胜、雩都黄弘纲、何廷仁等外，豫章弟子中，以南昌县、新建县、丰城县、进贤县四地为最；又以新建魏良器、魏良弼、裘衍、钟文奎、邓以赞；进贤舒芬、万潮；丰城李材；南昌万思谦；万虞恺、万廷言父子和章潢等人最为知名，其中魏良弼、舒芬、李材、邓以赞入选万历七年（1579）江西巡抚凌云翼、潘季驯确定的"豫章二十四先生祠"。现就南昌府属各县著名的阳明门人进行介绍（李材因系王门别调"止修学派"，另在丰城一章中列传）。

王臣是较早师从王阳明的南昌府籍弟子之一。王臣字公弼，南昌县人。早年从王阳明学良知之学，嘉靖初中进士，知泰州。时逢灾害，王赈饥得力，免除粮米六万多石。他在当地息讼劝诲，拆除淫祠，改建尊经阁和胡瑗祠。他得知王艮在安丰场讲学，聘请他到

---

① 按：南浦即南昌广润门前的"南浦驿"，在今"南浦飞云"处。
② 钱德洪：《阳明先生年谱》，束景南：《王阳明年谱长编》，第1907页。

泰州州学，令诸生以王艮为师。后官至浙江佥事，适逢王阳明去世后，幼子孤立，遂与黄绾等人悉心抚养教育，不避嫌怨。后以广东参议罢归，讲学乡里，与邹守益、钱德洪论学往返，人们以"瑶湖先生"称之。熊渔滨评论王臣与王阳明的关系时说："阳明先生少时豪放，一见娄一斋，遂变化收敛。及更历患难，煅烧身心，而后超然有悟于道，有志之士争出其门。瑶湖以穷诸生从而受学，此其志岂在富贵利达哉。观其南宫射策，对心学之问，直发师旨。其始进不苟，可知其治泰州，一以敷教明伦为务。崇祀胡安定，令诸生师王心斋，此岂俗吏所能为者。"①

魏良弼（1492—1575）字师说，号水洲，新建人。嘉靖二年（1523）进士。授浙江松阳知县，后历官刑科给事中、礼科都给事中、太常少卿。因直谏，屡遭廷杖，然言之愈激。居家在丹陵书院讲学达四十二年之久，深得乡人尊重。其学于王守仁，与钱德洪、陈九川、刘邦采、罗洪先、邹守益等往复论学，并参与王门讲会，阐扬王学。隆庆初，进太常寺少卿，致仕。卒后，追谥"忠简"。著有《水洲文集》，后人撰有《魏水洲先生行略》。②

魏良弼是王阳明南昌讲学时的坚定信徒，当时巡按御史唐龙与阳明论点不同，暗中告诫他们不要去听讲，"良政兄弟独不顾，深为守仁所许。"日后魏良弼终于登堂入室，探骊得珠。他认为"知之良处，即是天理；昧其知，失其良，则为人欲。盖自明觉而言，谓之知，自条理而言，谓之理"（《水洲先生集·示诸生》）。为学力主"悟道"，认为"悟由心得，信非讲求得来。用志不分，乃凝于神；神凝，知自致耳；要得神凝，须绝外诱；固非顽空打坐，亦非歌舞讲求，要自守悟处"（《答罗念庵》）。在道德修养上反对时论"多于触处、动念处体认良知"。认为人本得天理良知，但人被习心遮蔽，故不能呈现，若"去其蔽，则本体自然呈露。不须防检，不须穷索，自然流出"。强调"良知之学不待教"，要在"四端"处"扩充"，"以诚身为贵"。③

---

① 许应鑅、王之藩修：《儒林传·王臣传》，同治《南昌府志》卷四十三，清刻本。
② 承霈修，杜友棠、杨兆菘纂：《魏良政　魏良弼　魏良器传》，同治《新建县志》卷四十七，清刻本。
③ 黄宗羲：《江右王门学案四》，《明儒学案》卷十九，沈芝盈点校，第465页。

魏良器字师颜，号药湖，新建人。魏良政、魏良弼弟。兄弟三人均从王守仁学，长兄魏良政中乡试解元去世后，魏良器事师愈谨，并随王阳明返浙。王阳明家里族众事烦，都是魏良器与王畿两人代为处理。后归主白鹿洞书院，生徒至数百人。惜英年不永，仅四十二卒。魏良器学问虽宗良知，而浅近朴实，注重践履。

裘衍字汝中，新建人，正德举人。早从王阳明学，深造自得。选授岳州（今湖南岳阳）推官，上任之初，遇到洪水冲毁码头，使一些为北京修建皇宫的大木漂散，被一些不知道情况的百姓捡到，事后均以盗窃罪论处。裘衍调查到真相，从轻处理。后升任南京工部主事、郎中，辞职归里，居家讲学。与同乡魏良弼、永丰聂豹、安福邹守益切磋心学，垂老不倦。①

吴子金，字维良，南昌县诸生。早从王阳明学，王回绍兴后，他与魏良政徒步到越中完成学业。王阳明去世后，他与魏良政才去参加科举，中式举人。当时严嵩为北京国子监祭酒，听说吴的名声，聘请他去教育子弟。吴到严府不久，感觉失望，坚持辞职南旋，以讲学终身。著有《壁箴》《屏铭》《夜气说》等文章，弟子有同县陈源，后来陈转益于安福刘邦采、南城罗汝芳，造诣益进。②

邓以赞为王学后劲，也是未及门而私淑阳明的学者之一。邓以赞（1542—1599），字汝德，号定宇，新建人。少与张元忭从王畿游，获传良知之学。隆庆五年（1571）进士第三人，授编修。张居正柄国，忤之归。张居正去世后起为太子中允，再起为南京国子监祭酒，官至吏部右侍郎。居母丧，哀而卒，谥曰"文洁"，著有《文洁集》四卷。

邓以赞为王阳明之后学，"澄神内照，洞彻性灵"，对阳明学说多有发明。他说"学问须求自得，天也不做他，地也不做他，圣人不做他"。邓以赞认为，心之本体，"在顺其初者"。所谓"初者"，指万虑俱忘之时，心"突然感之""突然应之"之时，此乃"纯乎天理者"如果意气、意念动，其他思虑随之即起，则皆非其"初"。以"徇外之心为人之心"，不是心之本体，不是心之初，而是随意念继起或并起者；是有意而为，而非心之初万虑俱忘的自然状态。③

---

① 许应鑅、王之藩修：《儒林传·裘衍传》，同治《南昌府志》卷四十三，清刻本。
② 许应鑅、王之藩修：《儒林传·裘衍传》，同治《南昌府志》卷四十三，清刻本。
③ 黄宗羲：《江右王门学案六》，《明儒学案》卷二十，沈芝盈点校，第493页。

舒芬，字国裳，号梓溪，进贤人（今属南昌），正德十二年（1517）状元，授修撰。以谏武宗微服私行，郊游无度，与江西籍夏良胜、万潮、汪应轸上疏极谏，因其言辞激烈，武宗震怒。命舒芬等107人跪于阙阶之下一连五日，后又遭廷杖三十。舒芬伤势甚重，几乎致死，被抬至翰林院中。掌院者怕受牵连，命推出。舒芬说："吾官此，即死此耳。"后贬为福建舶司副提举，他只得带病赴任，数次死里求生。

世宗即位，舒芬被召复原官。又以反对"大礼"，与杨慎等伏左顺门哭谏，触怒世宗，下狱廷杖，削官夺俸，舒芬濒死不悔。后遇母丧，他扶柩南还，因哀伤过度，一病而死，年仅44岁，世称"忠孝状元"。万历间追谥"文节"。

有史料称舒芬丰姿俊仪，曾得阳明亲炙，王阳明也对这位状元门生另眼相看，处处予以点拨接引。关于两者之间的关系，黄宗羲在《明儒学案》的《文节梓溪舒先生芬》中记载了相反的两个论点。一个资料说，舒芬拜师是在正德十五年（1520）其赴福建谪所经过南昌时的事，还一种观点则认为两者时间、地点都对不上。① 但现在我们可以认为，舒芬不论与阳明是否会晤，他服膺良知之学是有据可凭的。

说到豫章王门后学，万氏是其中名气很大的一个家族。当然他们并不是一个地方的人，主要分布在南昌、新建和进贤，却是豫章簪缨世家之一。

万潮（1488—1543），字汝信，进贤人。正德六年（1511）登进士，由宁国推官入为礼部仪制主事，因反对武宗南巡，而与舒芬、夏良胜、陈九川共称"江西四谏"。明世宗即位后，恢复官职，历任浙江提学副使。久之，升为浙江左参政、广西按察使。之后历任陕西右布政使、广西左布政使、陕西左布政使。都察院右副都御史，巡抚云南。后升任都御史，巡抚延绥等地。②

万潮为阳明及门弟子，一生以宣传践行阳明学说为己任。他在任浙江提学副使时，取阖省俊秀到杭州万松书院，自己常至书院会讲，使阳明乡里后学对良知学说信奉更为诚笃。

---

① 黄宗羲：《诸儒学案下一》，《明儒学案》卷五十三，沈芝盈点校，第1280页。
② 《人物六》，康熙《南昌郡乘》卷三十七，清刻本。

万虞恺，字懋卿，号枫潭，南昌县人。少时受业于王守仁，嘉靖十七年（1538）进士。授无锡知县。万虞恺"治尚宽大"，为政恤民，宦绩显著，擢南京兵科给事中。为人梗直刚劲，屡忤上意，以故仕途蹭蹬，历任布政使、刑部右侍郎等职。

万虞恺得阳明正脉，嘉靖间曾在南昌正学书院与张元冲、罗洪先、邹守益、黄弘纲等同门聚而讲会，在阳明身后算是难得的盛况。

万虞恺长子万廷言，字以忠，号思默，嘉靖四十年（1561）进士，历礼部郎中、提学副使，因忤权贵，左迁汀州府推官，历广平府同知，后又罢职，遂绝意仕途，醉心良知之学，阳明后学的重要人物。万廷言幼时师事名儒罗洪先，罗洪先安贫乐道、不骛虚荣的志趣对万廷言的成长产生直接的影响，罢职后"杜门三十余年，韬光匿迹，研几极深"，于诸子中"尤深于《易》"，"深见乾天至善之体，融结为孩提之爱敬，若先生始可谓之知性也"。万廷言曾于南昌城东、宋时豫章先生罗从彦故居，建"罗原书屋"讲学，罗洪先亲题其额并亲自会讲。万廷言一生著述颇丰，有《易原》《易说》《约语》《学易斋前后集》《经世辑要》等书数十卷，惜多不存。①

万思谦，字益父，南昌人。少时闻王阳明之学，憬然有悟。后登嘉靖进士，授嘉定知县，御倭得力，调刑部主事。因在光禄寺丞任满时得罪吏部，被遣出为四川参议。迁福建左布政使，转南京太常寺卿，曾致书当政的同科进士、大学士张居正，被谏官劾罢，飘然而归。

郭升，字东旭，新建人。早年闻王阳明之名，与同乡程度一起，专程至赣州师从阳明。宁王朱宸濠叛乱时，其家因在乱中，毁坏殆尽。乱后王阳明以充公的逆产赔偿，郭升谢而不受。巡按御史嘉其节操，推荐他担任白鹿洞书院山长，后授兴国县训导、归化教谕。著有《大学中庸问答》。②

舒柏，字国用，靖安人。少有大志，以圣贤自励。师事王阳明，后中式举人，授歙县儒学训导，主管紫阳书院，负责教育徽州一府

---

① 黄宗羲：《江右王门学案六》，《明儒学案》卷二十一，沈芝盈点校，第500页。
② 许应鑅、王之藩修：《儒林传·裘衍传》，同治《南昌府志》卷四十三，清刻本。

六县诸生。他订立条约，身自躬行，为士子所表率。升广西梧州府同知，主讲梧山书院，巡抚陶公说他"有温故知新之学，有成己成物之心"。又创岭表书院，两广学子多从之学。王阳明至广西平思、田二州，舒柏再次跟随老师平叛，有赞画之功，迁南京刑部员外郎。因其弟舒楠、其子舒炯都是王府仪宾，身为贵戚，不能选授京官，故改舒柏为南宁知府。①《王阳明全集》中的《答谕敬畏书》，就是为舒柏而作。

黄卷，号双川，奉新人。嘉靖时贡生，曾任宜城县学训导。善写草书，素慕阳明之学，虽未得阳明指授，但以良知自励。聚徒讲学，从者甚众。著有《道统正宗图》《道统问》等。②

章潢（1527—1608），字本清，南昌人，布衣学者。章潢自幼好学，父亲去世后，在南昌东湖建"此洗堂"。又受聘主白鹿洞书院讲席，立《为学次第》示学者，并身体力行，主持或参与多次会讲活动，为明末南昌王门学者的领军人物，也是江右豫章王门的殿军。

章潢的学问较为广博，一方面，他与万廷言为同学，曾一起切磋良知之学，又参与甲午庐陵会讲，但他又回溯理学之源，调和程朱与陆王的分歧，"如主敬穷理致良知言各不同，皆求明性善之功，岂必专执一说，然后为所宗耶"。黄宗羲认为他"论止修则近于李见罗，论归寂则近于聂双江"。③另一方面，他与客居南昌的意大利人利玛窦结交，并借此汲取西方地图学、天体学成就，丰富自己的《图书编》。所以从某种意义而言，章潢既可以视为王学殿军，又可以视其为当时第一个与西方文化打交道的学者。

（毛静撰稿）

---

① 许应鑅、王之藩修：《儒林传·裘衍传》，同治《南昌府志》卷四十三，清刻本。
② 许应鑅、王之藩修：《儒林传·裘衍传》，同治《南昌府志》卷四十三，清刻本。
③ 黄宗羲：《江右王门学案九》，《明儒学案》卷二十四，沈芝盈点校，第571页。

王阳明与丰城

丰城为江西腹心之地的大县,人口众多,经济发达。丰城建县于东汉建安十五年(210),系析南昌南境立县,因此长期隶属豫章郡、洪州或后来的南昌府。"丰城邑岩岩,水种六万户"①,元代一度升为富州,到明初的洪武二年(1369)仍降为县,为南昌府属八个州县之一。丰城因控扼南北交通要道赣江,为南昌南部的重要门户,颇具军事价值。另外,丰城系战国名剑"龙泉""太阿"出土地,因此别称"剑邑",故此地以"崇文尚武,重情重义"著称。

自唐迄清,丰城有书院40余座,通过科举产生的进士440余人,鼎甲之盛,在江西仅次于庐陵、临川两个人才中心。丰城著名的历史人物,主要集中在宋、明两代,如宋代的黄畴若、范应铃、徐经孙、徐鹿卿、雷宜中等,均为《宋史》立传人物。到了明代更臻全盛,共得两京尚书13人,地方督抚及京朝堂上官的数量更是指不胜屈。其中著名的,如明初进士第一、文渊阁大学士朱善,明中期的兵部尚书熊绣、吏部尚书李裕,嘉隆万时期的刑部尚书喻茂坚、南京兵部尚书李遂、南京礼部尚书杨廉、工部尚书雷礼等。当然,有明一代,丰城能称翘楚的一流人物,文必称李材,武必称邓子龙。颇为有趣的是,上述人物大多与王阳明有所联系。

一、丰城脱险

王阳明与丰城的联系,与其在江西的主要活动相适应。因为没有其弘治元年(1488)七月初至南昌到弘治二年(1489)十二月返回余姚这一年多的婚娶期里离开省城外出的记录,因此百里之遥的丰城应非其践履之地。直到正德三年(1508)初,三十七岁的王阳明西行赴龙场谪所,正月末从南昌往分宜途中,丰城是必经之地。只是客路迢遥,王阳明未遑勾留剑江之上,只能对丰城这一龙剑变化之区投以匆匆一瞥。等到他再次经行丰城,已是两年后的正德五年(1510)

---

① 黄庭坚撰、任渊等注:《丰城》,《黄庭坚诗集注·外集》卷九,刘尚荣点校,中华书局2003年版,第1056页。

十月在庐陵政成北上之际。之后王阳明经过丰城，是在正德十二年（1517）正月初，此时他的身份已是巡抚南赣都御史，在南昌过完年后即启行赴赣州履新，丰城同样没有引起他太多的注意。

真正将丰城与王阳明命运紧密联系在一起的，就是那场著名的战役——平定宁王朱宸濠叛乱。

众所周知，弘治二年（1489）年底王阳明返浙经过广信府时，曾向上饶籍大儒娄谅问学，王阳明与娄家的关系从此拉开序幕。此前娄谅长子娄性与其父王华同为成化十七年（1481）进士，两位同年交契颇深，这为王阳明日后的交往打下基础；而王阳明与娄性之弟娄忱、娄谅弟子夏尚朴有学术上的往来，王、娄两家可以说是世交，所以王阳明与娄性的女婿，也就是宁王朱宸濠，必然有在社会关系方面的大量交集（当然还包括娄性另一位女婿铅山费寀，以及他位至首辅的堂兄费宏）。王阳明赴南赣巡抚之任，恰逢正月初一，王就曾应朱宸濠之邀在宁王府赴宴贺岁，久蓄异志的宁王在席间一直暗示王阳明，都被王阳明巧妙地回避。

宁王朱宸濠在正德十四年（1519）六月十四日举兵反叛，并杀死了拒绝合作的江西巡抚孙燧和副使许逵，囚禁了大批前来参会的官员，收缴了多颗各个衙门的印信。在宁王举兵叛乱之前，王阳明肯定也是在受邀之列，但他对宁王一直保持着高度的警惕，所以他六月九日从赣州启行，顺流而下过了吉安，走到丰城不知为何就没有再前行。丰城距离南昌百里，这个安全的距离可以足够他观察动静和作出相应的处置。按照其本人的说法，他的目的是去福建平叛。但是，他入闽的路线，以及没有率领军队而是带着妻子诸氏、养子王正宪和秘书萧禹和雷济，就让人感到诧异。由于没有想到宁王这么快动手，所以王阳明在丰城并未做出相应的防备，直到十五日获悉危情的丰城知县顾佖匆匆赶到他的官船告变，宁王正遣人溯江追缉王阳明，他才意识到出了大事。据其《飞报宁王谋反疏》中说：

> 正德十四年六月初五日，节该钦奉敕："福州三卫军人进贵等胁众谋反，特命尔暂去彼处地方，会同查议处置，参奏定夺，钦此。"钦遵，臣于本月初九日自赣州启行，至本月十五日，行至丰城县，地名黄土脑，据该县知县等官顾佖等禀称，本月十四日宁府称乱，将孙都御史、许副使并都司等官杀死，巡按及三司、府、

县大小官员不从者俱被执缚，不知存亡。各衙门印信尽数收去，库藏搬抢一空，见监重囚俱行释放。舟楫蔽江而下，声言直取南京，一面分兵北上。各官皆来沮臣不宜轻进，其时臣尚未信，然逃乱之民果已四散奔溃，人情汹汹，臣亦自顾单旅危途，势难复进。方尔回程，随有兵卒千余已夹江并进，前来追臣。偶遇北风大作，臣亦张疑设计，整舟安行，兵不敢逼，幸而获免。①

至于当时具体情状，其弟子黄绾和钱德洪均有记述，与丰城地方志所载王阳明祭风一事大略其同：

> 濠初谋欲径袭南京，遂犯北京，故乘胜克期东下。先生闻变返舟，值南风急，舟弗能前，乃焚香拜泣告天曰："天若哀悯生灵，许我匡扶社稷，愿即反风。若无意斯民，守仁无生望矣。"须臾，风渐止，北帆尽起，濠遣内官喻才领兵追急，是夜乃与幕士萧禹、雷济等潜入渔舟得脱。②
> 公以六月初九日自赣往福建勘事。十五日至丰城县界，典史郑人报濠反状，继而知县顾似具言之。公度单旅仓猝，兵力未集，难即勤王，亟欲溯流趋吉安。南风方盛，舟人闻宸濠发千余人来劫公，畏不敢发，乃以逆流无风为辞。公密祷于舟中，誓死报国。无何，北风大作。舟人犹不肯行，拔剑馘其耳，遂发舟。薄暮，度势不可前，潜觅渔舟，以微服行，留麾下一人服己冠服在舟中。濠兵果犯舟，而公不在。欲杀其代者，一人曰："何益？"遂舍之，故追不及，是夜至临江。③
> 尝闻雷济云：夫子昔在丰城闻变，南风正急，拜受哭告曰："天若悯恻百万民命，幸假我一帆风。"须臾风稍定，顷之，舟人欢噪回风。济、禹取香烟试之，舟上，果然。久之，北风大作。宸濠追兵将及时，夫人、公子在舟，夫子呼一小渔船，自缚敕令，济、禹持米二斗，脔鱼五寸，与夫人为别。将发，问济曰："行备否？"济、禹对曰："已备。"夫子笑曰："还

---

① 王守仁：《飞报宁王谋反疏》，《王阳明全集》卷十二，吴光等编校，第434页。
② 钱德洪：《年谱二》，王守仁：《王阳明全集》卷三十四，吴光等编校，第1566页。
③ 黄绾：《阳明先生行状》，束景南：《王阳明年谱长编》，第1117—1118页。

少一物。"济、禹思之不得。夫子指船头罗盖曰:"到地方无此,何以示信?"于是又取罗盖以行。①

王阳明返回吉安以后,开始调集四方兵力勤王,其中檄发《策应丰城牌》,令各处兵马调集船只先行协防丰城,勿令上游失守。七月十五日各路军马在樟树镇誓师后,十八日王阳明到达丰城,开始部署进攻南昌事宜:

> 十八日遂至丰城,分布哨道:使知府伍文定为一哨,攻广润门入;知府邢珣为二哨,攻顺化门入;知府徐琏攻惠民门入;知府戴德孺攻永和门入;通判胡尧元、童琦攻章江门入;知县李美攻德胜门入;都指挥余恩攻进贤门入;通判谭储、推官王昈、知县李楫、王天与、王冕等各以其兵乘七门之衅,傍夹攻击,以佐其势。是日得谍报,宁王伏兵千余于新旧坟厂,以备省城之援。臣乃遣奉新知县刘守绪、典史徐诚领兵四百,从间道夜袭破之,以摇城中。②

此后王阳明破南昌、战鄱湖、擒宁王的经过均见于史籍。战后王阳明又曾数度经过丰城。据同治《丰城县志》之《水利志》载,为表达对丰城官民的感念,王阳明计划兴修一处水利工程,将黄土脑到苦竹洲一带的沙洲进行整治,后因工程较大而军务繁忙而作罢。现在只留下两首七律,一为《丰城阻风》,一为《重登黄土脑》,二诗中均出现"此地曾经拜北风"之句,一记当时惊险之状,二示答谢丰城士民之意:

> 北风休叹北船穷,此地曾经拜北风。勾践敢忘尝胆地,齐威长忆射钩功。桥边黄石机先授,海上陶朱意颇同。况是倚门衰白甚,岁寒茅屋万山中。
> 一上高原感慨重,千山落木正无穷。前途且与停西日,此地曾经拜北风。剑气晚横秋色净,兵声寒带暮江雄。水南多少

---

① 钱德洪:《征宸濠反间遗事》,束景南:《王阳明年谱长编》,第1118页。
② 王守仁:《江西捷音疏》,《王阳明全集》卷十二,吴光等编校,第444页。

流亡屋，尚诉征求杼轴空。①

二、交游影响

前文已述，丰城在明代仕宦人物颇夥，在王阳明主政江西前后，都有不少丰城籍人士与其交游，最后产生了创立"止修学派"的李材这样的再传弟子，也是情理中事。

熊卓（1463—1509），字士选，丰城曲江镇人。弘治九年（1496）进士。授平湖知县、擢监察御史，遇事不避，多所奏劾。正德初刘瑾柄政，矫诏廷杖，勒令致仕，因伤重逝于家。嘉靖二十二年（1543），宁波范钦为刻《熊士选集》。熊卓与王阳明、李梦阳为文章之友，同样宗奉"文必秦汉、诗必盛唐"，在政治上三人观点相近，三人同时被刘瑾打击，李、王幸免而熊卓身死，后李、王二人都曾到丰城致祭。

杨廉（1452—1525），字方震，号月湖，一号畏轩，丰城城内桂山坊人，乡试解元，成化二十三年（1487）进士，改庶吉士，授南京户科给事中。改南京兵科，迁南京光禄寺少卿。正德初改太仆卿，历顺天尹，迁南京礼部右侍郎。世宗即位，为南京礼部尚书。杨廉早岁即与王阳明交游，只因杨廉宗朱，所以议论多所不合，从其《月湖集》所存与王阳明、罗钦顺等人往来书信看，杨廉笃守紫阳矩矱的观点与王阳明有异，却与泰和罗钦顺颇为一致。

李遂（1504—1566），字邦良，丰城湖茫（今段潭乡湖茫村）人。弱冠从欧阳德游，中嘉靖五年（1526）进士，授官行人，历刑部郎中，迁湖州同知，嘉靖十七年（1538），李遂三迁衢州知府，有治绩。升苏、松兵备副使、广东按察使、山东右布政使。江洋多盗贼，以右佥都御史提督操江。军政严明，盗不敢发。嘉靖三十六年（1557）为凤阳巡抚，击倭寇三战皆捷，升南京兵部尚书。李遂为诸生时曾谒王阳明问学，故钱德洪将其列为王门弟子，但李遂似乎一直对此没有明确，因其《李襄敏公奏议》和《督抚经略疏》所载均为军政事务，不能窥见其学术倾向。

---

① 王家杰修，周文凤、李庚纂：《艺文志》，《丰城县志》卷二十六，清同治十三年刻本。

李贵，字廷良，号浣所，丰城城内南湖（今大树李家）人，吏部尚书李裕曾孙。少时读书，过目成诵，邹守益讲学白湖寺，从之游，遂悟。中嘉靖三十二年（1553）进士，选庶吉士，官至四川副使，有《浣所李公文集》。李裕之子李概为思州知州时，曾羞辱过正在居夷所困中的王阳明，而李贵却成为王阳明的再传弟子。

　　李材（1529—1607），字孟诚，号见罗，丰城湖茫人，尚书李遂次子，"止修学派"创始人。少从邹守益学，中嘉靖四十一年（1562）进士，授刑部主事。隆庆间，迁广东佥事，屡败倭寇。万历初，历官云南按察使，以御缅甸功，擢郧阳巡抚。被劾逮问，坐系十余年。后戍镇海卫，所至聚徒讲学，耸动一时。学者称"见罗先生"。李材著述宏富，有《观我堂摘稿》《见罗先生书》《将将纪》等三十余种，今存世者十余种。

　　李材原在王门高足邹守益名下学习，后另辟蹊径，揭"止于至善""修身为本"为宗旨，别创"止修学派"，并与门人王尹卿、陈永宁、韦纯显等讲习"止修"。受其影响的弟子有陆典、朱万元、韦宪文、陈致和、王任重等。

　　该学派以"知止"为原则，以"修身"为目的，认为"知止"是言行尺度和是非标准，"修身"是目的，是归宿，即李材所说："《孟子》道'性善'，《大学》说'至善'，《中庸》要'明善'。以谓不明乎善，则不能修乎身也。正是不知止于至善，则不能修乎身也。岂可强心之用为体，抑天之命为知？"① 故"止修学派"认为人性本善源自先天，才有高低成自后天。"儒惟本天也，故于性上，只是道得一个善字。"② 黄宗羲批评"止修"只是标新立异，与"致良知"并无二致，但因其学说已脱离王门旨归，所以《明儒学案》只能另立《止修学案》。

　　徐即登（1544—1626），字献和，又字德峻，号匡岳，丰城城内登仙门人。万历十一年（1583）进士，官至河南按察使。有《周礼说》及《来益堂稿》。徐即登为李材入室弟子，"止修学派"重要传人，虽去王门正宗渐远，但他与另一位丰城籍进士李复阳在万历后期，力矫王学流弊，以救师说。

---

① 李材：《答董蓉山》，《见罗先生书》卷十二，明万历刻本。
② 黄宗羲：《止修学案》，《明儒学案》卷三十一，沈芝盈点校，第673页。

另外还有丰城刘乾初（德易）、熊尚文（益中）和徐即登一样，为维护"止修"之说不遗余力。①

邓子龙（1531—1598），字武桥，号虎冠道人，丰城落星桥（今杜市镇茂溪邓家）人。少以堪舆为业，邹守益讲学于龙光书院，往游之，即罗洪先所说"尚忆师恩礼东廊"。后遇罗洪先于丰城白云寺，投之门下，从游玉笥山、庐山天池寺诸处。以罗洪先之荐，投笔从戎，中式武举，赴闽广抗倭。复于江西平乱、湘黔平叛、云南御缅。万历二十六年（1598）以副总兵官赴朝作战，在露梁海战中殉国。有《横戈集》《阵法直指》《风水说》等。

邓子龙虽为武将，却具备邹守益、罗洪先弟子身份；与李材在云南也有过军事合作和交流，其学术不显，却以战功传名，能取"三立"之一端，也算是江右王门中的干城之寄。②

李廷止，号楮山，丰城小港人。早年师事罗汝芳、李材和王畿三先生。一天李材对李廷止说，"'四书''五经'只是修身为本的注脚。"李廷止回答说："修身为本只是我的注脚"，李材听了大为称赏。王畿见李廷止意志坚定，称他为"铁脊汉"。李廷止讲学以"良知"为宗，以"求友"为亟，长年游历苏浙，陶望龄劝他去做官，廷止一笑置之。

李大昭，字汝潜，号潜庵，丰城城内南湖人。万历年间为诸生，少从王畿、徐即登受学，得儒门心印。李材在江西讲学时，大昭朝夕侍从，学业大进。吉水邹元标过丰城与他交谈，大昭解释李材"止修"说："人只为形气所役，克去形气，修身，便是止至善。"又说："率性之谓道，顺之则天，逆之则人。"邹元标大为赞赏。晚著《程子全书》《儒门定脚录》《事学日抄》《困知纪略》等。去世后，邹元标为作墓志铭。③

（毛静撰稿）

---

① 黄宗羲：《止修学案》，《明儒学案》卷三十一，沈芝盈点校，第696—697页。
② 邓子龙：《横戈集》，明末清初抄本，国家图书馆藏。
③ 同治《丰城县志》卷十五《儒林》之《李廷止传》《李大昭传》。

阳明学在抚州

一、阳明心学的源头与发展

抚州地处江西东部，今辖2区9县（临川区、东乡区、南城县、南丰县、广昌县、黎川县、资溪县、金溪县、乐安县、宜黄县和崇仁县）和东临新区以及1个国家高新技术产业开发区。抚州是一个出思想家的地方，尤其是宋元明时期出现了一大批在全国有影响的思想家，如李觏、王安石、陆九渊、吴澄、吴与弼、罗汝芳等。其中陆九渊建立了一个与程朱理学相抗衡的"心学"思想体系，被称为"陆学""象山之学""江西之学""圣人之学"。陆学后经明代王阳明的发扬光大，成为中国思想史上的重要学术派别"陆王心学"。元代吴澄基本否定了朱熹的"道问学"，而接受了陆九渊的"本心论"，其学说乃是折中朱、陆的产物，发挥了从宋代理学向明代心学过渡的桥梁作用。明初吴与弼所创立的崇仁学派，培养了一批像胡居仁、陈献章、娄谅等著名弟子，而娄谅为阳明业师。弘治二年（1489）十二月，18岁的阳明带着夫人诸氏回余姚，在上饶正式拜娄谅为师。《阳明年谱》说："是年，（阳明）先生始慕圣学。先生以诸夫人归，舟至广信，谒娄一斋谅，语宋儒格物之学，谓'圣人必可学而至'，遂深契之。"[1]

王阳明对象山之学也非常倾心。正德六年（1511），徐守诚入京来访时，他们就讨论了朱、陆之学，并辨其异同。正德九年（1514），阳明写信给王道，对朱陆之学也有论辩。正德十四年（1519），汪循来信，与阳明讨论朱陆异同。十五年（1521）正月，阳明牌行金溪县褒崇陆氏子孙："据抚州府金溪县三十六都儒籍陆时庆告，看得宋儒陆象山先生兄弟，得孔孟之正传，为吾道之宗派，学术久晦，致使湮而未显，庙堂尚缺配享之典，子孙未沾褒崇之泽，仰该县官吏将陆氏嫡派子孙差役，查照各处圣贤子孙事例，俱与优免。其间有聪明俊秀堪以入学者，具名送提学官处选送学肄业。务

---

[1] 钱德洪：《年谱一》，王守仁：《王阳明全集（简体版）》卷三十一，吴光等编校，上海古籍出版社2017年版，第1002页。

加崇重之义,以扶正学之衰,俱依准缴。"① 同年二月,席书给阳明寄来《鸣冤录》,书中为象山鸣冤辩白,阳明回信称赞。七月,阳明过抚州为重刊《象山文集》作序,序中大阐"心学",开篇即言"圣人之心,心学也"。最后说:"惟读先生之文者,务求诸心而以旧习己见先焉,则糠秕精凿之美恶,入口而知之矣。"②

明人王士性《广志绎》说:

> 江右讲学之盛始于朱、陆二先生,鹅湖、白鹿,兴起斯文。本朝则康斋吴先生与弼、敬斋胡先生居仁、东白张先生元祯、一峰罗先生伦,各立门墙,龙翔凤起。最后阳明先生发良知之说,左朱右陆。而先生勋名盛在江右,古今儒者有体有用无能过之。故江右又翕然一以良知为宗,弁髦诸前辈讲解,其在于今,可谓家孔孟而人阳明矣。第鱼目鼠璞,何地无之。后之为阳明之学者,江右以吉水、安福、盱江为盛。③

从王士性这段话里可以看出,自宋至明,抚州讲学之风和思想传播之风尤盛,如陆九渊、吴与弼、罗汝芳等,文中"盱江"即指罗汝芳。在明代,抚州籍思想家陈九川、罗汝芳等在传承阳明学方面做出了贡献。陈九川师承王阳明,罗汝芳师承泰州学派颜山农,他们的思想多源于陆王心学。

到了清代,临川人李绂(1675—1750,字巨来,号穆堂)对发扬光大阳明学做出过很大贡献。李绂学宗陆王,梁启超《中国近三百年学术史》称其为"王学最后一健将","陆王派之最后一人","结江右王学之局"。④ 而钱穆的《中国近三百年学术史》誉之为:"有清一代陆王学者第一重镇推之,当无愧矣。"⑤ 著有《穆堂类稿》《陆子学谱》《朱子晚年全论》《阳明学录》等,遗憾的是《阳明学录》今已佚。

还有一些客籍思想家将思想的种子撒播在抚州,泰州学派的王栋就是其中之一。王栋在嘉靖三十七年(1558)应岁贡,即任南城

---

① 王守仁:《褒崇陆氏子孙》,《王阳明全集(简体版)》卷十七,吴光等编校,第504页。
② 王守仁:《象山文集序》,《王阳明全集(简体版)》卷七,吴光等编校,第207页。
③ 王世性:《广志绎》卷四,吕景琳点校,中华书局1981年版,第79页。
④ 梁启超:《中国近三百年学术史》,东方出版社2004年版,第58—59页。
⑤ 钱穆:《中国近三百年学术史》,商务印书馆1997年版,第213页。

县训导。嘉靖四十五年（1566），王栋又出任南丰县教谕，南丰县在南城县之南，两县之县城不隔百里，同属建昌府。在其《年谱纪略》里有记："迁江西南丰教谕，丰与南城接壤，丰士庆天缘，而先生亦深庆会合不偶，于是复联旧同志为会，四方信从益众。"①他在南丰县"创水东会，建义仓，遗《会学十规》，著《一庵会语》行于世。其间诚意之旨，尤发前圣所未发"。②还建了南台书院，并在那儿讲学。万历年间的《续修建昌府志》里介绍说："公（王栋）坦易真切，每五日一会，诸生讲课，训以身心之学。尝曰：'不责人真工夫，不动气真涵养。'又捐俸创南台书院以肆诸生。"③隆庆五年（1571），王栋离任，时年69岁。十年后王栋逝世时，南城有人前往泰州吊唁，《年谱纪略》里说："江西南城吴屋等来谒，已长逝矣，吊泣之，心丧，居庐三月而归。"④可见南城人对他深存感恩之情。

隆庆六年（1572），罗汝芳正在家中为母守孝，许孚远访罗汝芳于从姑山。十年后的万历九年（1581），许孚远出任建昌府知府："出知建昌府，暇辄集诸生讲学，引贡士邓元锡、刘元卿为友。"⑤万历十年（1582），他与魏时亮、万廷言再访从姑山，这一次他们讨论了"克己复礼"。魏时亮和万廷言皆曾受业于王阳明，后从学于罗洪先。黄宗羲说："念庵之学，得先生而传。"⑥许孚远学传刘宗周，其思想与江右王门相近。当许孚远离开建昌府赴陕西任职时，罗汝芳写有《送许敬庵督学陕西序》相送。

王畿参加拟岘台会，也对抚州阳明学的传播和发扬产生了较大影响。拟岘台之会为曾汝檀创于嘉靖年间。曾汝檀是漳平人，为人清洁自守，精谈名理，行乡约法，岁时集郡邑弟子于拟岘台（位于临川抚河畔），讲论孔孟之学。嘉靖四十一年（1562），王畿到抚州参加此会，有《抚州拟岘台会语》传世。《会语》记载："壬戌仲冬，（王畿）先生自洪都趋抚州，元山曾子、石井傅子、偕所陈子率南华诸同志扳莅拟岘台之

---

① 王栋：《年谱纪略》，《明儒王一庵先生遗集》，王艮：《王心斋全集》，陈祝生等校点，江苏教育出版社2001年版，第143页。
② 王栋：《年谱纪略》，《明儒王一庵先生遗集》，王艮：《王心斋全集》，陈祝生等校点，第142页。
③ 邬鸣雷等纂：《名宦》，万历《续修建昌府志》卷十一，万历四十一年刊本。
④ 王栋：《年谱纪略》，《明儒王一庵先生遗集》，王艮：《王心斋全集》，陈祝生等校点，第144页。
⑤ 张廷玉等：《许孚远》，《明史》卷二百八十三，第7285页。
⑥ 黄宗羲：《江右王门学案六》，《明儒学案》卷二十一，沈芝盈点校，第500页。

会。诸生执简以请曰:'抚为吾象山先生首善之地,自信本心,以先立其大为宗,逮朱陆异同之议起,晦且数百年。及阳明先师为之表章,陆学始显于世。兹遗言具在,请发师门未竟之意,以示同而显宗说,俾吾党知所归向。惠孰大焉?'先生曰:'诺。'遂条次其语答之。"①

抚州士人与王阳明及其家人也有交往。罗玘与阳明之父王华相交较密,正德二年(1507)十月初,王华、阳明自南都归绍兴,罗玘作《送冢宰王公归余姚序》,并饯行。罗玘字景鸣,号圭峰,学者称圭峰先生,南城县人。他在《序》里说:"正德丁卯冬,留都冢宰王公得谢事,奉母太夫人去归其乡,时年始六十余也。留都公卿大夫士相与祖公雩都门外,酒三行……击鼓传觞,命书予言为公赠。"②

二、阳明的抚州弟子及后学

王阳明在抚州的弟子主要有陈明水、黄直、饶瑄、夏良胜等,现分别叙述如下。

1.陈九川(1494—1562),字惟濬,初号竹亭,后号明水,临川人。正德十年(1515),陈九川初谒阳明于南京龙江。时阳明与甘泉论"格物",九川甚喜旧说,阳明与之论孟子《尽心》一章,九川听后释然,再无疑碍。正德十四年(1519),九川见阳明于南昌。《传习录》卷三开篇的二十条语录,即为陈九川所录。阳明与九川首先讨论了"诚意"说。在阳明看来,诚意即是"'故欲诚意则随意所在某事而格之,去其人欲而归于天理,则良知之在此事者无蔽而得致矣。此便是诚意的工夫。'九川乃释然,破数年之疑"③。正德十五年(1520),九川又与邹守益等往赣州见阳明,进授良知之训,遁居通天岩中,学益精邃。此次他与阳明主要讨论了"良知"说,阳明对他说:"尔那一点良知,是尔自家底准则。尔意念着处,他是便知是,非便知非,更瞒他一些不得。尔只不要欺他,实实落落依着他做去,善便存,恶便去。他这里何等稳当快乐,此便是格物的真诀、致知的实功。若不靠着这些真机,如何去格物?我亦近年体贴出来

---

① 王畿:《王畿集》,吴震编校整理,第16页。
② 罗玘:《送冢宰王公归余姚序》,《圭峰集》卷十,钦定《四库全书》本。
③ 王守仁:《传习录下》,《王阳明全集(简体版)》卷三,吴光等编校,第80页。

如此分明，初犹疑只依他恐有不足，精细看，无些小欠阙。"并且提出了著名的"人胸中各有个圣人"的论点："人胸中各有个圣人，只自信不及，都自埋倒了。"①后九川在赣州生病，便又与阳明讨论起"病物"来。阳明说："病物亦难格，觉得如何？"九川答："功夫甚难。"阳明说："常快活便是功夫。"②正德十六年（1521）正月，阳明居南昌，九川从侍，阳明始揭致良知之教。嘉靖三年（1524），九川与邹守益密约复见阳明于绍兴。三年后，阳明又与九川在书信中讨论了"致良知"说："圣贤论学，无不可用之工，只是致良知三字，尤简易明白，有实下手处，更无走失。近闻同志亦已无不知有致良知之说，然能于此实用功者绝少，皆缘见得良知未真，又将致字看太易了，是以多未有得力处。虽比往时支离之说稍有头绪，然亦只是五十步百步之间耳。就中亦有肯精心体究者，不觉又转入旧时窠臼中，反为文义所牵滞，工夫不得洒脱精一，此君子之道所以鲜也。此事必须得师友时时相讲习切劘，自然意思日新。"③这是阳明对"致良知"说所作的较为全面的阐释。所以对于阳明的"致良知"说，九川得之最深，也最为看重。罗洪先的《明故礼部主客郎中致仕明水陈公墓志铭》曰："盖先生之学，得之阳明公致良知为深，以为能致吾心之良知于事物感应之间，是谓格物。"④

嘉靖七年（1528）十一月，阳明在南安去世。同年，聂豹巡抚福建，与九川校刻《传习录》于闽，以广泛传播阳明学说。次年，九川写了《祭阳明先生文》，对先师阳明的感恩之心溢于言表。后人对陈九川的评价颇高，如王慎中在《明水文集序》中说："阳明先生倡道东南，江西之士从之独多。最贤而能得其传，亦不数人，临川明水陈公其一也。"⑤聂豹亦在《礼部郎中陈明水先生墓碑》中说："东南士人类知阳明先师之学，先生大有力焉。"⑥

2.黄直，字以方，号卓峰，金溪人。正德十一年（1516），乡试

---

① 王守仁：《传习录下》，《王阳明全集（简体版）》卷三，吴光等编校，第81页。
② 王守仁：《传习录下》，《王阳明全集（简体版）》卷三，吴光等编校，第82页。
③ 王守仁：《与陈惟濬》，《王阳明全集（简体版）》卷六，吴光等编校，第187页。
④ 罗洪先：《明故礼部主客郎中致仕明水陈公墓志铭》，《罗洪先集》卷二十，徐儒宗编校整理，第804页。
⑤ 王慎中：《明水文集序》，《遵岩集》卷九，钦定《四库全书》本。
⑥ 聂豹：《礼部郎中陈明水先生墓碑》，《聂豹集》卷六，吴可为编校，第213页。

中举。恰在此时，武宗南巡留都南京，黄直上书劝阻，同时又写信给当朝大臣杨廷和、毛澄、陆完等，他们见其言辞慷慨激昂，无不称许。正德十五年（1520），卒业于北太学，回到家中，听说阳明在赣州讲学，遂徒步前往赣州从学于阳明。嘉靖二年（1523）会试，主司发策极诋毁阳明学问，黄直与同门欧阳德不阿主司意，极力阐释圣学，编修马汝骥奇之，两人因之中式，被赐同进士出身，观政吏部，后即上疏"隆圣治，保圣躬，敦圣孝，明圣鉴，勤圣学，务圣道"等六事。同年被任命为漳州府推官。任上，他励精图治，为民办实事，同时又在浦、泰鼎新学校，创办号舍，并亲自授课，漳州科第于是大盛。漳州民俗尚鬼神，黄直治下全毁淫祠，用其材来修缮桥梁和公廨。公余之时，他常与闽中士人论学，度支侍郎马森、郡守王时中论学尤密，为此而遭人构陷，被吏部问讯。在赴京途中，他又以"建储"上疏。皇帝大怒，令锦衣卫逮他入狱。他在狱中与人论学谈经，甚至作诗吟唱。乃谪判沔阳州。在沔阳任上，他执法益坚，守已益固，受到沔阳百姓爱戴。嘉靖十一年（1532），黄直服丧期满，北上候补，适逢编修杨名弹劾冢宰汪鋐、武定侯郭勋、方士邵元节而下诏狱被拷打，编修程文德、侍郎黄宗明上疏营救杨名，也被治罪。黄直为之上疏而激怒嘉靖帝，遭拷打近死，发配边远，编成雷州卫。后家居二十余年，谈经论道，不入公门，手不释卷，乐道自如。黄直勤学好问，记载阳明语录达42条之多，后被收录于《传习录》中，是反映王阳明晚年思想的重要语录。著有《望莱集》《还江集》《易说》《遗言录》等书，但今不见传。清同治《金溪县志》中载有他的诗作。在《西江陆氏家乘》里录有黄直的《象山祠颂》和《新建象山书院记》，有一定的史料价值。

黄直弟子有吴悌、戴缦、周德崇、黄株、吴守真等，其中最著名者当为吴悌。黄直与当时的王门诸子也有交谊。邹守益即写过一首感谢黄直热情接待的酬答诗《酬卓峰黄子》："拟岘歌犹壮，崇禧履共游。戀怀长孺暮，浪迹尚平秋。琳月莹无翳，坛松翠欲流。自怜禹穴梦，执履几时休。"①

---

① 邹守益：《酬卓峰黄子》，《邹守益集》卷二十五，董平编校整理，第1184页。

3.饶瑄,字文璧,临川人,后以字行,复字德温,号行斋以励志,学者称为行斋先生,陈九川尝从其学。正德四年(1509),年二十八,开讲于南郊西塔寺,相传为临汝书院遗址。明年,陈九川始受业于此。正德八年(1513)举乡试,陈九川也实从其后。后下第入南雍,陈九川始离其门,"凡粗有所悟,实皆先生(饶瑄)发之"。初宗朱熹格物之训,凡天文地理、律历筹数、兵法丹经、阴阳医卜诸书,莫不广购而精究之。已乃觉其博而寡要,犹觉其判而不一。"在雍闻阳明先生讲圣学于鸿胪,遂执弟子礼,勇就正焉,即涣然契悟合一,知万化生于心,始有定见矣。自是归山,绝意仕进,不复会试,日尊象山之学,信从者益众,争相延致。先生(饶瑄)随地教授,多先之以静坐,四方游其门者因材而成之。若今地官郎金陵卢子璧、严州守杨子成、泰常博士鄱阳刘子洵、造士湖南范子永观、钟陵江子治,皆卓然有见于世。"①

据王阳明《与顾惟贤》书曰:"向在南都相与者,曰仁之外,尚有太常博士马明衡、兵部主事黄宗明、见素之子林达有、御史陈杰、举人蔡宗充、饶文璧之属,蔡今亦举进士,其时凡二三十人,日觉有相长之益。"②正德九年(1514)五月,徐爱来南京,同门相聚,饶瑄就参加了此次活动。正德十五年(1520),饶瑄又到南昌问学于阳明,并且把南京礼部右侍郎杨廉写给阳明的信带给了老师。

罗汝芳的父亲罗锦(1490—1565,字崇纲,号前峰)亦曾师从饶瑄,并将其学传给罗汝芳。饶瑄虽然只是一介布衣,但因其习阳明之学,而在抚州、建昌两府各县具有较大影响。当得知饶瑄正在收徒授业时,罗锦便步行百里求学。罗汝芳《先府君前峰公行状》曰:"先君讳锦,字崇纲,别号前峰。……至祖两岗公廷瑺,魁梧特达,甚为族伯祖文肃公钟爱。居常授以教子之方,当先器识而后文艺,故课先君,首以择师为重。时闻临川饶行斋先生得良知心传于东越,乃命先君负笈走百里相从。行斋悦其笃实,因就敝乡龙池山中馆居年余,日以德谊训迪。故先君游郡庠,乡先达如张两山、夏

---

① 陈九川:《造士行斋饶先生墓志铭》,《明水陈先生文集》卷四,《四库全书存目丛书·集部》(第72册),第65页。
② 王守仁:《与顾惟贤》,《王阳明全集(简体版)》卷二十七,吴光等编校,第822页。

东洲诸公，见必改容敬礼。"①这位"伯祖文肃公"就是罗玘。罗锦的父亲听其言而让儿子师从饶瑄，后来还把饶瑄接到家乡龙池馆舍中教子年余，让儿子接受饶的"日以德谊训迪"。

与此同时，饶瑄还得到了张恩、夏良胜等的推崇。张恩字符锡，号两山，官至浙江左布政使，为状元张升的儿子。夏良胜（详见后述）与饶瑄等同门往来甚密，饶曾到南城访夏良胜，当饶离开时，夏作《饶行斋访余斗湖再宿而别有诗和以赠之》诗："君久欲忘世，我行方晦时。已能绝矰缴，附翮冥鸿飞。种秫亦可酿，幸赴同襟期。山阴罕公事，胡尔薄儿痴。"②斗湖书院为夏良胜建，在府城北兴文坊。

由于罗锦的关系，其子罗汝芳也深受饶瑄喜爱。罗锦与饶瑄探讨学问时，小汝芳常在一旁聆听。据罗怀智《罗明德公本传》载："壬午，饶行斋与父谭阳明功业学脉，公敬听不倦。饶试云：'小子须勤经学。'公应声：'大人能格君心。'识者豫知为不凡儿矣。"③壬午，罗汝芳仅八岁而已。见小汝芳如此有灵气，饶瑄遂叮嘱罗锦要好好培养他，以为日后必大有出息。

4.夏良胜，字于中，号东洲，南城人。二岁丧母，从小聪慧。正德二年（1507）举乡试第一，翌年成进士，授刑部主事，调吏部进考功员外郎。后因上奏获罪，与万潮、陈九川等被投入狱中，又被加上桎梏，与舒芬等一起罚跪宫门外五日。舒芬等107人跪满五日，各杖三十棒，夏良胜等六人被杖五十棒。后又与万潮、陈九川一起被除名贬黜。世称夏良胜、陈九川、舒芬、万潮为江西"四谏士"。

夏良胜归乡后，讲学授徒不辍。明世宗即位后，被诏为文选郎中，后又转任南京太常少卿，未赴任，外转。后给事中陈洸上书，傅会张璁等议斥夏良胜群结朋党，任情挤排，遂被贬为茶陵知州。及《明伦大典》成，诏责夏良胜胁持庶官，酿祸特深，被黜为民。夏良胜又辑部中章奏名为《铨司存稿》，凡议礼诸疏具在，被仇家告发，再次下狱。论杖当赎，特旨谪戍辽东三万卫，五年后卒于戍所。

---

① 罗汝芳：《先府君前峰公行状》，《罗汝芳集》，方祖猷等编校整理，第657页。
② 夏良胜：《饶行斋访余斗湖再宿而别有诗和以赠之》，《东洲初稿》卷十三，钦定《四库全书》本。
③ 罗怀智：《罗明德公本传》，罗汝芳：《罗汝芳集》，方祖猷等编校整理，第829页。

穆宗即位，赠太常卿。何文渊《吏部员外郎夏良胜祭文》称其"在乡为贤士，在廷为名臣。神气在天，下若日星具目者所共见也"①。

夏良胜在经学、文学上都颇有建树，著有《东洲初稿》《中庸衍义》等。《四库全书提要》评论《中庸衍义》说："颇采邱濬《大学衍义》之说，考良胜于正德、嘉靖间，两以鲠直杖谪，风节凛然，为当世所重，其书虽难近于濬书，至其人品，则非濬所可企及矣。"②评论《东洲初稿》说："其诗文无意求工而皆岳岳然有直气，虽不以词藻著名，要非雕章绘句之士所可同日语也。"③这两部书是其思想的集中反映。

王阳明在赣州时，夏良胜曾前往听讲问学："（正德十五年）九月还南昌。是时，陈九川、夏良胜、万潮、欧阳德、魏良弼、李遂、舒芬及裘衍日侍讲席。"半年多后，阳明集门人于白鹿洞，夏良胜又前往参会："（正德十六年）五月，集门人于白鹿洞。是月，先生有归志，欲同门久聚，共明此学。适南昌府知府吴嘉聪欲成《府志》，时蔡宗兖为南康府教授，主白鹿洞事，遂使开局于洞中，集夏良胜、舒芬、万潮、陈九川同事焉。"④

《求放心论》是夏良胜有关"心学"的重要文章，全文如下：

> 或曰：心之放也，欲诱之于外也。放而求之也。理存于内也，其然乎？曰皆内也。盖其放也。未见其出也。而求之也。未见其入也。非无出也，驰千里以弥六合，皆其外也。非无入也。敛一掬以至毫发之不可破，皆其内也。出而无外非可见之外也，入而无内非可见之内也，凡可见者外亦内也。欲也，理也，皆不得而见之也。故心之放也，与求之也，皆内也，如视也、听也。言心人心也，圣贤之心也，学之道为圣贤，以配天地而已，皆人心也。然而心之求也，自敬始，敬岂在外也哉。⑤

文章的主题是"心"与"理"的关系，涉及心的"内"与

---

① 何文渊：《吏部员外郎夏良胜祭文》，《椒邱外集》卷十二，钦定《四库全书》本。
② 永瑢等：《四库全书总目》卷九十三，第793页。
③ 永瑢等：《四库全书总目》卷一百七十一，第1501页。
④ 束景南：《王阳明年谱长编》，第1377页。
⑤ 夏良胜：《求放心论》，《东洲初稿》卷一，钦定《四库全书》本。

"外""求"与"放""出"与"入"的问题。很显然，在夏良胜看来，心即理，心外无物；理存于内，所以放而求之。但其方法则是"敬"，是内省，不用过分去求之于外。同时，在夏良胜看来，天地之心、人心、圣贤之心与学之道都是人心，求之则只需用"敬"的方法。这与阳明思想是一脉相承的。

夏良胜还在《中庸衍义》中对"良知"作过解释，他说：

> 今观文帝高宗之孝，是亦文武之孝也，文武之孝是亦尧舜之孝也；其所以自尽其良知良能者，一也。①

在他看来，"孝"就是良知良能，无论是文帝之孝，还是尧舜之孝，其实质都是一样的。说明夏良胜深受到阳明思想的影响。在其现存作品中，有不少与阳明有关，书信如《奉阳明先生书》《再奉阳明先生书》，诗如《至虔见阳明先生》《奉和阳明别咏一首》《得阳明先生教归赋白马三章章四句》等。

夏良胜因谏武宗而削职归里途中，听说朱宸濠叛乱，遂打算前往吉安勤王，被阳明劝阻。当阳明平定宸濠之乱后，夏良胜即给阳明写了《平江右序》，以庆贺平叛，赞颂老师。他在《奉阳明先生书》中，则讨论了发生于嘉靖年间的"大礼议"事件。此事曾引发朝野上下的激烈冲突，但由于张忠等人的劝阻，阳明当时并没有进京面谏世宗，从而避免了卷入此事件的漩涡。

5. 吴悌（1502—1568），字思诚，号疏山，金溪人。嘉靖十一年（1532）进士，授乐安知县，调宣城知县，再被任命为御史，因忤上而被诏令下狱。后被命巡视两淮盐政。时值海水淹没通州、泰州民舍，吴悌遂先斩后奏，以漕运粮食赈济。后又还朝奉诏巡按河南。伊王朱典楧骄横，但惧怕吴悌，遂写信称吴为友。吴悌不愿攀附权贵，回信拒绝，伊王更惧。

吴悌江西同乡夏言、严嵩执掌朝政。吴悌刚直不阿，从不攀附，夏言为之改容。严嵩专政，吴悌深恶痛绝，称病辞官，居家达二十年之久。嵩垮台后，起任原职。一年后，升为南京大理寺卿。时吴岳、

---

① 夏良胜：《中庸衍义》卷六，钦定《四库全书》本。

胡松、毛恺等年高望重的人都是大理寺副卿,与吴悌并称"南都四君子"。其操行得到世人景仰,他的老师黄直称他为"实践之儒",罗汝芳称他"学继象山",徐阶则称他"真古君子",江西布政司右参议崔都甚至说:"得罪权贵止于不为官,得罪疏山则不可为人。"①

据《阳明年谱》记载:

> 自阶典江西学政,大发师门宗旨,以倡率诸生。于是同门吉安邹守益、刘邦采、罗洪先,南昌李遂、魏良弼、良贵、王臣、裘衍,抚州陈九川、傅默、吴悌、陈介等,与各郡邑选士,俱来合会焉。②

作为阳明学者的吴悌,清修果介,反躬自得。万历年间,其子仁度请恤吏部尚书孙丕杨说:"悌理学名臣,不宜循常格。"③于是用黄孔昭例,赠礼部尚书,谥"文庄"。卒后乡人建祠与陆九渊、吴澄、吴与弼、陈九川并祀,称"五贤祠"。后又在金溪疏山为其专门建崇贤祠以祀之,南昌章潢作有《崇贤祠记》。

吴悌儿子仁度,字继疏,万历十七年(1589)进士,授中书舍人,后官于兵部侍郎、工部侍郎等职,与阳明学人也有交谊,颇得邹元标等人的赏识。

6.黄株,字应沙,金溪人。年十六补邑庠生,始治象山之学。王阳明讲学赣州,黄株即投其门下。阳明问他从学所得,黄株答曰:"良知是顶门一针,躬行实践才有归宿处。"④阳明称善。其生平所得,皆源自于阳明的良知之学,后又对良知学说进行了演绎并加以传播。这些为清同治年间修的《金溪县志》所记。但据朱之蕃写的《明登仕郎淮府教授应沙黄先生寿藏志铭》,《金溪县志》所记有误。黄株并非阳明亲炙弟子,而是黄直的弟子,即阳明的再传弟子。县志所记上述师事阳明之事迹,应是其师黄直。

抚州籍的阳明后学也有很多,据现有文献可考出的有黄宣、董

---

① 程芳修,郑浴修纂:《理学·吴悌》,同治《金溪县志》卷十九,清同治九年刊本。
② 钱德洪:《年谱附录一》,王守仁:《王阳明全集(简体版)》卷三十六,吴光等编校,第1099页。
③ 张廷玉等:《吴悌传》,《明史》卷二百八十三,第7281页。
④ 程芳修,郑浴修纂:《儒林·黄株》,同治《金溪县志》卷十,清同治九年刊本。

燧、张瑀、傅位、高应芳、黄国宾、黄文豹、胡民悚、李学旻、陆来宣、王时正、吴谦、徐善庆、刘毓祥、徐纪、王绍元、徐逵、曾师世、曾惟灿等。

黄宣，字景召，金溪人。始师吴悌，继从学于罗洪先于石莲山洞。以老疾乞归，及门造就者众多。如周孔教、张廷相、周训、曾如海，是其中较为突出者。

董燧（1503—1586），字兆时，号蓉山，乐安流坑人。嘉靖十年（1531）乡举。闻王艮倡道在泰州，迫切地前往泰州拜王艮为师，归家后又与吉水的罗洪先举行崇正会。倾心阳明心学，先后师从欧阳德、王艮、邹守益、聂豹等，致力于讲学和著述，被曾同亨誉为"理学名家"。著有《周易问答》《圆通问答》《蓉山集》等。

张瑀，号慎轩，临川人，万历年间举人。任吉水县教谕，与邹元标以德业相砥砺，元标称他为畏友，遂使两人门下如周端豹、刘同升、郭之祥、王宏、刘渤等皆先后成名。历官刑部郎中，后出守肇庆。边地少数民族有乱，奉檄督剿三个多月而平息之，张瑀为首功，升甘肃兵备副使，后致仕而逝。

傅位，字汝立，临川人，受业于徐良傅，工古文辞赋。乡试不中，遂闭户苦读，钻研良知之学。后赴临汝讲会，发表议论皆中微旨。

高应芳，字惟实，金溪人，嘉靖三十二年（1553）进士。授御史，巡视京、通二仓，又巡按广西、山东等地，恩威并施。进太仆寺卿，疏陈"马政"八事。隆庆二年（1568），陪祀南郊，穆宗亲睹其才，欲大用，乞假归。神宗初年，起为武岗知州，不赴任，移家郡城，与罗汝芳、舒化结社龙山，讲阳明之学，优游三十余年。

黄国宾，乐安人。由邑庠入国子监，师事邹元标、李如真，归田后在庐陵青原书院、吉水仁文书院讲学，欣然以志终身。

黄文豹，字惟德，金溪人。嘉靖年间，九江何吉阳讲阳明之学于南昌豫章书院，时督学黄沧溪挑选通晓经学又品行端正的年青学子到那儿学习，文豹就是其中之一。

胡民悚，字子敬，东乡人。稍长，读阳明《传习录》，毅然以圣贤为必可致。曾讲学于陕西正学书院。后在乡里试行《吕氏乡约》。

李学旻，字本仁，临川人。初尊濂洛之学。曾任泰州知州，归补河北饶阳。饶阳鄙朴少文，至则召诸生讲学，夜分不寐。

陆来宣，字伯句，临川人，笃信阳明之学，强调"致良知以尊德性"。

王蓂，字时正，一字东石，金溪人，正德六年（1511）进士。与同邑洪范、黄直、吴悌共举翠云讲会。时王学倡道于东南，因王艮而见阳明，往来请益，但还是存在分歧。他曾写信给邹守益说："阳明先生见道甚明，夙所尊服，独致知格物之说，终不敢附会。"① 撰有《心学录》四卷，是他"养亲家居之时取陆九渊之言，择其发明心学者汇爲一编，凡五百二十条，而以已意推阐之，大旨亦主王守仁晚年定论。"还编纂有《大儒心学语录》二十七卷，编纂的是朱子、陆九渊等二十四家论心学之语。

吴谦，字汝，号文台，临川人，隆庆五年（1571）进士。尝与邓以赞、李材共讲修身之学。

徐善庆，字元正，金溪人，嘉靖三十二年（1553）进士。授河南汝州知州。后因迁怒于严嵩而乞假归里。嵩倒台，补南礼部仪制司郎中，迁宁波知府，后升广东兵备副使，防御倭寇，功勋卓著。后又乞归养父，不再出仕，退隐乡里四十年，潜心学问，得到罗汝芳等人称赞。

刘毓祥，字衷孺，临川人。聚徒讲学于水竹居，四方学者纷至沓来。学宗主静，常与弟子们辩论学问，以《大学》《中庸》为要旨。

徐纪，字惟修，东乡人，以贡授武昌训导。一天读王阳明《传习录》涣然有得，于是著《泮宫夜气录》记录自己对身心之学的感悟。后辞官归里或与乡里同道论学，或教育儿孙歌诗。去世后陈明水为他撰写了墓志铭。

王绍元，字希哲，金溪人。据李维桢《大泌山房集》卷六十七《王大参家传》载："游南雍，师事钟石费公、南野欧公。"与湛若水等人有较深交谊。他在任贵州巡抚期间，听闻马廷锡在渔矶湾旁建栖云亭，潜心研究阳明学，使贵阳一时成为阳明学中心。王绍元遂在此建渔矶书院，聘马廷锡主讲书院。

---

① 许应鑅、朱澄修，谢煌纂：《人物志》，《抚州府志》卷五十七，清光绪二年刻本。

三、阳明三传弟子罗汝芳及其门人

在阳明学的传播、发展过程中，乃至整个明代思想史上，罗汝芳都具有十分重要的地位，以他为首的传承学脉，其阵势也不输泰州王艮，或可说是泰州余风在异地之重现。

罗汝芳（1515—1588），字惟德，号近溪，南城县泗石溪（今南城天井源乡罗坊村）人。自小随母诵读《孝经》，稍长又读《论语》《孟子》。七岁入乡学。及长，从其父在从姑山前峰书屋学习诗书及阳明良知之学。再后，又从新城（今黎川县）张玑学习，遂立志于阳明之学。嘉靖十九年（1540），乡试落榜，逗留南昌。一日过僧寺，恰见颜钧聚众讲学，罗以为能救己之"心火"，遂于次日五鼓再往，纳拜称弟子，尽受其学。嘉靖二十二年（1543），罗自认学力不够，此后十年，或四处寻师访友，或在前峰书屋讲学授业。嘉靖三十一年（1552），江西抚台夏梦山莅临建昌府，登从姑山，与罗相见。后夏梦山命有司给罗准备路费，敦促他进京参加科考。次年，罗北上京城赴试，过山东临清时，突发重病，恍惚中见老翁（泰山丈人），在老翁点拨下，其"心病"得解，"余惊起，叩谢，伏地汗流，从是执念渐消，血脉循轨矣"。[①] 故黄宗羲说："先生十有五而定志于张洵水，二十六而正学于山农，三十四而悟《易》于胡生，四十六而证道于泰山丈人，七十而问心于武夷先生。"[②]

嘉靖三十二年（1553），罗汝芳中进士，始涉足仕途，有政绩。同年任太湖（今安徽安庆）知县，三年后擢升山东刑部主事。嘉靖四十一年（1562），出任宁国（今安徽宣城）府知府。四十四年（1565），回南城奔丧守父孝，宁国百姓、官绅送至百余里，有的竟随他赴南城，不忍离去。隆庆三年（1569），母宁氏去世，次年"当道引哀诏促起复"，遂入京晋见张居正，补东昌（今山东聊城）太守，三个月后迁云南副使。欲不就，具疏乞休，当道不允，翌年冬抵云南。后又封左参政。万历五年（1577），因事进京，事毕，应邀至城外广慧寺讲学，张居正示意言官周良寅"劾其事毕不行，

[①] 罗汝芳：《泰山丈人》，《罗汝芳集》，方祖猷等编校整理，第583页。
[②] 黄宗羲：《泰州学案三》，《明儒学案》卷三十四，沈芝盈点校，第761页。

潜住京师，遂勒令致仕"。①罗愤而辞官。此后十年间，与弟子后学在江、浙、闽、粤、苏、皖一带开展讲学活动，所到之处听者如云，时人有"龙溪（王畿）笔胜舌，近溪舌胜笔"②之评价，李贽则称其："七十余年间，东西南北无虚地，雪夜花朝无虚日，贤愚老幼贫病富贵无虚人。"③足见其讲学地域之广，时间之长，听者之众，影响之大。在他的一生中，向他行师礼称弟者数以百计，其中不乏著名学者、达官贵人，如汤显祖、杨起元、焦竑、董裕、詹事讲……

万历十六年（1588）八月，罗汝芳身有"微疾"，仍每日与弟子谈学不倦，九月"初二日午刻，整衣冠端坐而逝"。逝世后，其弟子从四面八方赶来吊唁，"海内同志奔奠三年不绝，其不能至者各设位举哀焉"。在江西南城，在安徽太湖、宁国，在山东东昌，在云南等地，具请祀名宦祠，杨起元、董裕、周汝登、祝世禄等在南京旗手卫建公祠以祀。④他的弟子及诸孙们也编纂其语录、诗文以示纪念。弟子们私谥"明德"，称"明德先生"。罗汝芳一生学识渊博，著述丰富，有数十卷作品传于世。"其说放诞自如，敢为高论"，⑤突出表现在"求仁"说、"赤子之心"说、"孝弟慈"说、"民为贵"说和"以学为政"说等方面。

"赤子之心，不学不虑"是罗汝芳思想的核心，他一生探求"仁"，传播"仁"，践行"仁"，认为"生生而无尽曰仁"。⑥他施政从"仁"出发，以"人为贵"，主张"孝弟慈"，施大爱于人间。他的思想直承孔孟，兼采二程、朱子、阳明、王艮、颜山农等诸家之长，并广泛汲取王畿、王时槐、耿定向等诸多同辈的思想，而成一家之言。

在王门中，罗汝芳与同道间的交流是比较频繁的。通过交流和沟通，他们不仅探讨学问，还化解矛盾，缩小分歧，罗汝芳因此而使大多数学者心悦诚服。他与浙中王门的王畿及弟子李贽感情浓厚，

---

① 黄宗羲：《泰州学案三》，《明儒学案》卷三十四，沈芝盈点校，第760页。
② 黄宗羲：《泰州学案三》，《明儒学案》卷三十四，沈芝盈点校，第762页。
③ 李贽：《罗近溪先生告文》，《焚书》卷三，中华书局1975年版，第125页。
④ 参见罗怀智：《罗明德公本传》，罗汝芳：《罗汝芳集》，方祖猷等编校整理，第832页。
⑤ 永瑢：《四库全书总目》卷一百七十八，第1600页。
⑥ 罗汝芳：《天衢展骥册序》，《罗汝芳集》，方祖猷等编校整理，第519页。

李贽每每把他与孔子相提并论。他与江右王门也有密切交流,他与邹守益、罗洪先、聂豹、刘邦采以及他们的弟子王时槐、邹元标等,皆有很深的交集。同时还与李材、邓定宇、胡直、万思默等相友善。这些江右王门的代表性人物对汝芳的评价皆比较高。而汝芳一生遍访师友,热心讲学,足迹遍及大江南北,与各种学派、思潮中的学者都有接触或交流,对阳明良知学说更是矢志不渝,诚如邹元标的《仁孝全书序》所言:"(汝芳)赤心为道,绝无他念,其尊信新建良知白首不移。"①

罗汝芳的思想具有鲜明的平民化特征,他所建构的以"赤子之心,不学不虑"为核心的思想体系,从理论上为人人平等的"圣凡合一"说奠定了基础。他认为,尽管人在成长过程中因受外界影响而出现了差别,但只要肯"安心","常人"就可以成为"圣人",若不"安心","圣人"也会变为"常人",圣凡之间是可以相互转换的。由此出发,他主张以"孝弟慈"为日用,而"仁"只是个虚名。而"孝弟慈"乃日用三要事,即奉父母、处兄弟、养妻儿,这"是古今第一件大道,第一件善缘,第一件大功德"。②天下若能兴孝、兴悌、兴慈,则治国犹如"运掌"之间。正因为此,汝芳还十分重视"情"的表达,认为情是人们日常生活中喜怒哀乐的正常体现,人们完全可以大胆去发泄,大胆去表现。

由于平民化,使罗汝芳思想的受众对象非常广泛,有达官贵人、名公鸿儒,也有山野樵夫、走夫贩卒。他"平生将有所适,则同志预戒以待。及其至也,辄数十人在,同食寝矣。次日多至百人,少亦不下五六十人,再过一二日,则二三百人,此其常也。其去也,相信者依依不忍别,常送至二三百里而后返"③。而随着思想影响力的扩大,他也就愈加受到普通人的欢迎。其聚众讲会,人数常以千计;乡约训语,则竟能以万计。在传播方式上,汝芳多从身边事例说起,力图通俗易懂,用浅显的语言来诠释深奥的道理。故而其所受大众欢迎之程度,犹如《腾越州乡约训语》所记:"若昨日公祖

---

① 转引自程玉瑛:《晚明被遗忘的思想家罗汝芳诗文事迹编年》,(台湾)广文书局1995年版,第223页。
② 罗汝芳:《罗汝芳集》,方祖猷等编校整理,第152页。
③ 杨起元:《证学编》卷三,《四库全书存目丛书·子部》(第90册),第346页。

(近溪)只是宣扬圣训,并唤醒人心,而老幼百千万众俱踊跃忻忻,向善而不容自已,真如草木花卉,一遇春风则万紫千红,满前尽是一片生机矣。"①

罗汝芳一生致力于讲学讲会。在家乡时,他定期举办讲会(如里仁会),并颁行讲规,订立乡约;在为官时,他"公事多决于讲座";"归与门下走安城,下剑江,趋两浙、金陵,往来闽、广,益张皇此学。所至弟子满座,而未尝以师席自居"。②即使临终前,也依然"日夕谈学不倦"。③所以其门人后学几乎遍及天下,而尤以抚州籍为多,比如邓元锡、汤显祖、詹事讲等。

邓元锡(1528—1593),字汝极,号潜谷。新城(今黎川县)人。嘉靖三十四年(1555),邓元锡乡试第三名。但自此后杜门著述。范涞(安徽休宁人)曾为南城县知县,后又为南昌知府。范涞入觐,荐元锡及刘元卿、章潢于朝。南京祭酒赵用贤请求按照征聘吴与弼、陈献章的方式征聘邓元锡,邓元锡坚决不就。御史王道显、巡按秦大夔又以邓元锡、刘元卿兄弟并荐,诏令以翰林待诏征聘,邓元锡赴京,病逝途中。乡人私谥"文统"。元锡之学源于王阳明,不尽宗其说,生平博极群书而要归于六经,所著有《五经绎》等。邓元锡在《祭罗近溪先生文》里说,他在未冠之时师从罗汝芳。罗汝芳的《近溪子四书答问集》记录:"诸生侍坐,朗诵《会语》,潜谷邓孝廉叹曰:'我师谈道,每当天人合一,与心迹浑融处,真是令人豁然有省而跃然难已。'"④罗汝芳之父前峰先生七十岁生日,邓元锡去祝寿,并作《封刑部前翁罗先生荣寿序》,一方面对前辈的高寿表示祝贺,也对罗汝芳表示由衷的赞美,为自己能游其门下感到高兴,同时又为未尽其学而感到不安。他说:"(罗汝芳)学行乎邦之人,邦之人靡不变者。又久而行乎旁郡邑,旁郡邑士庠兢兢响方矣……元锡之辱于子罗子者最久……子罗子之为人,博大而无涯,浩浩乎莫测其端倪,充充乎其无穷。彼其视尧桀彭颜,化之齐而齐也。然吾得继见,见其居矣,其中訚訚,其动申申,其与处熙

---

① 罗汝芳:《腾越州乡约训语》,《罗汝芳集》,方祖猷等编校整理,第762—763页。
② 黄宗羲:《泰州学案三》,《明儒学案》卷三十四,沈芝盈点校,第760页。
③ 曹胤儒:《罗近溪师行实》,《罗汝芳集》,方祖猷等编校整理,第851页。
④ 罗汝芳:《近溪子四书答问集》,《罗汝芳集》,方祖猷等编校整理,第308页。

熙。"① 邓元锡"方知明兴论道，无如师之精实而明莹者矣"。汝芳卒后，他撰《祭罗近溪先生文》以寄托哀思，对先生在学术上的成就给予高度评价。邓元锡还按当地风俗备礼，亲至灵前祭奠。《明儒学案》将他列于江右王门中，并称其"就学于邹东廓、刘三五，得其旨要"。②

汤显祖（1550—1616），字义仍，号若士、海若等，临川人。13岁即拜罗汝芳为师，17岁又到从姑山房从学罗汝芳。汤显祖来时，罗汝芳以《汤义仍读书从姑赋赠》诗相赠；学成离开时，又以《玉冷泉上别汤义仍》诗相送。万历十四年（1586），罗汝芳到南京讲学，在南京又见到了汤显祖，对汤多有教诲。老师逝世后，汤显祖或写诗怀念，或与朋友常回忆老师，或亲自前往从姑山凭吊，声称"明德先生者，时在吾心眼中矣"③。万历二十五年（1597），汝芳诗集刊印，汤显祖作《明德先生诗集序》曰："夫子在而世若忻生，夫子亡而世若焦没。吾观今天下之善士，不知吾师，其为古人远矣。"④ 除了思想上和政治上，汤显祖在戏剧创作上也深受罗汝芳的影响。比如汤显祖在戏剧作品中所彰显的"情"，就与罗汝芳的"赤子之心""生生之仁"存在内在的必然联系。

詹事讲（1539—1593），字明甫，号养贞，乐安人。隆庆四年（1570）中举，万历五年（1577）中进士，授安徽宣城县令，政声卓著，离任时士民泣送，感其德，建祠祀之。巡视浙江盐政时，惩贪官，绝豪贩，执法严明。一生以讲学为要，悉心培养人才，在思想上和文学上皆颇有造诣。编辑出版了《罗近溪先生明道录》共八卷，为老师文集撰《叙罗近师集后》，撰《近溪罗夫子墓碣》。

杜应奎，号西华，临川人。嘉靖四十五年（1566）从罗汝芳游，以布衣身份讲学于白鹿、白鹭等书院，颇受邹元标、汤显祖等礼遇。罗汝芳曾为其父撰墓表。为老师的《近溪罗先生明道录》题跋。

董裕（1537—1606），字惟益，号扩庵，乐安人。隆庆五年（1571）进士，任广东东莞县令。为官廉洁清明，治狱公平，赋敛

---

① 邓元锡：《潜学编》卷七，《四库全书存目丛书·集部》（第130册），第528页。
② 黄宗羲：《江右王门学案九》，《明儒学案》卷二十四，沈芝盈点校，第563页。
③ 汤显祖：《答管东溟》，《汤显祖诗文集》，徐朔方笺校，上海古籍出版社1982年版，第1229页。
④ 汤显祖：《明德先生诗集序》，《汤显祖诗文集》，徐朔方笺校，第1084页。

合理，修缮学宫，移风易俗。朝廷闻其贤能，升为山东道御史，后历任陕西巡按、掌河南道、大理寺卿、南京工部侍郎、刑部尚书等。病逝乡里，追封"太子少保"。早年拜罗汝芳为师，一生倾心阳明心学。

吴道南（1550—1623），字会甫，号曙谷，崇仁人。万历十七年（1589）进士，授编修，进左中允。后任礼部侍郎、礼部尚书兼东宫大学士等。为官清廉，不附权贵，居官三十余年，家产不及中等人户，唯学业上成就颇丰，擅长诗文，信奉心学。有《吴文恪公文集》传世，与黄绍惠一起编印了罗汝芳讲稿《熟仁会语》，还撰写了《近溪罗老师外编序》。

李东明，号勿斋，临川人。受学于罗汝芳，潜心为己之学。曾说："经书只有知字无悟字，下学上达，说一悟字，便是异端。孟子曰'不虑而知者，其良知也'。良知是学，某所未喻。"①

李东成，号恒斋，东明弟。五岁能属文，罗汝芳一见即喜欢上他。以亲老谢去举业。

聂良杞，字子实，金溪人。隆庆年间进士。曾到南城县从罗汝芳学。"参证归仁之旨，大有所得。"授卫辉（今属河南）令，后出典滇学，在昆明创办五华书院，纂《诸儒语录》，教化民众。②

姜鸿绪，字耀先，临川人，学者称"鲲溟先生"。曾拜李东阳为师，受李器重。后又从学罗汝芳。与帅机、汤显祖等人结社里中，共倡圣学。曾受聘编修《万历河渠志》《三吴水利考》《江西省志》等志书，纂有《大学古义》《中庸抉微》等，著有《英钓兰言》《石楼洞稿》等。

张岭，字子谦，号斗阳，南城人。隆庆二年进士。尝从罗汝芳学，远志卓悟，希踪古人，又与邓元锡相交。生平敦尚实学，于师友间虚己让善。去世时对儿子张本说："欲为君子要当立诚，毋以罗子当下即是之言忽实功。"其切至如此。著有《翠虚楼苍榆馆集》。③

王一言，字民法，号带水，南城人。师从罗汝芳。万历二年进

---

① 许应鑅、朱澄修，谢煌纂：《人物志》，《抚州府志》卷五十六，清光绪二年刻本。
② 许应鑅、朱澄修，谢煌纂：《人物志》，《抚州府志》卷五十六，清光绪二年刻本。
③ 李人镜修，梅体萱纂：《宦业志》，同治《南城县志》卷八，清同治十二年刊本。

士。与孙丕扬、赵南星、许宏纲，有"四君子"之称。曾守莱州抗击倭寇，捐俸置兵器，守城七日，衣不解带，莱人立生祠祀之。①

左宗郢，字景贤，号心源，南城人。举万历七年乡试，从罗汝芳、邓元锡学近十年，皆有得。罗、邓二师去世，力为他们请谥，后又为二师出版印行《潜学稿》《明德诗集》《乡约全书》等。又念罗汝芳讲学从姑山胜迹闻天下，岁月既改，堂宇剥落，为请于郡守邬鸣雷，得以修葺一新。万历十七年（1589）进士，授四川监察御史，巡监两浙，督学京畿，所至皆有政声，转南京太常寺少卿。居官本其师说，以美教化、厚风俗为先。

唐朴斋，广昌人。罗汝芳讲学于家乡，执贽称弟子，体验真切，确守不倦。同时为罗汝芳门人者有刘南川，躬行孝友亦颇有心得，恬澹不求仕进，与朴斋同。然南川刘闻名于浙江，朴斋名声渐失。

陈希圣，号思源，泸溪（今资溪）人。潜心理学，励志操修，不为外诱。师事罗汝芳、邓元锡，与南城萧伯羽相友善。邓元锡称其好古独行，又称他为陈布衣。听说金溪陈惟易精于易理，徒步往请其说，曰："道在是矣。"于是俯首称弟子，时人都称他为贤人。

陶仁庆，字能甫，南城人。从罗汝芳讲心性之学，久而有得。当时罗汝芳门下老宿如林，仁庆晚进最年少，但每每发出论议，大家都点头称是。著有《原常集》《原反录》，以著人古文古诗近体若干卷。

包鼎臣，字彦和，新城（今黎川）人。少从罗汝芳学，负奇质，工诗文。万历三年（1575），以汀漳守备告归，因病去世。次子包宏熏刻印他遗存诗文，罗汝芳为他作序。

涂云雁，字伯翔，新城（今黎川）人。少从罗汝芳、邓元锡学。万历七年（1579），乡试中举，被授钟祥县令。擢南京刑部主事，后历广西司郎中。

章滨，字应潭，南城人。少时师事罗汝芳。由选贡官南部知县。居官廉洁，卒于任。

---

① 李人镜修，梅体萱纂：《宦业志》，同治《南城县志》卷八，清刻本。

过闻韶，字宇和，诸生，新城（今黎川）人。游学于罗汝芳门，为人有德行。去世后，乡人将他祀于乡贤祠。

赵郡，字子卿，号济川，南丰人。少时游学罗汝芳门。同乡李寅清、新城邓元锡与他交情深。嘉靖二十八年（1549）乡试中举，任浙江平阳县令。回乡角巾野服，讲学于紫阳书院，切磋益密。父亲去世后不仕，论学终其身。

詹德化，号宁宇，乐安人。万历间贡生。罗汝芳讲学于家乡时，他负笈南城求学，讲求性道渊源。与弟弟德溥讨究《戴记》及《仪礼》《大学衍义》诸书，相互砥砺。

胡宗旸，字晓江，乐安人。少时游学于罗汝芳之门，在南城求学三年，深得性理奥旨，学成回到家乡，讲学不辍，著文写诗以自娱。

龚晚，字奎文，乐安人。幼失怙，事母以孝闻，居丧如礼，志慕理学，负笈南城从姑山，游学于罗汝芳门下。

黎允儒，南城人，罗汝芳外甥，从学罗汝芳。杨起元经其引荐而拜汝芳为师。

董润，号西华，乐安人。从罗汝芳学。与族人董蓉山等探究性命之学，于大成圆通，多所阐发。著有《大明一统志略》《诗经注疏》等，又有诗文若干卷，总称《理学续稿》。

陈致和，字永宁，号古池，乐安人。弱冠补邑学生，笃志圣学，从学于罗汝芳。后讲学乡里，得到乡人推崇。著有《知本同参学庸语录》《春风堂稿》《鳌溪会讲尊闻录》等。

罗汝芳还有许多抚州籍弟子生平事迹难考，有的曾参与过罗汝芳著作的整理编辑工作。如乐安弟子陈廷礼、曾贞志以罗汝芳在乐安鳌溪的讲学内容为对象，编纂刊行《鳌溪集》；弟子黄钦、黄天祥辑《从姑商求》；黄洙辑《严子信言》，但未刊行；临川籍弟子许安国、安世兄弟辑刊《疏山大会录》，吴极辑刊《金溪会语》，董君静辑刊《鳌溪书院语录》，宣平、余尚稷辑刊《宜黄会语》。还有一些弟子为老师著作撰写序跋等文，如广昌门人聂继皋作《临行别言跋》，南城门人黎民范撰《罗明德先生文集序》，南城门人黄文炳撰《明德罗夫子文集后序》，临川门人汤显祖撰《明德罗先生诗集序》等。

四、与王学相关的书院及其他遗迹

明清两代，抚州有不少书院及其所举办的讲会活动，与阳明学有关，兹略述如下：

崇儒书院。在临川县城南。祀宋代晏殊、王安石、曾巩、陆九渊，元代吴澄、明代吴与弼等。而在明代很多阳明弟子在此讲会。邹元标写有《崇儒书院记》。

明德书院。在南城县城凤凰山下。罗汝芳弟子杨起元等筹资为老师罗汝芳在县城北建明德堂，供老师讲学。罗汝芳去世后，弟子们仍在此讲学，举办纪念老师等活动，后改名明德书院。

道乡书院。在乐安县南镇安桥，明天启年间知县庄学曾建。祀李材，邹元标题额。

象山书院。在金溪县西门外二里。明嘉靖间，知县程秀民以西升废寺改祀象山先生，两旁翼以号舍供来学者居住。后陈九川来寻访象山书院遗址，尝赋诗云："象山何处寻书院，明水安居问酒杯。"方献夫来拜谒象山祠，亦赋诗云："道在人心自不忘，象山高与此溪长。"①

正学书院。在南城从姑山北。明巡道王俨建，祀罗汝芳，侍郎张槚记之。张槚字叔养，号心吾。黎川县人。嘉靖三十八年（1559年）进士，曾任婺源县令，太仆少卿，南京工部侍郎等职。后辞归故里，在正学书院讲学。张槚在《正学书院记》里说："正学书院为祀罗近溪先生所也。先生故有明德书院，在凤凰山之麓，肖像而祀之。先生自幼学以至登第，老而致政。总之，在山之日为多，且兹山从前不著。先生开埋宣郁，标奇发隐，遂使岩洞窈窕，薪木葱菁，为东南壮观，至与麻姑争胜。今诸生诵读之暇，每登高而眺，息阴而休，有不胜泰山梁木之感。愿得为书院，如明德以祀先生。兵宪王公下有司议谓：先生学有渊源，功深觉悟，谭天人性命之奥，不出于人伦日用之常，原孝弟、知能之良，究极乎乾坤易简之德，其学盖粹然一出于正。盖名曰'正学书院'。书院当天柱峰下，负阴面阳，厥土燥刚。二峰傍立，一水环之，实姑山最胜处。记之。"②

---

① 叶航：《陆学圣地，心学渊源——陆九渊与贵溪》，《鹰潭日报》2019年10月24日。
② 邹鸣雷等纂：《学校》，万历《续修建昌府志》卷五，明万历四十一年刊本。

斗湖书院。在南城县城北兴文坊，夏良胜建，并在此书院讲良知之学。夏良胜写有《斗湖书屋追和云谷杂言十首》，记录书院生活情况甚详。也常有人来访，如饶瑄，夏良胜就有以《饶行斋访余斗湖再宿而别有诗和以赠之》诗相赠。

正宗书院。在新城县北门外。又名北田学舍。明嘉靖间，黎川籍学者王材讲学之所。后为学古楼，中为念初堂，旁有"存诚""克己""慎动""尚志"四斋，邓元锡记。

廩山精舍。建于黎川县城北廩山的廩山寺侧，明孝廉邓元锡处士、江如僧进士、张之奇、涂景祚读书于此。邓元锡于嘉靖四十四年（1565）建，应慕名前来求教的多为本县学子。

临汝书院。在临川城内南湖边。宋淳祐九年（1249）江西西路提举常平茶盐司冯去疾建，有尊经阁储经及群书，祀陆九渊。元延祐二年（1315）尊经阁等毁于火，五年后山长黄镇与同知总管马合睦共新之。至正元年（1341），照磨王坚孙，山长张震重修殿宇、讲堂、门庑、斋舍。明嘉靖三十七年（1558）七月，同知蔡元伟兴复。中为讲堂五间，后为宴息之堂。有学舍40间。祀陆九渊、吴澄、吴与弼。陈九川有《临汝书院记》。

南台书院。在南丰南台山麓，明隆庆二年（1568）知县金文业、教谕王栋捐俸创建。万历间署县通判薛瀚重修。

心斋书院。在乐安县流坑村。明嘉靖年间，董遂为纪念宋儒董德修而建。董德修师事陆九渊，得其传，后教授于家乡，人称"心斋先生"。心斋书院建成后，王畿曾在此讲学并作《心斋书院记》。

慈竹书院。在乐安县西。宋侍郎乐史建。乐史曾在庭中植慈竹，慈竹连理而无旁枝，乐史经此命名书院。明裔孙乐翰重修，罗汝芳曾在竹书院讲学，并为书院作记。

安定书院。在乐安县衙前。为纪念宋大儒胡瑗，明胡伯成成建。祀胡瑗。罗汝芳曾在安定书院讲学，并为书院作记。

复性堂书院。明嘉靖年间，吴悌创办于金溪县疏山。吴悌在此讲学二十余年，求学者众多。吴悌去世后，在书院原址敕建崇贤祠，专祀吴悌。

归仁书院。在临川县，汤显祖的儿子汤开元建，邹元标写有《归仁书院记》。

道香书院。在乐安县。万历年间，罗汝芳弟子陈致和建。

清源书院。在乐安县，明代乐安人黄国宾所建。

雪峰书院。在乐安县流坑村，明嘉靖间，村人董燧、董焕建。

拟岘台，亦为王畿讲学处。位于抚州市城区汝水大道中段抚河西侧。始建于北宋嘉祐二年（1057），原址位于荆公路，现台为第7次重修，主体建筑高49.9米。三修于明嘉靖二十五年（1546），陈明水作记。2015年，新建的拟岘台对外开放。

此外，抚州区域内，除了众所周知的汤显祖故居和墓地尚保存完好外，还存有不少阳明学人的遗迹。

如纪念阳明学人的祠堂，有罗近溪祠，在南城县凤凰山下，祀罗汝芳，清代迁城内。邓元锡祠，在黎川县南津街，其门人张梵等建。解元坊，在南城县城，为夏良胜建。

如阳明学人的故居、墓所等，有邓元锡故居高山景行厅，为黎川县城老街新丰桥上游沿岸约200米处，现为人民路余家巷5号大厅。大厅坐北朝南，主体结构包括前大厅、中厅、后厅、主厅前院东西两侧密集建筑，以及前院西侧的临河阁楼。董燧故居理学名家宅，在乐安县流坑中巷中段北侧，坐北朝南，面巷而建，一进三间，门前对红石狮。大门上悬挂"理学名家"匾，为曾同亨题。董裕墓，在乐安县招携镇禄源凤形山，碑文"明故资政大夫刑部尚书赠太子少保扩庵董先生墓"。

如阳明学人题写的匾额，有"高明广大"匾，在乐安县流坑村，嵌在董燧宅大门前的影壁砖坊上，落款"念庵罗洪先书"。"正大光明"额，在乐安县流坑村，嵌在董国举宅的天井照壁上，落款"近溪……"。"董公中冈先生祠"匾，在乐安县流坑村，落款"明万历二年冬十月盱江近溪罗汝芳书"。"怀德堂"匾，在乐安县流坑村，落款"明万历元年孟冬月之吉近溪罗汝芳书"。从姑山罗汝芳手迹，在南城县从姑山上，至今尚存有"飞鳌峰""双玉楼""玉立"等题刻。

（罗伽禄撰稿）

王阳明与上饶、九江

一、理学重地

上饶市古称信州,东连浙江、南邻福建、北接安徽,西与鹰潭市相交。今之上饶市包括信州区、广丰区、广信区、玉山县、铅山县、横峰县、弋阳县、余干县、鄱阳县、万年县、婺源县和德兴市。在1983年,鹰潭市、贵溪县、余江县从上饶划出成立鹰潭地区。为了表述方面,本文所说上饶,是一个文化区域概念,仍包括今鹰潭市下辖的月湖区、贵溪市及余江县。明初,本区域分属广信、饶州府。

上饶与朱子学关系密切,宋明理学在此产生了重要影响。婺源县是朱熹祖籍地,朱熹一生十余次到上饶,或讲学、或扫墓、或修理家谱等等。最著名的当属朱熹与陆九渊在铅山县的鹅湖之会。有专家研究发现,自宋至清上饶有一定影响的书院达168所,县县都有书院。除鹅湖书院外,重要的书院还如象山书院、怀玉书院和叠山书院。象山书院在贵溪市境内,由陆九渊创建于南宋淳熙十四年(1187),当时称作"象山精舍"。怀玉书院在玉山县的怀玉山上。淳熙五年(1178),朱熹到达玉山县。朱熹、汪应辰、吕东莱、陆象山等先后讲学于此。朱熹在此留下了《玉山讲义》。叠山书院是弋阳县民众为纪念谢枋得而建,谢枋得(1226—1289,字君直,号叠山)亦深受朱熹理学影响。上饶还是娄谅的故乡,王阳明曾赴上饶求学于娄谅。

九江市号称"三江之口,七省通衢",今下辖浔阳区、濂溪区、柴桑区、武宁县、修水县、永修县、德安县、都昌县、湖口县、彭泽县、瑞昌市、共青城市和庐山市。宋明理学的开山鼻祖周敦颐曾与九江结下不解之缘。他在江西的分宁县、南安军、南昌县、虔州、南康军为官长达13年。他一生中在江西为官生活时间最长,钟情庐山,终老庐山。嘉祐六年(1061),在赴虔州(今江西赣州)通判任途中,过九江,筑濂溪书堂于庐山山麓。晚年又将原葬在丹徒(今江苏镇江)的母亲墓迁至九江,并请自己的挚友潘兴嗣为母亲写了墓志铭。周敦颐告诉潘兴嗣:吾后世子孙,遂为九江濂溪人,得岁时奉夫人祭祀。是故九江一直视周子若己出,从宋至清,濂溪书堂屡废屡兴，成为九江的文化标志之一。

九江另一个重要文化坐标便是"四大书院"之首的白鹿洞书院。书院地处今九江市庐山五老峰南麓，始建于南唐升元四年（940），相传为李渤所创建。朱熹出知南康军（治所在今庐山市）时，重建书院，亲自讲学，确定了书院的办学规条和宗旨，并奏请赐额及御书，遂使书院名声大振。陆九渊也被朱熹请到白鹿洞书院讲过学。他在书院讲"君子喻于义，小人喻于利"，得到朱熹赞赏，遂为陆子讲义作题跋（即《跋金溪陆主簿白鹿洞书堂讲义后》），并将讲义勒石立于书院。元代末年，白鹿洞书院毁于战火。明正统元年（1436），翟溥福任南康府知府，两年后重建书院，另建先贤祠祀李渤、周敦颐和朱熹，并以二程、张载、陈灌、刘涣父子为配祀。此后明成化、弘治、嘉靖、万历年间均有重修。王阳明与白鹿洞书院的关系也非常密切（详见后述）。

二、拜师娄谅

黄宗羲说："姚江之学，先生为发端也。"[①] 此处的先生，指的就是江西上饶的娄谅。明弘治元年（1488），17岁的王阳明前往江西南昌完婚，他的妻子诸氏虽为余姚人，但随父居于南昌。诸氏父亲诸让（？—1495，字养和，号介庵），时任官江西布政司参议，与阳明父亲王华是至交好友。次年（1489）冬，阳明因送新婚夫人诸氏从南昌归余姚，舟至广信，拜谒娄谅，并从之问学。娄谅授之以宋儒格物之学，阳明深契之，随后始慕圣学。据钱德洪《阳明年谱》记载："十二月，夫人诸氏归余姚。是年先生始慕圣学。先生以诸夫人归，舟至广信，谒娄一斋谅，语宋儒格物之学，谓'圣人必可学而至'，遂深契之。"[②] 又据黄绾《阳明先生行状》载："明年，还广信，谒一斋娄先生。异其质，语以所当学，而又期以圣人，为可学而至，遂深契之。"[③]

---

① 黄宗羲：《崇仁学案二》，《明儒学案》卷二，沈芝盈点校，第44页。
② 钱德洪：《年谱一》，王守仁：《王阳明全集（简体版）》卷三十三，吴光等编校，第1002页。
③ 黄绾：《阳明先生行状》，王守仁：《王阳明全集（简体版）》卷三十八，吴光等编校，第1162页。

娄谅（1422—1491），字克贞，别号一斋，上饶人。少年时就有志于成圣的学问，曾经求教于吴与弼，与陈献章、胡居仁一起被视为吴与弼门下的三大高足。黄宗羲《明儒学案》曾评论娄谅说：

少有志于圣学，尝求师于四方，夷然不屑曰："举子学，非身心学也。"闻康斋在临川，乃往从之。康斋一见喜之，云："老夫聪明性紧，贤也聪明性紧。"一日，康斋治地，召先生往视，云："学者须亲细务。"先生素豪迈，由此折节，虽扫除之事，必躬自为之，不责僮仆，遂为康斋入室，凡康斋不以语门人者，于先生无所不尽。康斋学规，来学者始见，其余则否。罗一峰未第时往访，康斋不出，先生谓康斋曰："此一有志知名之士也，如何不见？"康斋曰："我那得工夫见此小后生耶！"一峰不悦，移书四方，谓是名教中作怪，张东白从而和之，康斋若不闻。先生语两人曰："君子小人不容并立，使后世以康斋为小人，二兄为君子无疑，倘后世以君子处康斋，不知二兄安顿何地？"两人之议遂息。景泰癸酉，举于乡，退而读书十余年，始上春官，至杭复返。明年天顺甲申再上，登乙榜，分教成都。寻告归，以著书造就后学为事。……先生以收放心为居敬之门，以何思何虑、勿助勿忘为居敬要指。康斋之门，最著者陈石斋、胡敬斋与先生三人而已。敬斋之所訾者，亦唯石斋与先生为最，谓两人皆是儒者陷入异教去，谓先生："陆子不穷理，他却肯穷理；石斋不读书，他却勤读书。但其穷理读书，只是将圣贤言语来护己见耳。"先生之书散逸不可见，观此数言，则非仅蹈袭师门者也。又言："克贞见搬木之人得法，便说他是道，此与运水搬柴相似，指知觉运动为性，故如此说。道固无所不在，必其合乎义理而无私，乃可为道，岂搬木者所能？盖搬木之人，故不可谓之知道；搬木得法，便是合乎义理，不可谓之非道，但行不著，习不察耳。"先生之言，未尝非也。先生静久而明，杭州之返，人问云何，先生曰："此行非惟不第，且有危祸。"春闱果灾，举子多焚死者。灵山崩，曰："其应在我矣！"急召子弟永诀，命门人蔡登查周、程子卒之月日，曰："元公、纯公皆暑月卒，予何憾！"时弘治辛亥五月二十七日也，年七十。门人私谥文肃先生。子兵部郎中性，其女嫁为宁庶人妃，庶人反，先生子姓皆逮系，遗文散失，而宗先生者，绌于石斋、敬斋矣。文成（阳明）年十七，亲迎过信，从先生问学，深相契也。则姚江之学，先生为发端也。子忱，字诚善，号冰溪，不下楼者十年，从游甚众，僧舍不能容，其弟子有架木为巢而读书者。①

文中所言"其女嫁为宁庶人妃"，其女即娄谅之子娄性闺女娄素珍，世称"娄妃"，阳明与她应不陌生，不仅在娄府见过面，后来在朱宸濠宁王府也可能见过面。"宁庶人"即南昌宁王朱宸濠，宸濠谋反，被擒，废为庶人，并诛之。

娄妃自幼秉性聪颖，博学多才，能诗善画，且颇有政治见地。她曾作《春游》诗，记述与丈夫朱宸濠同游之情景，诗云："春晴并辔出芳郊，带得诗来马上敲。着意寻春春不见，东风吹上海棠梢。"宸濠欲谋反夺帝王之位，娄妃得知后一再相劝，但宸濠置之不理，她于是写下《题樵人图》诗："妇唤夫兮夫转听，采樵须是担头轻。昨霄雨过苍苔滑，莫向苍苔险处行。"以借题发挥，规劝宸濠不要冒险起兵谋反。宸濠起兵谋反前，娄妃仍不放弃规劝，并作《早行》诗，隐隐劝其悬崖勒马："金鸡未报五更晓，宝马先嘶十里风。欲借三杯壮行色，酒家犹在梦魂中。"②娄妃的书法也相当了得，据明郑仲夔《闺隽》记载，南昌城内的"永和门"三字为其所书，书法遒劲可观。还有书于布政司署内的"屏翰"、按察司使署内的"执法"，皆苍劲有力，字字见人。

明武宗正德十四年（1519）六月十三日，朱宸濠举兵谋反。七月二十六日，宸濠见大势已去，便与众嫔妃泣别，娄妃对宸濠说："不用吾言以至此，尚何道！"及至事败，宸濠被擒，于槛车中泣对人语："昔纣用妇人言而亡天下，我以不用妇人言而亡其国，今悔恨何及！"娄妃知道宸濠必败，只是时间早晚的事，于是已做好死的准备。临死前她曾作诗《题西江绝壁》曰："画虎屠龙叹旧图，血书才了凤睛枯。迄今十丈鄱湖水，流尽当年泪点无。"③然后"周身

---

① 黄宗羲：《崇仁学案二》，《明儒学案》卷二，沈芝盈点校，第43—44页。
② 曾燠：《名媛一·娄妃》，《江西诗征》卷五十八，清刻本。
③ 曾燠：《名媛一·娄妃》，《江西诗征》卷五十八，清刻本。

皆以绵绳以内结"，投赣江自尽。据曾燠《江西诗征·名媛·娄妃》载："濠被擒，妃投江死，王文成闻之，叹曰：'贤妃也！'亟遣人藏之。"阳明所作的《牌行江西二司安葬宁府宫眷》，就是下令礼葬宁王府后宫们的，其中就包括义烈德贤的娄妃。娄妃墓在南昌德胜门外赣江岸边，今已毁。后来娄妃劝谏宸濠的文书被发现，皇上为表彰娄妃之高节大义，追赐她为娄妃娘娘。

娄妃的德行受教于娄谅、娄性，祖、父们的德性气节在她身上得到彰显和传承。明湖广参政郑毅曾写诗赞颂娄妃："道义传心有定论，贤妃原是一斋孙。"清李绂《过宸濠故居吊楼妃》诗亦曰："女智莫如妇，召常闻斯言。不听妇言败，宸濠毋乃颠。吾闻娄一斋，理学承薪传。贤淑见诸孙，大节光逆藩。阳明昔志道，娄公启先鞭。于妃宜敬恭，世讲明渊源。"①清诗人张凤翥过娄妃梳妆台时也赋诗曰："青丝莫挽奸雄气，红粉终留激烈身。替想幽魂谁比洁，菱花镜里大江滨。"②乾隆十六年（1751），蒋士铨得知娄妃墓已荒芜不堪，便请求江西布政使彭家屏为娄妃修墓。彭家屏筹款修理，并立有镌刻"前明宁王庶人娄贤墓在此"字样的墓碑。蒋士铨还编《一片石》杂剧，以彰其英烈。乾隆二十年（1755），蒋士铨又自绘娄妃墓图，并作《娄妃墓图》诗四首，以记当年发现和修理娄妃墓之事。其中一首云："贤妇言多苦，樵人不肯听。遗丘一抔在，秋草几回青。吊古心原共，寻诗骑偶停。水仙旗猎猎，日暮自扬灵。"③乾隆四十年（1775）冬，蒋士铨见到江西布政使吴山凤，又动员他迁修娄妃墓。次年，吴山凤募捐命新建县令伍省亭修墓，并立碑建坊。蒋士铨为此作传奇曲本《第二碑》，以赞美吴山凤之义举。清同治年间，督粮道邓仁堃再次对娄妃墓进行过重修。

王阳明父子与娄谅之子娄性也有交情。当娄性挂冠离京归里前，王华曾设宴为他送行，陪同者甚多，阳明也在其中。席间，大家共作"白驹联句"。赵宽在《白驹联句引》里说："白驹联句者，春坊谕德王君德辉饯其友娄君原善于私第，席上诸公话别往复之作也。

---

① 顾锡鬯修，蔡正笏纂：乾隆《南昌县志》卷六十八，清乾隆十六年刊本。
② 张凤翥：《娄妃妆台》，《镜真山房诗钞》卷一，《清代诗文集汇编》（第663册），上海古籍出版社2010年版，第223页。
③ 蒋士铨：《娄妃墓图》，《忠雅堂诗集》卷二十六，清嘉庆三年刊本。

诗凡十七首，题之曰'白驹'者，取《诗》人'絷之维之，以永今夕'之义，惜君之遂去，而幸君之少留也。盖娄君以进士历官南京兵部郎中，直道自将，勇于有为，权臣疾之，竟坐落职。久之，公论渐回，遂得冠带归田。而德辉，君之同年友，且同甲子，相善也，故有是会。在坐者，春坊中允张天瑞、赞善费之充、翰林编修徐某、检讨毛维之、刑部副郎傅日彰、吏部主事杭世卿，暨德辉之冢器、乡进士守仁也。"①

娄谅出生的屋子人称"理学旧第"。这座老宅位于今上饶城水南街劳动路娄家巷30号，相传为娄谅祖上所建。娄谅的上饶始迁祖娄曜时任上饶尉，造屋定居于州之北，其子娄璜又于州之东40里置田建舍以居家。璜生二子娄师德与师道，均为唐中期朝中大臣。至宋明时，娄氏更是人才辈出，最著名者即为娄谅。娄谅广阅群书，志于圣学，尝在"理学旧第"的后山建了一所书院，取名"芸阁"，并请乃师吴与弼题名。此后，娄谅与弟弟娄谦等曾在此读书讲学，而后来王阳明也是在此问学于娄谅。

正德二年（1507）八月，阳明在谪贬途中，由富春江上飘游至赣闽交界处，进入广信府境内，而后又经福建建阳进入武夷山区。在那儿他游九曲溪，访武夷精舍，还在天游观面见道士。九月，他又从武夷山返回，经建阳回到广信府。到广信府后，他便去了娄氏故居。据唐鹤征《皇明辅世编》卷五载："（阳明）入武夷山，出铅山，访上饶娄氏归。"因此时娄谅已去世，阳明回访的应是娄氏后人及故居。出上饶后，他到了广信府玉山县，此县与浙江的江山、常山等地接壤。在玉山县，阳明游东岳庙，并见到了严星士，遂作《玉山东岳庙遇旧识严星士》诗。②后离开玉山县，经浙江衢州、金华及安徽芜湖，九月下旬到南京见到了父亲王华。次年（1508）正月，阳明才从家乡启程，经开化进入广信府。正月十五日晚，在广信府他与时任知府蒋氏在舟中见面，阳明《广信元夕蒋太守舟中夜话》诗记其事。③

---

① 赵宽：《白驹联句引》，《半江赵先生文集》卷十二，《四库全书存目丛书·集部》（第42册），第316—317页。
② 参见王守仁：《王阳明全集（简体版）》卷十九，吴光等编校，第574—575页。
③ 参见王守仁：《王阳明全集（简体版）》卷十九，吴光等编校，第575页。

正德十六年（1521），阳明从江西赴京时又经过广信。在那儿，他写信给唐龙，又听说席书擢右副都御史，于是写信给席想与其面论象山之学，但未能如愿。过玉山时又写信给朱节。嘉靖六年（1527）十月一日，阳明去两广途经常山抵达玉山，在给儿子正宪的信中他说："即日已抵常山两日，明早过玉山矣。"①过玉山到弋阳后，拜访汪俊、汪伟。黄宗羲曰：

> 汪俊字升之，号石潭，弋阳人也。弘治癸丑进士。选庶吉士，授翰林编修。……大礼议起，先生力主宋儒之议，上为迁延者二年，先生终不变，于是上怒甚，罢其官。……先生之学，以程朱为的……先生既知圣人之学，不失其本心，便是复性，则阳明之以心即理，若合符契矣，而谓阳明学不从穷事物之理，守吾此心，未有能中于理者，无乃自背其说乎？……阳明过弋阳，寄四绝以示绝交。按阳明所寄二绝，非四绝也。序云："仆兹行无所乐，乐与二公（指汪俊、汪伟）一会耳。得见闲斋，固已如见石潭矣。留不尽之兴于后期，岂谓乐不可极耶？（闻尊恙已平复，必于不出见客，无乃大以界限自拘乎？奉次二绝，用发一笑，且以致不及请教之憾。）"……此正朋友相爱之情，见之于辞，以是为绝交，则又何说？②

同时阳明还拜访了江潮，并赠诗《和理斋同年浩歌楼韵》③。江潮，字天信，弋阳人，阳明同年进士。然后至贵溪，夏言来见阳明。夏言（1482—1548），字公谨，贵溪人，比阳明小10岁。正德十二年（1517）进士，初授行人，后任兵科给事中，以正直敢言自负，此时正在老家丁母忧。阳明离开时，夏言有《送大司马王阳明总督两广》诗相赠。离开贵溪经余干时，又有弟子徐樾来见，并于舟上问学。然后才抵南昌。

---

① 束景南：《王阳明佚文辑考编年》，上海古籍出版社2015年版，第956页。
② 黄宗羲：《诸儒学案中二》，《明儒学案》卷四十八，沈芝盈点校，第1141—1142页。括号中内容《明儒学案》未载，据阳明《寄石潭二绝》[《王阳明全集（简体版）》，吴光等编校，第657页] 补。
③ 参见束景南、查明昊辑编：《王阳明全集补编》，上海古籍出版社2017年版，第56页。

三、上饶弟子

王阳明的上饶籍亲炙弟子主要有徐樾、方洋、俞文德、桂轾、吕怀、陈介、傅默、吴文惠、张士贤等,再传弟子主要有洪垣、柳鸿、吕夔、李晓、董尚行、黄良佐、汤士安、文士宏、王良臣、王守胜、夏尚朴、俞昂、叶思忠、郑轼、张宪明等。其中数徐樾最为著名。

徐樾曾从阳明及其弟子王艮学,然其从学王艮,不仅时间长,而且收获大,故黄宗羲《明儒学案》将其归入王艮的泰州学派,并称他"少与夏相才名相亚,得事阳明,继而卒业心斋之门"①。徐樾弟子中上饶籍的有李九韶、叶思忠、方基等。《阳明年谱》中载有一则趣事:

> (阳明)先生发舟广信,沿途诸生徐樾、张士贤、桂轾等请见,先生俱谢以兵事未暇,许回途相见。徐樾自贵溪追至余干,先生令登舟。樾方自白鹿洞打坐,有禅定意。先生目而得之,令举似,曰:"不是。"已而稍变前语,又曰:"不是。"已而更端。先生曰:"近之矣。此体岂有方所?譬之此烛,光无不在,不可烛上为光。"因指舟中曰:"此亦是光,此亦是光。"直指出舟外水面曰:"此亦是光。"樾领谢而别。②

徐樾得王艮"大成之学",在王艮门下,颇得王艮喜爱,视其如子。王艮曾对夫人说:"彼五子乃尔所生,是儿乃我所生。"王艮次子王襞称徐樾是其父的"高第弟子,于先生(即王艮)之学得之最深"。③徐樾弟子中上饶籍的有李九韶、叶思忠、方基等。

另据《明儒学案》载:

> 徐樾,字子直,号波石,贵溪人。嘉靖十一年进士。历官部郎,出任臬藩。三十一年,升云南左布政使。沅江府土舍那

---

① 黄宗羲:《泰州学案一》,《明儒学案》卷三十二,沈芝盈点校,第724页。
② 钱德洪:《年谱三》,王守仁:《王阳明全集(简体版)》卷三十五,吴光等编校,第1076页。
③ 王士纬:《心斋先生学谱》,王艮:《王心斋全集》,陈祝生等校点,第116页。

鉴，弑其知府那宪，攻劫州县，朝议讨之。总兵沐朝弼、巡抚石简会师，分五哨进剿。那鉴遣经历张惟至监军佥事王养浩所伪降，养浩疑不敢往。先生以督饷至军，慨然请行。至沅江府南门外，鉴不出迎。先生呵问，伏兵起而害之。姚安土官高鹄力救，亦战没。我兵连岁攻之不克。会鉴死，诸酋愿纳象赎罪，世宗厌兵，遂允之。时人为之语曰："可怜二品承宣使，只值沅江象八条。"伤罪人之不得也。①

徐樾著有《波石集》八卷，可惜失传，我们只能从《明儒学案》等文献中获知其大概的思想。《明儒学案》中记有他从学王艮的一则故事，从故事中可以看出，他们师徒二人常常是在日常生活中讨论学问，在生活琐事中体悟学问，因此其学问可以说是从实践中来的。而据《明儒学案》所记录的徐樾语录分析，主要讨论的是"天命""心性""道"等问题。在他看来，天、命是一体的，而天、人则是有分别的。对于道、心、性之关系，他认为："夫道也者性也，性也者心也，心也者身也，身也者人也，人也者万物也，万物也者道也。夫道一而已矣，人之得一也而灵。是灵也，则性也。以生理名则天也，以溥博名则心也，以主宰名则人也，以色象名则万物也。"他还认为，求"学"就是求"心"，所以他说："孔、孟之学，尧、舜之治，举求诸心焉而已。心外无事矣，求事也者，或逐事而二心，求心也者，以言乎天地之间则备矣。是心也，即万化也，自圣人以至愚夫，一者也。知天下国家皆我也，是曰知心；知天地万物皆心也，是曰知学。""尽心则万物备我，我者万物之体，万物者我之散殊。""不求诸心而求诸事，非尽心之谓也。"②

王阳明上饶籍弟子的生平事迹留传下来的资料较缺，唯有寥寥数人，可知大概。如吕怀（1492—1573），字汝德（《四库全书总目》为汝愚），号巾石，上饶广丰人。师从湛若水，又倾心王阳明，为湛氏四大入门弟子（另三人为何迁、洪垣、唐枢）之一。嘉靖十一年（1532）进士，官至南京太仆少卿。所撰《律吕古义》三卷现仅存于国家图书馆和上海图书馆。吕怀论学折中王、湛，认为阳明良知说与

---

① 黄宗羲：《泰州学案一》，《明儒学案》卷三十二，沈芝盈点校，第724页。
② 黄宗羲：《泰州学案一》，《明儒学案》卷三十二，沈芝盈点校，第724—731页。

甘泉体认天理说，宗旨相同。方洋，号湘源，贡监授镇东卫经历，著有《讲学语录》《湘源诗集》。俞文德，字纯夫，嘉靖年间乡荐，师从阳明，又与王艮相交，尝有书信往来。桂轼，号信斋，嘉靖年间任富阳知县，有政声，嘉靖三十七年（1558）曾协助唐尧臣校正胡宗宪《传习录》刻本。阳明在上饶还有私淑弟子如黄良佐、文士宏；再传弟子如邹守益弟子李晓、汤士安、王良臣，钱德洪弟子王守胜；三传弟子如张元忭弟子张宪明；四传弟子如罗汝芳弟子董尚行等。

四、白鹿洞书院

正德十三年（1518），王阳明任南赣巡抚，将他编撰并手书的《大学古本》《中庸古本》以及《大学古本序》《修道说》派人送到白鹿洞书院，后书院将这些内容刻石立于院内。据束景南考证，刻石立碑应在正德十六年（1521）。这些石碑至今保存于书院碑廊中。正德十四年（1519）正月，阳明再次来到白鹿洞书院，他"徘徊久之，多所题识"。①两年多后，因其弟子蔡宗兖主事白鹿洞书院，于是阳明又集门人来此讲学。他在写给邹守益的书信中说：

> 别后德闻日至，虽不相面，嘉慰殊深。近来此意见得益亲切，国裳亦已笃信，得谦之更一来，愈当沛然矣。适吴守欲以府志奉渎，同事者于中、国裳、汝信、惟濬，遂令开馆于白鹿。……蔡希渊近已主白鹿，诸同志须仆已到山，却来相讲，尤妙。②

这是想劝邹守益来白鹿洞书院讲学。而信中提到的"于中"即夏良胜，"国裳"即舒芬，"汝信"即万潮，"惟濬"即陈九川。阳明开讲白鹿，一时高足云集。据《阳明年谱》载：

> 五月，集门人于白鹿洞，是月，先生有归志，欲同门久聚，共明此学。适南昌知府吴嘉聪欲成府志，时蔡宗兖为南康府教

---

① 钱德洪：《年谱二》，王守仁：《王阳明全集（简体版）》，吴光等编校，第1043页。
② 王守仁：《与邹谦之》，《王阳明全集（简体版）》卷五，吴光等编校，第152页。

授,主白鹿洞事,遂使开局于洞中,集夏良胜、舒芬、万潮、陈九川同事焉。①

他们在讲学的同时,还咏诗唱和,竟成一盛事。诚如阳明《白鹿洞独对亭》所云:

> 五老隔青冥,寻常不易见。我来骑白鹿,凌空陟飞巘。长风捲浮云,褰帷始窥面。一笑仍旧颜,愧我鬓先变。我来尔为主,乾坤亦邮传。海灯照孤月,静对有余眷。彭蠡浮一觞,宾主聊酬劝。悠悠万古心,默契可无辩。②

而当时来白鹿洞书院参与讲学的唐龙,乃江西巡按。他虽为浙江人,但并不喜欢心学,尽管如此,他还是欣然赴会,并参加了游学活动,与大家相处得相当融洽,这从其所作的《再至白鹿洞次阳明公望五老峰韵》③诗中可窥见一斑。

阳明白鹿洞书院讲学,影响极大,其本人亦为此赋诗吟诵,弟子们更是用韵唱和。如朱节作有《谒白鹿书院次阳明先生韵》《过三峡桥玉渊》等,舒芬作有《过白鹿洞次阳明韵》等,④邹守益作有《白鹿洞步韵》⑤等。从这些即兴诗中可以看出,阳明与弟子们不仅坐在书斋里讲学论道,而且还到大自然中去体验感悟,把学问与体认相结合,以提升自己的思想境界。

白鹿洞书院以前是朱子学的阵地,而此次一批阳明学者云集讲学于此,其意义可谓非同寻常,对后世的影响亦不可低估,它在一定意义上是在此重地与朱子学争夺话语权。王阳明离开江西后,其弟子蔡宗充仍继续担任白鹿洞书院的山长,其高足邹守益、王畿等人后来也继续来此讲学、聚会,以进一步传播阳明心学。

---

① 钱德洪:《年谱二》,王守仁:《王阳明全集(简体版)》,吴光等编校,第1051页。
② 王守仁:《白鹿洞独对亭》,《王阳明全集(简体版)》卷二十,吴光等编校,第636页。
③ 参见束景南:《王阳明年谱长编》,第1378页。
④ 参见束景南:《王阳明年谱长编》,第1378—1379页。
⑤ 邹守益:《邹守益集》,董平编校整理,第1139页。

五、庐山踪迹

正德十四年（1519）十一月上旬，明武宗义子、左都督江彬派人到镇江，见到北上的王阳明，即阻止他前行。在江彬一伙"气势汹汹，论以祸福，晓之义理"的威逼下，阳明遂从镇江返回南昌，路过九江彭泽时，心情郁闷的阳明曾登上小孤山，愤然写下了《登小孤书壁》：

> 人言小孤殊阻绝，从来可望不可攀。上有颠崖势欲堕，下有剑石交巉顽。峡风闪壁船难进，洪涛怒撞蛟龙关。帆樯摧缩不敢越，往往退次依前山。崖傍沙岸日东徙，忽成巨浸通西湾。帝心似悯舟楫苦，神斧夜劈无痕斑。风雷倏霱见万怪，人谋不得容其间。我来锐意欲一往，小舟微服沿回澜。侧身肋息仰天窦，悬空绝栈蛛丝悭。风吹卯酒眼花落，冻滑丹梯足力屦。青鼍吹雨出仍没，白鸟避客来复还。峰头四顾尽落日，宛然风景如瀛寰。烟霞未觉三山远，尘土聊乘半日闲。奇观江海讵为险，世情平地犹多艰。呜呼，世情平地犹多艰，回瞻北极双泪潸。①

小孤山被誉为长江绝岛，位于安徽宿县东南65公里的大江中，南与江西彭泽县城隔江相望，西去庐山85公里。

然后阳明又来到九江湖口县，并登上石钟山。石钟山在湖口县境内的长江与鄱阳湖交汇处，由上钟山和下钟山组成。因其濒临鄱阳湖，多石多隙，形如覆钟，面临深潭，微风鼓浪，水石相击，响声如洪钟，故名"石钟山"。在这里，阳明次友人邵宝诗韵，作《献俘南都登石钟山次深字韵》："我来扣石钟，洞野钧天深。荷篑山前过，讥予尚有心。"据清同治《湖口县志》载：阳明"登石钟山，次邵文庄深字赋，诗镌于白云洞"。② 后阳明到了南康府（府治在今庐山市），并登上鞋山。鞋山又名鞋山岛，因其形似仙女遗落在鄱阳湖中的鞋而得名。阳明有《过鞋山戏题》诗云：

---

① 王守仁：《登小孤书壁》，《王阳明全集（简体版）》卷二十，吴光等编校，第630页。
② 束景南、查明昊辑编：《王阳明全集补编》，第48页。

曾驾双虬渡海东，青鞋失脚堕天风。经过已是千年后，踪迹依然一梦中。屈子漫劳伤世隘，杨朱空自泣途穷。正须坐我匡庐顶，濯足寒涛步晓空。①

在鞋山上，阳明眺望庐山，触景生情，欣然写下《望庐山》诗：

　　尽说庐山若个奇，当时图画亦堪疑。九江风浪非前日，五老烟云岂定期？眼惯不妨层壁险，足胼须著短筇随。香炉瀑布微如线，欲决天河泻上池。②

朱宸濠从起兵谋反到战败于鄱阳湖，前后仅40余天。正当阳明欲押解宸濠北上时，正德十五年（1520）正月初一，武宗朱厚照的使者到了南昌，于是阳明便与使者一起从南昌出发，再次赴南京以"献俘"。但7天后，他们到达安徽芜湖，江彬又疑阳明谋反，遂拒之于芜湖。没办法，阳明只好遁入九华山。不久，武宗派锦衣卫暗地侦察其动向，没有发现他有谋反迹象，于是下诏令阳明赴南京。过彭泽时，阳明与陆相游小孤山，并写下《登小孤山次陆良弼韵》："看尽东南百二峰，小孤江上是真龙。攀龙我欲乘风去，高蹑层霄绝世踪。"③当月底，阳明途经南康府，遂登上庐山。

据当地人说，庐山有多条上山小道，但沿着十八弯古道上山是路程最短的一条，只有3.4公里左右。十八弯古道位于庐山西麓，在九江市西南20公里处，离九江县沙河镇约5公里。这条古道，登山的人叫"九九盘"，史书上叫"阳明路"。为何取"阳明路"呢？据史料记载，在这条上山路上有一飞檐玲珑的石牌坊，牌坊边的石壁上刻着阳明书写的欧阳修《庐山高歌赠刘凝之》诗，牌坊横额上刻着阳明的手迹"庐山高"三个大字，因系阳明亲笔所书，故而当地人便把这条路称作"阳明路"。据说这条古道是当年为了运送明太祖朱元璋的御碑上庐山而修的，因御碑亭是洪武二十六年（1394）下

---

① 王守仁：《过鞋山戏题》，《王阳明全集（简体版）》卷二十，吴光等编校，第629页。
② 王守仁：《望庐山》，《王阳明全集（简体版）》卷二十，吴光等编校，第631页。
③ 王守仁：《登小孤山次陆良弼韵》，《王阳明全集（简体版）》卷二十，吴光等编校，第636页。

诏兴建的，所以可推断这条古道应建于洪武年间。①

在庐山上，阳明先游开先寺，并写了两首诗，一首为《游庐山开先寺》：

> 僻性寻常惯受猜，看山又是百忙来。北风留客非无意，南寺逢僧即未回。白日高峰开雨雪，青天飞瀑泻云雷。缘溪踏得支筇地，修竹长松覆石台。②

另一首为《又次壁间杜牧韵》：

> 春山路僻问归樵，为指前峰石径遥。僧与白云还暝壑，月随沧海上寒潮。世情老去浑无赖，游兴年来独未消。回首孤航又陈迹，疏钟隔渚夜迢迢。③

后在庐山读书台的摩崖上镌刻题识，此即为人熟知的《纪功碑》，碑文曰：

> 正德己卯六月乙亥，宁藩濠以南昌叛，称兵向阙。破南康、九江，攻安庆，远近震动。七月辛亥，臣守仁以列郡之兵复南昌。宸濠还救，大战鄱阳湖。丁巳，宸濠擒，余党悉定。当是时，天子闻变赫怒，亲统六师临讨，遂俘宸濠以归。于赫皇威，神武不杀。如霆之震，靡击而折。神器有归，孰敢窥窃。天鉴于宸濠，式昭皇灵，嘉靖我邦国。正德庚辰正月晦，提督军务都御史王守仁书。从征官属列于左方。④

在游历过程中，阳明见到了江西巡按唐龙，唐龙陪游时，尝作《开先寺次阳明公韵》诗相赠。二月一日，阳明下庐山，至白鹿洞，徘徊良久，才返回南昌。抵达南昌不久，阳明又再次来到九江，任

---

① 庐山静枫道人：《山青青、水碧碧：话说庐山十八弯古道》，2015年1月5日，blog.sina.com.cn/u/5383393793。
② 王守仁：《望庐山》，《王阳明全集》卷二十，吴光等编校，第631页。
③ 王守仁：《登小孤山次陆良弼韵》，《王阳明全集》卷二十，吴光等编校，第636页。
④ 束景南、查明昊辑编：《王阳明全集补编》，第137页。按：题为《庐山读书台摩崖题识》。

务是"观兵",也就是检阅即将出征的士兵,目的是剿灭流窜在鄱阳湖上的朱宸濠残余。此后阳明再上庐山,据《阳明年谱》记载:

> 二月,如九江。先生以车驾未还京,心怀忧惶。是月出,观兵九江,因游东林、天池、讲经台诸处。①

此次再游庐山,阳明玩的地方更多,如九江行台、东林寺、慧远讲经台、天池、文殊台、太平宫台等,并且都留下了诗作。如《书九江行台壁》《庐山东林寺次韵》《远公讲经台》《夜宿天池,月下闻雷,次早知山下大雨》(三首)《文殊台夜观佛灯》《太平宫白云》等。②

同年三月,阳明与唐龙、朱节等人又上庐山,并再游东林寺、开先寺等,相互间多有诗唱和。如阳明作《重游开元寺戏题壁》③,唐龙作《开先寺次阳明韵》二首。其中阳明的《又次邵二泉韵》较有代表性。诗曰:

> 昨游开元殊草草,今日东林游始好。手持苍竹拨层云,直上青天招五老。万壑笙竽松籁哀,千峰晻映芙蓉开。坐俯西岩窥落日,风吹孤月江东来。莫向人间空白首,富贵何如一杯酒。种莲采菊两荒凉,惠远陶潜骨同朽。乘风我欲还金庭,三洲弱水连沙汀。他年海上望庐顶,烟际浮萍一点青。④

可见,这一时期的王阳明,情绪是纠结的,思绪是复杂的,而这些无疑皆源自宁王叛乱,以及"报功""献俘""北兵""遭忌""诬陷"等一连串的人生变故。庐山是雄伟壮丽的,但也是历代文人排忧泄愤、抒发情感的地方,正因为此,才唤起了阳明的诗兴,引发他的思考。

(罗伽禄撰稿)

---

① 钱德洪:《年谱二》,王守仁:《王阳明全集(简体版)》,吴光等编校,第1043页。
② 参见王守仁:《王阳明全集(简体版)》卷二十,吴光等编校,第634—639页。
③ 参见王守仁:《王阳明全集(简体版)》卷二十,吴光等编校,第642页。
④ 王守仁:《又次邵二泉韵》,《王阳明全集(简体版)》卷二十,吴光等编校,第634页。